权威·前沿·原创

皮书系列为
"十二五""十三五""十四五"时期国家重点出版物出版专项规划项目

BLUE BOOK

智库成果出版与传播平台

"十四五"国家重点图书出版规划项目

河南经济蓝皮书
BLUE BOOK OF HENAN'S ECONOMY

2023年河南经济形势分析与预测
ANALYSIS AND FORECAST OF HENAN'S ECONOMIC SITUATION (2023)

主　编／陈红瑜
副主编／赵德友　庄　涛

社会科学文献出版社
SOCIAL SCIENCES ACADEMIC PRESS (CHINA)

图书在版编目(CIP)数据

2023年河南经济形势分析与预测/陈红瑜主编. --北京：社会科学文献出版社，2023.2
（河南经济蓝皮书）
ISBN 978-7-5228-1461-2

Ⅰ.①2… Ⅱ.①陈… Ⅲ.①区域经济-经济分析-河南-2023②区域经济-经济预测-河南-2023　Ⅳ.
①F127.61

中国国家版本馆CIP数据核字（2023）第025035号

河南经济蓝皮书
2023年河南经济形势分析与预测

主　　编/陈红瑜
副 主 编/赵德友　庄　涛

出 版 人/王利民
组稿编辑/任文武
责任编辑/刘如东
责任印制/王京美

出　　版/社会科学文献出版社·城市和绿色发展分社（010）59367143
　　　　　地址：北京市北三环中路甲29号院华龙大厦　邮编：100029
　　　　　网址：www.ssap.com.cn
发　　行/社会科学文献出版社（010）59367028
印　　装/天津千鹤文化传播有限公司
规　　格/开　本：787mm×1092mm　1/16
　　　　　印　张：22.75　字　数：340千字
版　　次/2023年2月第1版　2023年2月第1次印刷
书　　号/ISBN 978-7-5228-1461-2
定　　价/128.00元

读者服务电话：4008918866

版权所有 翻印必究

"河南经济蓝皮书"编委会

主　编　陈红瑜
副主编　赵德友　庄　涛
委　员　（以姓氏笔画为序）
　　　　王一嫔　王予荷　王梦轩　孙　磊　李　鑫
　　　　李跃苏　张　杰　张喜峥　陈向真　赵清贤
　　　　顾俊龙　常冬梅　梁文海

"河南经济蓝皮书"编辑部

主　任　庄　涛
副主任　童叶萍
编　辑　（以姓氏笔画为序）
　　　　马艳波　邓　珂　刘晨阳　李　沙　李嘉梁
　　　　杨　博　吴　沛　蒋文琪　谢　军

摘　要

本书由河南省统计局主持编撰，全书深入学习贯彻党的二十大精神，从研究角度出发，以"稳经济稳增长"为主题，深入系统分析了2022年河南经济发展态势，并对2023年河南经济形势进行了研判。本书全方位、多角度总结了2022年河南坚持以习近平新时代中国特色社会主义思想为指导，深入贯彻落实党中央和省委省政府决策部署，推动河南经济社会发展取得的成就和亮点，提出了新形势下河南统筹疫情防控与经济社会发展，奋力实现经济发展质量更高、效益更好、速度更快的对策建议。全书内容分为主报告、分析预测篇、战略措施篇和专题研究篇四大板块。

2022年是党的二十大胜利召开之年，2023年是"十四五"规划实施的关键一年，也是进入全面建设社会主义现代化国家、向第二个百年奋斗目标进军新征程的重要一年。本书的主报告对2022~2023年河南省经济形势进行了分析与展望。报告认为，2022年全省按照"疫情要防住、经济要稳住、发展要安全"的要求，果断出台并加快推动落实稳经济一揽子政策和接续措施，有效应对各种风险挑战，经济运行总体延续恢复向好的发展态势。展望2023年，全省经济发展机遇与挑战并存，要把稳增长放在更加突出的位置，推动经济运行总体稳中有进、提质升级，为全面建设社会主义现代化国家开好局、起好步贡献河南力量。

分析预测篇分别对2022年河南省农业、工业、服务业、固定资产投资、消费品市场、对外贸易、财政、金融、就业、能源等行业发展态势进行了分析，并对2023年发展形势进行了展望与预测。

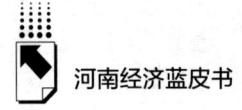

战略措施篇重点对全省"十大战略"、黄河流域生态保护和高质量发展、实现碳达峰碳中和等中央和省委省政府重大战略推进情况等进行了深入研究，提出了新形势下如何加快推进战略实施的对策建议。

专题研究篇紧盯政府重点工作，关注河南经济运行中的重点、热点、难点问题，通过专题调研成果分析，结合政策理论进行问题的深入剖析和研究，为相关政策制定提供参考。

关键词： 经济运行　十大战略　现代化　河南

Abstract

This Book is compiled by Henan Province Bureau of Statistics. It deeply studies and implements the spirit of the 20th National Congress of the Communist Party of China, from the research point of view, takes "Stable Economic Development and Stable Growth" as the theme, deeply and systematically analyzes the economic development trend of Henan in 2022, and studies and judges the economic situation of Henan in 2023. This Book summarizes Henan's achievements and highlights in 2022 by adhering to Xi Jinping Thought of Socialism with Chinese Charactcristics as the guide, thoroughly implementing various decisions and deployments of the CPC Central Committee, the CPC Henan Provincial Committee and the People's Government of Henan Province to promote Henan's economic and social development, and puts forward countermeasures and suggestions for Henan to coordinate epidemic prevention and control and economic and social development under the new situation, as well as strive to achieve a higher quality, better efficiency and faster economic development. This Book is divided into such four sections as Main Report, Analysis and Forecast, Strategic Measures and Special Research.

2022 is the year of the victorious convening of the 20th National Congress of the Communist Party of China, and 2023 is a key year for the implementation of the 14th Five-Year Plan, as well as an important year for China to build a modern socialist country in all respects and begin a new journey toward the second centenary goal. The Main Report of this Book makes an analysis and outlook on the economic situation of Henan Province in 2022-2023. The Report believes that in 2022, in accordance with the requirements of making epidemic prevention, economic stability, and development security, the Province had decisively introduced and accelerated the implementation of a package of policies and follow-up measures to stabilize the economy, which had effectively responded to various risks and challenges, and ensured a continuous recovery and development of overall economy. Looking forward to 2023, since the Province's economic development faces opportunities and challenges, there is a must to put stable growth in a more prominent position, promote the overall steady development of economy through improving quality and upgrading, and make a good start for Henan to build a modern socialist province in all respects.

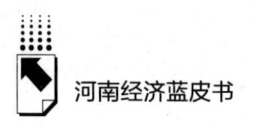

The Analysis and Forecast separately analyzes the industries that greatly reflect the development trend of Henan in 2022, such as agriculture, industry, service industry, fixed asset investment, consumer goods market, foreign trade, finance, banking, employment, energy, and looks forward to and forecasts the development situation in 2023.

The Strategic Measures mainly make an in-depth study on the advances of major strategies made by the CPC Central Committee, the CPC Henan Provincial Committee and the People's Government of Henan Province such as the Province's "Ten Strategies", Ecological Conservation and High-quality Development of the Yellow River Basin, realization of Emission Peak and Carbon Neutrality, and puts forward countermeasures and suggestions on how to accelerate the implementation of the strategies under the new situation.

The Special Research pays close attention to the key work of the government, pays attention to the key, hot and difficult issues in Henan's economic operation, analyzes the results of special research, and conducts in-depth analysis and research on issues combined with policy theories, and provides reference for relevant policy formulation.

Keywords: Economic Operation; Ten Strategies; Modernization; Henan Province

目 录

Ⅰ 主报告

B.1 2022~2023年河南省经济形势分析与展望 …… 河南省统计局 / 001
  一 2022年全省经济运行的基本特点…………………………… / 002
  二 2023年全省经济发展面临的形势与问题…………………… / 005
  三 2023年全省经济高质量发展的建议………………………… / 009

Ⅱ 分析预测篇

B.2 2022~2023年河南省农业农村经济形势分析与展望
  ………………………………………………………… 吴 娜 / 012
B.3 2022~2023年河南省工业形势分析与展望
  ………………………………………………… 王予荷 张 静 / 019
B.4 2022~2023年河南省服务业形势分析与展望
  …………………………………………… 范 鹏 孟 静 陈 琛 / 030

B.5 2022~2023年河南省固定资产投资形势分析与展望
.... 朱丽玲　呼晓飞 / 039

B.6 2022~2023年河南省消费品市场形势分析与展望
.... 赵清贤　李　伟　周文瑞 / 049

B.7 2022~2023年河南省对外贸易形势分析与展望 .... 付喜明 / 058

B.8 2022~2023年河南省财政形势分析与展望
.... 郭宏震　赵艳青　司银哲 / 068

B.9 2022~2023年河南省金融业形势分析与展望
.... 任远星　袁彦娟　张　悦 / 078

B.10 2022~2023年河南省就业形势分析与展望
.... 马　召　王琪斐　薛　云 / 085

B.11 2022~2023年河南省能源形势分析与展望
.... 常冬梅　杨　琳　刘金娜 / 096

Ⅲ 战略措施篇

B.12 河南实施换道领跑战略研究
——基于河南主导产业产业链及转型升级路径研究
.... 张喜峥　雷茜茜　陆　杨　张　艺　刘蒙单 / 107

B.13 河南加快交通区位优势向枢纽经济发展优势转变战略研究
.... 杨朝晖　马奎杰　梁永兵　刘照恒　吴　旭　郭小壮 / 129

B.14 河南省建设国家创新高地影响因素研究
——基于河南省2012~2021年科技创新情况分析
.... 贾　梁　仇国义 / 141

B.15 全面落实黄河重大国家战略　积极推进黄河流域生态保护
和高质量发展研究 .... 郝占业　王军美 / 154

B.16 基本公共服务视角下的乡村振兴重点工作研究
　　……………………………… 王方略　温素清　潘　勇　刘梦媛 / 168

B.17 河南省实施制度型开放战略研究及展望
　　…………………… 王振利　孙敬林　王卫红　张海波　张力文 / 184

B.18 扎实推进以人为核心的新型城镇化战略研究
　　……………………………… 田　凯　张　博　乔治洋　谷永翔 / 198

B.19 河南加快实施数字化转型战略路径研究
　　……………………………… 洪　波　仝宝琛　冶伟平　任静雯 / 210

B.20 以碳达峰碳中和为引领加快推动绿色低碳发展研究
　　……………………………… 薛东峰　张志祥　高志东　董巨威 / 219

B.21 从河南经济内外格局演变看实现"两个确保"的发力点
　　………………………………………………… 耿明斋　徐　涛 / 228

Ⅳ 专题研究篇

B.22 河南"保交楼"推进情况及房地产发展态势研究
　　………………………………………… 顾俊龙　朱丽玲　贾云静 / 246

B.23 河南综合施策做好保供稳价工作保障民生福祉研究
　　………………………………………………… 拓福星　尹若星 / 257

B.24 河南扛稳粮食安全重任保障国家粮食安全研究
　　………………………………………… 郑　凯　石　磊　娄　明 / 268

B.25 新发展理念下提升河南综合竞争力路径研究
　　………………………………………… 曹　雷　童叶萍　李莹莹 / 277

B.26 河南省风光电发展问题研究 ……… 常冬梅　秦红涛　郭俊锋 / 290

B.27 河南省城镇老年人养老现状与需求研究
　　……………………………… 季红梅　郝　兵　王一嫔　魏　巍 / 302

003

B.28 河南省脱贫人口就业研究

　　……… 季红梅　赵祖亮　王一嫔　李　玉　武明光　魏　巍 / 310

B.29 河南省共同富裕的测度与提升路径研究

　　…………………………………… 海向阳　郑　霞　田　钧 / 319

B.30 河南构建数字化转型新格局研究

　　………………………………………………… 赵翠清　樊　宁 / 334

CONTENTS

Ⅰ Main Report

B.1 Analysis and Outlook on the Economic Situation of Henan
Province from 2022 to 2023　　　*Henan Province Bureau of Statistics* / 001
　　Ⅰ　The Basic Characteristics of the Province's Economic
　　　　Operation in 2022　　　　　　　　　　　　　　　　　/ 002
　　Ⅱ　The Situation and Problems that the Province Faces in
　　　　Economic Development in 2023　　　　　　　　　　　/ 005
　　Ⅲ　Suggestions for High-quality Economic Development of
　　　　the Province in 2023　　　　　　　　　　　　　　　　/ 009

Ⅱ Analysis and Forecast Part

B.2 Analysis and Outlook on the Rural and Agricultural Economic
Situation of Henan Province from 2022 to 2023　　*Wu Na* / 012

B.3 Analysis and Outlook on the Industrial Situation of Henan
Province from 2022 to 2023　　　　*Wang Yuhe, Zhang Jing* / 019

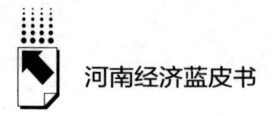

B.4　Analysis and Outlook on the Service Industry Situation of
　　　Henan Province from 2022 to 2023
　　　　　　　　　　　　　Fan Peng, Meng Jing and Chen Chen / 030

B.5　Analysis and Outlook on the Fixed Asset Investment Situation of
　　　Henan Province from 2022 to 2023　　*Zhu Liling, Hu Xiaofei* / 039

B.6　Analysis and Outlook on the Consumer Goods Market Situation of
　　　Henan Province from 2022 to 2023
　　　　　　　　　　　　Zhao Qingxian, Li Wei and Zhou Wenrui / 049

B.7　Analysis and Outlook on the Foreign Trade Situation of Henan
　　　Province from 2022 to 2023　　　　　　　　　*Fu Ximing* / 058

B.8　Analysis and Outlook on the Financial Situation of Henan
　　　Province from 2022 to 2023
　　　　　　　　　　　Guo Hongzhen, Zhao Yanqing and Si Yinzhe / 068

B.9　Analysis and Outlook on the Financial Industry Situation of
　　　Henan Province from 2022 to 2023
　　　　　　　　　　Ren Yuanxing, Yuan Yanjuan and Zhang Yue / 078

B.10　Analysis and Outlook on the Employment Situation of Henan
　　　　Province from 2022 to 2023　*Ma Zhao, Wang Qifei and Xue Yun* / 085

B.11　Analysis and Outlook on the Energy Situation of Henan
　　　　Province from 2022 to 2023
　　　　　　　　　　　　Chang Dongmei, Yang Lin and Liu Jinna / 096

Ⅲ　Strategic Measures Part

B.12　A Research on the Implementation of Lane-changing and
　　　　Fore Runner Strategy in Henan
　　　　　　—*Based on the Research on Henan's Leading Industrial Chain and
　　　　　　its Transformation and Upgrading Path*
　　　　　　Zhang Xizheng, Lei Qianqian, Lu Yang, Zhang Yi and Liu Mengdan / 107

CONTENTS

B.13 A Research on the Strategy of Accelerating the Transformation of Transportation Location Advantages into Hub Economic Development Advantages in Henan
Yang Zhaohui, Ma Kuijie, Liang Yongbing, Liu Zhaoheng, Wu Xu and Guo Xiaozhuang / 129

B.14 A Research on the Influencing Factors of Henan Province's Construction of National Innovation Hub
—*Based on the Analysis of Scientific and Technological Innovation in Henan Province from 2012 to 2021*　　*Jia Liang, Qiu Guoyi* / 141

B.15 A Research on the Full Implementation the Major National Strategy of the Yellow River and Actively Promoting the Ecological Conservation and High-Quality Development of the Yellow River Basin　　*Hao Zhanye, Wang Junmei* / 154

B.16 A Research on the Key Work of Rural Revitalization from the Perspective of Basic Public Services
Wang Fanglue, Wen Suqing, Pan Yong and Liu Mengyuan / 168

B.17 Research and Outlook on the Implementation of Institutional Opening Strategy in Henan Province
Wang Zhenli, Sun Jinglin, Wang Weihong, Zhang Haibo and Zhang Liwen / 184

B.18 A Research on the Strategy of Firmly Promoting People-centered New Urbanization　　*Tian Kai, Zhang Bo, Qiao Zhiyang and Gu Yongxiang* / 198

B.19 A Research on Accelerating the Implementation of Digital Transformation in Henan
Hong Bo, Tong Baochen, Ye Weiping and Ren Jingwen / 210

B.20 A Research on Accelerating the Promotion of Green and Low-carbon Development under the Guidance of Emission Peak and Carbon Neutrality
Xue Dongfeng, Zhang Zhixiang, Gao Zhidong and Dong Juwei / 219

B.21 Looking at the Release Point for Realizing the "Two Guarantees" from the Perspective of the Evolution of Henan's Internal and External Economic Pattern　　*Geng Mingzhai, Xu Tao* / 228

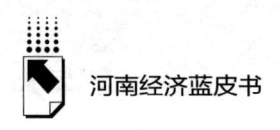

Ⅳ Monographic Study Part

B.22 A Research on the Promotion of "Ensure Housing Project Delivery" and the Development Trend of Real Estate in Henan
Gu Junlong, Zhu Liling and Jia Yunjing / 246

B.23 A Research on Using Comprehensive Policies to Ensure Supply and Price Stability and Ensure People's Livelihood and Well-being in Henan *Tuo Fuxing, Yin Ruoxing* / 257

B.24 A Research on Ensuring National Food Security in Henan
Zheng Kai, Shi Lei and Lou Ming / 268

B.25 A Research on the Path to Improve Henan's Comprehensive Competitiveness under the New Development Concept
Cao Lei, Tong Yeping and Li Yingying / 277

B.26 A Research on the Development of Wind and Solar Power in Henan Province *Chang Dongmei, Qin Hongtao and Guo Junfeng* / 290

B.27 A Research on the Elderly Care Status and Needs of the Urban Aged in Henan Province
Ji Hongmei, Hao Bing, Wang Yipin and Wei Wei / 302

B.28 A Research on the Employment of Poverty Relief Population in Henan Province
Ji Hongmei, Zhao Zuliang, Wang Yipin, Li Yu, Wu Mingguang and Wei Wei / 310

B.29 A Research on the Measurement and Improvement Path of Common Prosperity in Henan Province
Hai Xiangyang, Zheng Xia and Tian Jun / 319

B.30 A Research on the New Pattern of Digital Transformation in Henan *Zhao Cuiqing, Fan Ning* / 334

主报告
Main Report

B.1 2022~2023年河南省经济形势分析与展望

河南省统计局*

摘　要： 2022年，全省上下以习近平新时代中国特色社会主义思想为指导，认真贯彻落实党中央、国务院各项决策部署，按照"疫情要防住、经济要稳住、发展要安全"的要求，果断出台并加快推动落实稳经济一揽子政策和接续措施，有效应对各种风险挑战，经济运行总体延续恢复向好的发展态势，扛稳了经济大省勇挑大梁的重大政治责任，为稳住全国经济大盘作出了积极贡献。展望2023年，全省经济发展机遇与挑战并存。下一步要把稳增长放在更加突出的位置，牢牢锚定"两个确保"，深入实施"十大战略"，奋力实现经济发展质量更高、效益更好、速度更快，推动经济运行整体好转，为全面建设社会主义现代化国家

---

* 课题组成员：陈红瑜，河南省统计局局长；赵德友，博士，河南省统计局一级巡视员；李鑫，河南省统计局总统计师、综合处处长；徐委乔，河南省统计局综合处副处长；张旭，河南省统计局综合处；李湛，河南省统计局综合处。执笔人：张旭、李湛。

开好局、起好步贡献河南力量。

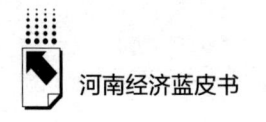

关键词： 经济形势　经济运行　营商环境　河南

2022年，全省上下以习近平新时代中国特色社会主义思想为指导，认真贯彻落实党中央、国务院各项决策部署，按照"疫情要防住、经济要稳住、发展要安全"的要求，果断出台并加快推动落实稳经济一揽子政策和接续措施，有效应对各种风险挑战，顶压前行、难中求成，经济运行总体延续恢复向好的发展态势，主要指标高于全国平均水平，坚决扛稳"经济大省要勇挑大梁"的政治责任，为稳住全国经济大盘作出了积极贡献。展望2023年，全省经济发展机遇与挑战并存，要把稳增长放在更加突出的位置，牢牢锚定"两个确保"，深入实施"十大战略"，奋力实现经济发展质量更高、效益更好、速度更快，为全面建设社会主义现代化国家开好局、起好步贡献河南力量。

一　2022年全省经济运行的基本特点

一年来，全省高效统筹疫情防控和经济社会发展，完整、准确、全面贯彻新发展理念，以推动高质量发展为主题，积极服务和融入新发展格局，经济运行总体延续恢复向好的态势。

经济运行保持恢复向好。一年来，全省上下齐心协力、主动作为，创造性建立双线嵌合机制，千方百计稳住经济基本盘。虽然自10月份起多地发生严重疫情，一定程度上影响了生产稳步恢复和需求逐渐回暖的势头，对经济运行造成较大干扰，但主要经济指标仍保持恢复增长态势，增速高于全国、位次前移。根据地区生产总值统一核算结果，全年全省地区生产总值（GDP）突破6万亿元，达61345.05亿元，同比增长3.1%，高于全国平均水平0.1个百分点，扭转了自2020年以来连续两年低于全国的局面，居全国第15位和经济大省（指经济总量前6位的省份，下同）第2位，比2021年分别前移12位和4位；全年全省规模以上工业增加值、固定资产投资、社会消费品零售总额分别增长5.1%、6.7%、0.1%，分别高于全国平均水平1.5个、1.6个、0.3个百分点，增速分别居全国第16位、第13位、第12位，分别比2021年前移11位、10位、13位，在经济大省中分别居第1位、第2位、第3位，分别比2021年前移5位、4位、3位，充分发挥了稳定全国经济大盘的关键支撑作用，扛牢了经济大省为全国经济多作贡献的责任担当。

创新驱动持续向好。一年来，全省上下坚持实施创新驱动、科教兴省、人才强省战略，持续推动"五链耦合"，布局建设一批研究院、省级实验室，加快建设科技基础设施，不断提高规模以上工业企业研发活动覆盖率，创新驱动动力不断增强。创新投入显著提高。全年全省一般公共预算支出中的科学技术支出增长24.9%，高于一般公共预算支出增速16.1个百分点；规模以上服务业中的研究和试验发展业营业收入增长11.2%，高于规模以上服务业营业收入增速11.9个百分点；工业技改投资增长34.4%，高于全部投资增速27.7个百分点。新产业新产品增势良好。全年全省规模以上高技术制造业、战略性新兴产业增加值分别增长12.3%、8.0%，增速分别高于规模以上工业7.2个、2.9个百分点；高技术制造业投资增长32.2%，高于工业投资增速6.8个百分点。卫星导航定位接收机、液晶显示屏等产品产量均保持较快增速，分别增长5.9倍、25.4%。数字消费和数字产业发展势头较好。全年全省限额以上单位通过公共网络实现的商品零售额同比增长15.7%，高于社会消费品零售总额增速15.6个百分点；互联网和相关服务业营业收入增长31.9%，高于全省规模以上服务业增速32.6个百分点。

协调发展不断增强。一年来，全省上下坚持把制造业高质量发展作为主攻方向，大力实施投资拉动、消费拉动，产业需求协调发展持续增强。产业结构不断优化。聚焦优势特色领域布局产业集群，推动产业结构持续升级。全年全省全部工业增加值占GDP的比重为31.9%，同比提高0.7个百分点；战略性新兴产业、高技术制造业增加值占规模以上工业的比重分别为

25.9%、12.9%，同比分别提高1.9个、0.9个百分点。需求结构继续改善。工业投资始终保持快速增长态势，全年增长25.4%，高于全部投资增速18.7个百分点，工业投资占全省投资的35.8%，同比提高5.3个百分点；限额以上单位电子出版物及音像制品类、体育娱乐用品类、书报杂志类、通信器材类等升级类商品零售额增速分别高于限额以上单位消费品零售额增速10.9个、7.7个、4.7个、4.3个百分点；外部需求持续扩大，净出口1969.9亿元，同比增长8.8%。

绿色低碳扎实推进。一年来，全省上下通过发展绿色低碳产业，建设绿色低碳能源体系，绿色转型明显加快。绿色产业较快发展。全年全省规上节能环保产业增加值增长9.4%。绿色升级类产品产销两旺。全年全省充电桩产量增长34.4倍，环境监测专用仪器仪表增长41.4%，限额以上单位能效等级为1级和2级的家用电器和音像器材零售额增长12.3%；新能源汽车产量增长31.8%，限额以上单位新能源汽车零售额增长81.3%。清洁能源快速发展。全年全省风能、太阳能、生物质能等清洁能源发电量分别增长16.2%、51.7%、42.8%。

对外开放不断扩大。一年来，全省上下积极推进制度性开放，高水平建设河南自贸试验区2.0版，推动"四条丝绸之路"融合并进，打造市场化、法治化、国际化营商环境，对外开放水平不断提高。货物贸易量增质升。全年全省进出口总值8524.1亿元，同比增长4.4%，进出口规模居全国第9位，连续11年稳居中部六省第1位。全省对其他RCEP成员国进出口2552.2亿元，增长15.9%；对"一带一路"沿线国家进出口2228.9亿元，增长23%。外贸结构更加均衡。全年全省以加工贸易方式进出口5113.3亿元，增长0.7%，占进出口总值的60%，占比下降2.2个百分点；以一般贸易方式进出口2994亿元，增长10.2%，占进出口总值的35.1%，占比提高1.8个百分点；以保税物流方式进出口358.1亿元，增长14.9%，占进出口总值的4.2%，占比提高0.4个百分点。外贸主体蓬勃发展。全年全省有进出口实绩的外贸企业10740家，同比增长6.6%；其中民营企业进出口4077.6亿元，增长11.6%，占全省进出口总值的47.8%，同比提高3.1个百分点。

民生共享持续突破。一年来，全省上下坚持以保障和改善民生为重点，在发展中补齐民生短板，加大重点民生项目建设，不断增进人民福祉。居民消费价格温和上涨。全年全省居民消费价格同比上涨1.5%，低于全国0.5个百分点。基本生活保障有力。统筹做好重要民生商品保供稳价和煤电油气运保障供应，取得积极效果。从农产品看，全年全省粮食总产量1357.87亿斤，增长3.7%，连续6年超1300亿斤；猪牛羊禽肉总产量增长2.2%，鸡蛋产量增长4.6%。从食品工业看，全年全省鲜冷藏肉、乳制品产量分别增长20.6%、11.5%。从能源产品看，全年全省规模以上工业天然气、发电量、原煤产量分别增长30.8%、8.8%、4.2%。民生补短板投资快速增长。加强水利基础设施建设，补齐公共设施短板，扎实推进灾后重建，民生福祉得到改善。全年全省水利管理业投资增长34.4%，卫生和社会工作投资增长43.5%；一般公共预算支出中的公共卫生、灾害防治和应急管理支出分别增长67.2%、53.1%。

总的来看，2022年全省上下按照省第十一次党代会部署，锚定"两个确保"、实施"十大战略"，持续激活存量、扩大增量、优化常量、抓好变量，经济"稳"的态势在持续，"进"的动能在积蓄，成绩殊为不易、成之惟艰。这是省委省政府团结带领全省人民坚决贯彻党中央决策部署，付出艰辛努力共同奋斗的结果，是"万人助万企""项目为王""三个一批""减税降费"等一系列提振经济、助企纾困政策措施发力起效的集中显现，同时也彰显了河南省经济发展的强劲韧性和旺盛活力。

二 2023年全省经济发展面临的形势与问题

2023年是全面贯彻落实党的二十大精神的开局之年，是实施"十四五"规划承上启下的关键之年，也是落实省第十一次党代会部署的攻坚之年，更是"奋勇争先、更加出彩"建功立业的一年，意义非凡、责任重大，要认真研判经济发展形势和趋势，未雨绸缪、全力以赴，牢牢掌握工作主动权，

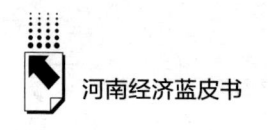

推动全省经济行稳致远。

从国际看，世界百年变局和世纪疫情相互交织，各种挑战层出不穷，发展环境更趋复杂严峻，危机并存、危中有机。逆全球化沉渣泛起，单边主义、保护主义明显上升，全球产业链、价值链、供应链转向分散化、本地化和区域化，粮食和能源等多重危机叠加，主要发达经济体大幅调整宏观经济政策，全球供需波动加剧，经济面临严峻挑战，滞胀风险上升，增长放缓信号越来越明显，世界银行将2023年全球经济增长预测由3%大幅下调至1.7%，主要经济体普遍面临增速下滑甚至陷入长期衰退局面。但也孕育着新机遇，一方面RCEP将为国际贸易带来新活力，尤其是随着关税减让，各成员国出口产品价格优势更加凸显，促进商品、技术、服务、资本、人员流动进一步加快，有利于河南省充分发挥区位、交通、市场、产业等优势深度融入国内国际双循环，带动经济发展；另一方面欧洲制造业外迁将为产业升级提供新契机，在能源、金融、疫情三重危机压力下，欧洲一些产业加快对外转移，2022年德国、英国对华实际投资分别增长52.9%、40.7%，有利于河南省抢抓郑州—卢森堡"空中丝绸之路"合作机遇，加快吸引外资、先进制造业入豫。

从国内看，面对风高浪急的国际环境，以及仍在显现的需求收缩、供给冲击、预期转弱三重压力，各种"黑天鹅""灰犀牛"事件随时可能发生，经济恢复基础还不牢固；来自外部的打压遏制随时可能升级，个别国家鼓动"脱钩断链"、构筑"小院高墙"，加剧国内产业链供应链安全风险，经济下行压力依然较大。但更要看到，党的二十大胜利召开，进一步凝聚起全面建设社会主义现代化国家的奋进力量，随着国家宏观政策效应进一步释放以及优化疫情防控各项措施的实施，将助力经济加快恢复、回升向好。我国经济韧性强、潜力大、活力足，经济总量稳居世界第2位，市场主体达到1.69亿户，工业行业门类齐全，创新引领作用持续增强，超大市场规模优势明显，正在走上共同富裕的道路，完全有能力抵御各种风险挑战，经济长期向好的基本面没有变，也不会改变。

从河南省看，经济发展面临的机遇和挑战前所未有，但机遇大于挑战，依然处于可以大有作为的重要战略机遇期,保持经济长期向好具备许多发展优势和基础条件。同时还要清醒地认识到,受国际环境复杂严峻、国内省内短期问题与长期结构性问题交织叠加等影响,全省经济发展不确定性增加,推动高质量发展任务更加艰巨。

一是企业生产经营面临较大困难。2022年以来,工业发展受疫情频发、供应链产业链不畅、原料价格上涨、市场需求不足等因素冲击,企业生产经营难度较大,盈利能力整体呈逐月放缓态势。企业成本高企。全年全省规上工业企业每百元营业收入中的成本为88.45元,同比提高0.54元。小微企业生产经营面临更大困难。小微企业数量众多,占规上工业企业数量的近九成,但抵抗风险的能力偏弱,受疫情冲击的程度大于大中型企业,疫后恢复速度也不如大中型企业,全年全省规上小微型工业企业增加值仅增长3.8%,低于大中型工业企业增速2.0个百分点;微型工业企业营业收入利润率仅为1.55%,低于大型企业2.72个百分点。企业发展预期偏弱。受疫情持续反复等因素制约,全年全省新登记各类企业45.03万户,同比下降5.8%。

二是固定资产投资增速受多重因素制约。2022年,全省固定资产投资开局较好,但受多重因素制约,增速持续放缓,自8月份起连续5个月低于两位数增长。房地产开发投资持续下行。全省房地产开发投资增速持续回落,自6月份起连续7个月负增长,全年同比下降13.7%,下拉全省投资增速4.1个百分点,拖累全省投资增长。虽然目前全省各地积极推进"保交楼"等有关工作,但房地产市场的下行态势仍未改变,全年商品房销售面积、销售额分别同比下降16.1%、22.3%,房地产开发企业土地购置面积同比下降61.3%。部分重大项目建设进度偏慢。全年全省计划总投资100亿元以上的项目33个,与上年持平,但完成投资下降14.4%,反映出部分项目进度偏慢。重点项目规模偏小。全年全省重点项目1794个,计划总投资4.8万亿元,单个项目平均规模为26.76亿元。河南省重点项目个数虽多,但单个项目的平均规模与广东、浙江等经济大省差距明显,仅相当于广东的54.8%、浙江的56.1%。

三是消费市场受冲击明显。近年来疫情反复扰动,对各类接触性、聚集性、流动性较强的消费行业造成极大冲击,2022年全省社会消费品零售总额仅增长0.1%,比上年回落8.2个百分点。汽车等重点商品销售回落。占全省限额以上单位消费品零售额33.0%的汽车类商品零售额同比下降3.0%,对全省消费市场增长的拖累明显。网上零售规模相对偏小。在疫情防控常态化形势下,越来越多的居民转向网络消费等新兴消费模式,但河南省相应业态发展不足。全年全省实物商品网上零售额占社会消费品零售总额的比重仅为12.7%,低于全国平均水平14.5个百分点,比电商大省广东、浙江分别低47.8个、44.1个百分点。消费稳定增长的基础不牢。全年全省居民人均可支配收入为28222元,仅相当于全国平均水平的76.5%,人均收入水平偏低制约了消费增长活力、潜力;2022年10月以来长时间、多频次的管控措施在一定程度上对众多灵活就业人员、个体户、中小企业主及相关群体的收入造成了较大冲击,部分居民面临收入下降、负担加重、生计困难的问题。

四是部分结构性矛盾进一步凸显。受疫情反复、原材料价格高位运行等因素叠加影响,发展中长期存在的部分结构性矛盾进一步凸显。对能源原材料行业、高耗能工业的依赖有增无减。2022年,全省能源原材料工业、高耗能工业增加值占规上工业的比重分别为45.4%、38.6%,比上年同期分别提高1.3个、0.3个百分点,比2017年分别提高6.9个、5.9个百分点。单位生产总值能耗不断上升。受高耗能行业用能持续增长、居民电力消费持续走高等因素影响,2022年前三季度全省单位生产总值能耗由上半年的同比下降0.1%转为同比上升2.0%。工业技改投资占比偏低。2022年以来,工业技改投资虽保持高速增长态势,但在工业投资中的占比仍然偏低,对产业升级的带动作用未能充分发挥。全年全省工业技改投资占工业投资的比重为20.8%,在经济大省和中部六省中均居末位,比山东(经济大省占比最高)和安徽(中部六省占比最高)均低30个百分点左右。

五是开发区发展不平衡现象突出。2022年1~11月,在166个先进制造业开发区中,有77个开发区主导产业投资增速低于全省开发区平均水平,其中有 55 个（占比 33.1%）为负增长；有 75 个开发区主导产业营业收入增速低于全省开发区平均水平，其中有 39 个（占比 23.5%）为负增长。

三　2023年全省经济高质量发展的建议

2023 年，全省要以习近平新时代中国特色社会主义思想为指导，全面贯彻落实党的二十大精神及中央经济工作会议精神，落实省委十一届四次全会、省委经济工作会议部署，坚持稳中求进工作总基调，完整、准确、全面贯彻新发展理念，紧抓加快构建新发展格局战略机遇，更好统筹疫情防控和经济社会发展，更好统筹发展和安全，把实施扩大内需战略同深化供给侧结构性改革有机结合起来，突出做好稳增长、稳就业、稳物价工作，加力落实稳经济各项举措，积极释放政策效能，形成共促高质量发展的合力，奋力谱写新时代中原更加出彩的绚丽篇章。

一是着力抓工业生产。当前河南省发展总体仍处于工业化中后期阶段，稳工业就是稳经济大盘。要持续稳定大中型企业生产经营，全力支持小微企业恢复正常，要持续深入落实双线嵌合工作指引，因时应势更新完善企业帮扶政策"工具箱"，确保大中型工业企业不出问题，确保小微企业持续稳定生产经营。要着力抓产业集群，开发区是经济发展的主阵地、主战场、主引擎，一方面要充分发挥开发区规模效应和集约效应，持续深化"三化三制"改革，科学有序推进开发区扩区调规，加快形成龙头企业、配套企业、科研院所、金融机构、公共平台协同联动的产业生态，促进产业集聚、资源集约、绿色发展，切实发挥开发区规模经济效应；另一方面要加快提升产业集群核心竞争力，围绕产业链条集聚资源、集成要素，引导企业主体攥指成拳、共同发展，实施省级战略新兴产业集群培育工程，积极创建国家级新兴产业集群，构建更多高水平有特色的优势产业集群。

二是着力抓好项目谋划建设。积极组织各地、各有关部门谋划储备好 2023 年重点项目，加快推动项目早开快建，努力形成更多实物工作量，切实用足用好投资这一操之在手的稳经济重要工具。强化项目谋划，建立省本级重大项目谋划储备机制，紧盯国家政策导向和资金投向，加大项目谋划储备、催化熟化力度，提高项目落地转化效率；落实"一项目一清单一台账"，确保通过国家审核的项目能开快开、应开尽开；全力推进在建项目，实行省重大项目生态环境要素保障白名单管理办法，完善重大项目用地审批"绿色通道"，全面推行"承诺制+标准地"改革，加强煤炭指标、能耗、环境容量等要素资源省级统筹，全力加快项目建设进度，确保在建项目早日建成、早发挥作用。要以扩大信贷为抓手，以稳定市场预期为关键，因城施策推动房地产市场稳定恢复。

三是着力深挖消费潜能。进一步增强河南省市场面向全国全球的吸引力，把实施扩大内需战略同深化供给侧结构性改革有机结合起来，加快消费扩容提质，继续加大对商贸、餐饮住宿等实体经济的帮扶力度；加快推动郑州、洛阳消费中心城市建设，积极培育区域消费中心和特色消费中心；促进大宗商品消费，支持各地出台家电、家具、智能手机以旧换新和新一轮下乡补贴政策，落实免征新能源汽车购置税政策，加快充电基础设施布局建设，进一步释放汽车消费潜力；大力培育平台经济，放宽线上线下融合等新领域市场准入和经营限制，完善线上消费券等促消费方式，鼓励各地方加强与短视频平台合作，推介河南省特色产品，拓展电商消费市场。同时，要着力夯实消费基础，大力保障高校毕业生、就业困难人员、农民工等重点群体就业，力促居民收入实现稳定增长，实现促消费和稳就业之间良性互动。

四是着力强化科技创新推动结构优化升级。牢牢坚持把制造业高质量发展作为主攻方向，加快构建现代产业体系，促进经济结构持续调整优化。要强化科技创新引领，在产业结构调整中全面深入实施创新驱动、科教兴省、人才强省战略，以项目建设为载体加快国家创新高地建设步伐，一体化构建省实验室、中试基地、产业研究院、创新联合体等创新全链条，加快打造一流创新生态，以创新引领产业迈向中高端、关键环。要加快换道领跑，做强做优传统产业，培育壮大新兴产业，谋篇布局未来产业，全面提升产业竞争力；深入实施产业链链长和产业联盟会长"双长制"，推动建链补链强链塑链，着力提升产业链供应链韧性和竞争力。要构建优质高效服务业新体系，推动现代服务业和先进制造业、数字经济和实体经济深度融合,加快产业基础高级化、产业链现代化。

五是着力推动经济大市勇挑大梁。作为全省经济发展的中坚力量,经济大市如果不能为全省经济增长贡献足够的拉动力量,想靠别的省辖市给补上来是非常困难的。要推动经济大市勇挑大梁,壮大城市辐射带动能力,做大做强市本级,提升集聚、裂变、辐射、带动能力,积极承接国家及全省重大生产力和创新体系布局,引领现代化河南建设,尽快形成并巩固全省高质量发展新的增长极。

六是着力打造一流营商环境。持续优化营商环境,让一流的营商环境成为现代化河南建设的新标识、区域竞争的新优势。不断深化"放管服效"改革,打造审批最少、流程最优、体制最顺、机制最活、效率最高、服务最好的营商环境,让市场主体发展更有信心;加大力度清理带有市场准入限制的显性和隐性壁垒,全面畅通市场主体准入通道,释放市场主体活力;坚持用数字赋能营商环境提质增效,以"数据多跑路"换"企业少跑腿",不断提供高效、便捷、优质的政务服务,增强市场主体获得感和满意度。

分析预测篇
Analysis and Forecast Part

B.2
2022~2023年河南省农业农村经济形势分析与展望

吴 娜*

摘　要： 2022年，河南深入贯彻落实党中央、国务院关于"三农"工作的决策部署，扎实实施乡村振兴战略，持续深化农业供给侧结构性改革，统筹推进疫情防控和农业农村发展，农业农村经济运行稳中加固。展望2023年，河南将深入学习贯彻党的二十大精神，坚持农业农村优先发展，坚决扛稳扛牢粮食安全重任，持续抓好生猪稳产保供，继续发展优势特色农业，全面推进乡村振兴，全省农业农村经济有望保持平稳增长态势。

关键词： 农业农村　经济形势　乡村振兴　河南省

---

* 吴娜，河南省统计局农业农村统计处副处长。

2022年,全省上下以习近平新时代中国特色社会主义思想为指导,深入贯彻落实党中央、国务院关于"三农"工作的决策部署,扎实实施乡村振兴战略,持续深化农业供给侧结构性改革,统筹推进疫情防控和农业农村发展,农业农村经济运行稳中加固。2022年,全省农林牧渔业增加值6169.80亿元,同比增长5.0%,高于全国平均水平0.7个百分点,对全省经济增长的贡献率为16.7%,拉动经济增长0.5个百分点。

一 河南农业农村经济运行稳中加固

(一)农业经济总量稳步增长

2022年,全省实现农林牧渔业总产值10952.2亿元,同比增长5.2%。其中,农业(种植业)和畜牧业占比达到89.3%,主导地位稳固。分行业看,农业产值6948.3亿元,增长5.4%;林业产值149.5亿元,增长6.6%;牧业产值2832.3亿元,增长2.8%;渔业产值147.4亿元,增长3.7%;农林牧渔专业及辅助性活动产值874.6亿元,增长9.9%。

(二)粮食及主要农产品供给充足

1.粮食生产再获丰收

省委省政府印发了《关于牢记领袖嘱托扛稳粮食安全重任的意见》,把保障重要农产品特别是粮食供给作为实施乡村振兴战略的首要任务,举全省之力打造新时期全国重要的粮食生产核心区。2022年河南夏粮总产量再创新高,达到762.61亿斤,占全国1/4强,稳居全国第1位,同比增长0.3%。秋粮产量595.26亿斤,比上年增产47.06亿斤,同比增长8.6%。全年粮食总产量达到1357.87亿斤,增产49.03亿斤,同比增长3.7%,占全国粮食产量的1/10,稳居全国第2位。河南粮食产量已连续6年稳定在1300亿斤以上,为保障国家粮食安全持续贡献河南力量(见图1)。

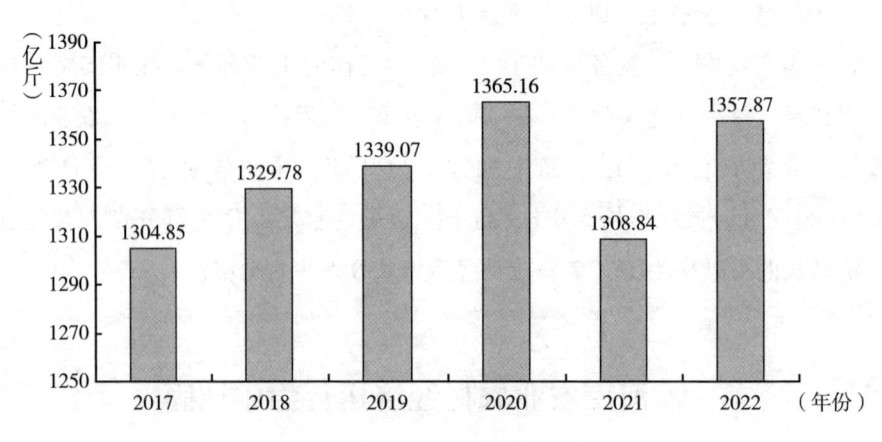

图1　2017~2022年河南粮食总产量

2.经济作物产量平稳增长

全省在保障粮食生产的基础上，持续调整种植结构，主要经济作物生产形势良好，产量稳定增长。

蔬菜水果稳定增长。重点推动50个蔬菜生产大县开展绿色高质高效创建，蔬菜产量稳步提升。初步统计，2022年，全省蔬菜及食用菌播种面积1782.5千公顷，同比增长1.49%；产量7845.3万吨，同比增长3.1%。瓜果播种面积287.15千公顷，同比增长1.3%；产量1506.90万吨，同比增长3.2%。园林水果产量1035.14万吨，同比增长3.9%。

油料产量平稳增长。2022年全省油料产量684.03万吨，同比增长4.1%。其中，油菜籽产量49.01万吨，同比下降0.9%；花生产量615.41万吨，同比增长4.6%。

中药材生产快速发展。2022年全省中药材播种面积168.43千公顷，产量175.96万吨，同比增长4.8%。

3.主要畜禽产品稳定增长

全省努力克服新冠疫情点状多发、"猪周期"、养殖成本增高等不利因素冲击，上下联动综合施策，全力抓好畜牧业转型升级和畜禽产品有效供给。生猪产能保持稳定，牛羊禽平稳发展，肉蛋奶有效供给水平不断提升，为更好满足人民群众"菜篮子"消费需求提供了有力保障。

生猪产能保持稳定。河南生猪产能稳定，能繁母猪存栏持续保持在绿色合理区间，出栏量稳定增长。2022年12月末，全省生猪存栏为4260.52万头，同比下降3.0%；其中，能繁母猪397.79万头，下降0.7%。全年全省生猪出栏5918.83万头，增长2.0%；猪肉产量434.89万吨，增长1.9%。

牛羊禽平稳发展。2022年，全省牛出栏243.49万头，增长3.2%；牛肉产量36.71万吨，增长3.3%。羊出栏2370.84万只，增长0.5%；羊肉产量29.05万吨，增长0.6%。家禽出栏115859.28万只，增长3.3%；禽肉产量154.63万吨，增长3.1%。禽蛋产量456.24万吨，增长2.2%。牛奶产量213.17万吨，增长0.5%。

（三）优势特色农业发展良好

全省持续调整种养结构，优化品种、提升品质，优势特色农业发展良好。2022年，全省优质专用小麦播种面积约1700万亩，约占全省小麦播种面积的20%；优质花生播种面积约1931万亩。初步核算，2022年全省十大优势特色农业产值约6113亿元，约占全省农林牧渔业总产值的56%。

（四）农民收入持续增长

在产业带动、就业创业拉动下，全省农民收入平稳增长。2022年，全省农村居民人均可支配收入18697元，增长6.6%，分别高于全省GDP增速和城镇居民人均可支配收入增速3.5个、2.9个百分点。城乡居民人均可支配收入比值由上年同期的2.12缩小至2.06，城乡居民收入差距持续缩小。

（五）乡村人才活力不断增强

2022年全省进一步优化政策，推动豫商豫才返乡创业，全省新增返乡入乡创业人员18.72万人，完成年度目标任务的124.8%，带动就业93.35万人；开展返乡农民工创业培训9.31万人次，完成年度目标任务的186.2%；开展返乡农民工创业辅导14.02万人次，完成年度目标任务的140.2%。

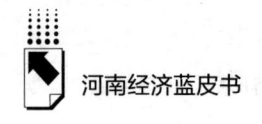

二 全省农业农村经济运行存在的主要问题

全省农业农村经济总体稳中加固，但也存在一些困难和问题，如农民增收压力较大，第一产业投资持续下降影响农业发展潜力，乡村振兴人才队伍建设亟待加强，农产品销售渠道单一影响农民收益等。

（一）农民增收压力较大

从种植业来看，农资价格仍处高位，种植投入成本偏高，收益偏低。从养殖业看，饲料价格偏高拉升养殖成本且生猪价格波动较大，养殖利润受限。从就业看，受经济下行和新冠疫情点状多发影响，中小微企业经营困难，农民就业渠道变窄，收入受到不同程度的制约。

（二）第一产业投资持续下降

自2021年下半年以来，全省第一产业投资持续呈现下降态势，影响农业发展潜力。2022年，全省第一产业投资下降11.2%，低于全国平均增速11.4个百分点。而同期全省第二、第三产业投资分别增长25.3%和下降1%。第一产业投资持续下行将影响农业的发展后劲和乡村振兴全面推进。

（三）乡村振兴人才队伍建设亟待加强

人才是乡村振兴中最关键、最活跃的因素，但目前全省农业经营者大多年龄偏大、文化水平偏低，在种植和经营上往往更多依靠经验。吸引和培养适应乡村振兴需求的年轻化新型职业农民队伍任务仍然艰巨。

（四）农产品销售渠道单一

全省农产品销售渠道主要为自销，大规模、定向销售的渠道比较缺乏，农户利益得不到保障。尤其是在疫情多点散发形势下，受地区疫情管控影响，一些农产品严重滞销，特别是蔬菜、瓜果等生鲜农产品低价处理、腐烂变质甚至大片蔬菜被直接用机器犁掉，视频网站上菜农求助络绎不绝。虽经各级政府和相关部门等各方努力，情况有所缓解，但农民收益仍受严重影响，种植积极性受到打击。

三 2023年全省农业农村经济形势展望及建议

习近平总书记在党的二十大报告中提出"全面推进乡村振兴"，强调"建设宜居宜业和美乡村"，为新时代新征程全面推进乡村振兴、加快推进农业农村现代化指明了前进方向。作为农业大省，河南是全面推进乡村振兴的主战场，全省农业农村经济迎来新的发展机遇。

展望2023年，河南将深入学习贯彻党的二十大精神，继续坚持农业农村优先发展，坚决扛稳扛牢粮食安全重任，持续抓好生猪稳产保供，继续发展优势特色农业，全面推进乡村振兴，全省农业农村经济有望保持平稳增长态势。但我们也要看到，近年来，受新冠疫情、极端气候概率增大等因素影响，河南农业生产面临不少风险挑战。面对新形势新挑战，我们要保持战略定力，积极采取有效措施，努力解决农业农村发展中存在的困难和问题，为全面推进乡村振兴，加快实现农业农村现代化和"确保高质量建设现代化河南、确保高水平实现现代化河南"提供有力支撑。

（一）努力提升农民收入

持续深化农业供给侧结构性改革，大力发展高效种养业，统筹推进农业产业园、农业产业强镇等产业发展平台建设，推动农民实现就地就近就业。加快乡村旅游、休闲农业、文化体验、健康养老、电子商务等新产业新业态发展，不断拓宽农民增收渠道。根据市场需求进一步加强对农民工进行技能培训和岗前培训的针对性和实用性，切实提高农民工的综合素质和技能水平，为提高农民工资性收入提供支撑。继续抓好保供稳价工作，稳定农资市场价格，努力减轻农民种养成本。

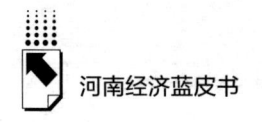

（二）加大第一产业投资力度

一是围绕乡村振兴进一步加大第一产业重大工程项目专项建设规划力度，科学合理确定建设重点和投资方向，做好重大项目储备。二是进一步加大相关政策优惠力度，降低农业投资的风险，增强投资吸引力，积极引导鼓励社会资本投资农业农村。

（三）加强乡村振兴人才队伍建设

一方面要进一步加大对现有乡村人才的培养力度。加大农业知识、农业技术、农业企业管理等相关知识的培训力度，大力培养懂技术、会管理的现代新型职业农民。另一方面要进一步优化返乡入乡政策，吸引更多优秀人才回乡创业，为乡村振兴注入新生力量。

（四）努力拓宽农产品销售渠道

一要加大农村电商发展力度，加强农产品电子商务营销网络平台建设，加强与电商企业合作，不断拓宽农产品销售渠道。二要强化示范带动作用。大力推广"企业+合作社（农场）+农户"的做法，由企业向农户统一供种、统一标准、统一技术、统一销售，建立起产供销一条链。充分发挥大型农业经营主体的示范引领作用，扩大其在农业领域的影响和辐射范围。三要加大宣传力度。充分利用河南优质特色农产品（上海）展示展销会、河南（郑州）国际现代农业博览会、中国（驻马店）农产品加工投资贸易洽谈会等平台，组织新型经营主体参加展示展销活动，扩大产品知名度，推动产销对接。

B.3
2022~2023年河南省工业形势分析与展望

王予荷 张 静*

摘 要： 2022年，面对国内外环境变化带来的新风险挑战，全省积极应对超预期因素冲击，统筹疫情防控和经济社会发展，及时出台落实稳经济一揽子政策措施，助推重点产业链供应链堵点卡点加速打通，积极落实助企纾困相关政策措施，新动能带动作用凸显，高质量发展持续推进，全省工业经济保持在合理运行区间，充分发挥对国民经济发展的贡献支撑作用。与此同时，当前工业经济稳增长基础仍不牢固，国内外不确定性因素进一步强化，长短期因素交织扰动，企业生产经营压力增加以及内外部需求不足等问题依然存在。本文通过分析当前河南工业经济发展情况，指出河南工业发展存在的突出问题和面临的机遇与挑战，并提出河南工业高质量发展的对策建议：稳预期，保持工业稳定增长；强保障，增强内生发展动力；扩需求，拓展企业市场空间；优环境，激发市场主体活力。

关键词： 工业形势 新发展理念 稳经济 河南

2022年是党的二十大胜利召开之年，是实施"十四五"规划的关键之年。面对国内外环境变化带来的新风险挑战，全省上下坚定以习近平总书记

---

* 王予荷，河南省统计局二级巡视员，工业统计处处长；张静，河南省统计局工业统计处副处长。

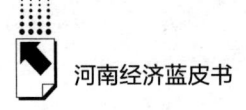

视察河南重要讲话和重要指示精神为总纲领总遵循总指引，落实"疫情要防住、经济要稳住、发展要安全"的重大要求，积极应对超预期因素冲击，统筹疫情防控和经济社会发展，及时出台落实稳经济一揽子政策措施，助推重点产业链供应链堵点卡点加速打通，积极落实助企纾困相关政策措施，新动能带动作用凸显，高质量发展持续推进，全省工业经济呈现平稳运行态势，保持在合理运行区间，充分发挥对国民经济发展的贡献支撑作用。与此同时，当前工业经济稳增长基础仍不牢固，国内外不确定性因素进一步强化，长短期因素交织扰动，企业生产经营压力增加以及内外部需求不足等问题依然存在。

一 2022年河南工业经济运行态势分析

（一）工业生产承压恢复

1.工业增长稳中趋缓

2022年以来，发达经济体货币政策紧缩、国际地缘政治冲突持续、能源资源供应紧张、大宗商品价格上涨、国内省内疫情多点散发频发，工业经济平稳运行面临较大压力。面对一系列不利因素影响，全省统筹部署一系列稳住工业经济政策措施，聚焦重点地区、重点行业、重点企业稳链保畅，深入开展"万人助万企"活动，实施重点企业"白名单"制度，持续加大助企纾困力度，得益于一系列政策持续显效，全年工业生产保持总体平稳。2022年全省实现全部工业增加值19592.76亿元，同比增长4.2%，高于GDP增速1.1个百分点，占GDP比重31.9%。其中，制造业增加值17136.64亿元，同比增长4.0%，占GDP比重达到27.9%。2022年，全省规模以上工业增加值同比增长5.1%，高于全国平均水平1.5个百分点，其中，采矿业同比增长7.9%，制造业增长4.7%，电力热力燃气和水的生产和供应业增长7.0%。

从月度增速变化看，全省规模以上工业开局平稳，实现较快增长；4月份受宏观经济环境和国内疫情影响，工业增速出现回落；5月份，全省疫情多点暴发，工业经济受到较大冲击，增速回落至3.4%；进入6月份，随着"白名单"制度的建立实施，打通重点产业链供应链堵点卡点，复工复产和物流保通保畅扎实推进，工业生产逐步恢复，并在8月份以后进一步加速，9月份规模以上工业增加值回升至7.9%；进入10月份，受疫情影响工业增速出现回落，11月份，省内多个地区疫情持续，制约工业生产，富士康系列企业生产大幅下滑，部分重点行业生产受限，规模以上工业增速大幅回落，由正转负，同比下降3.3%；12月份，随着各地疫情防控措施逐步放开，疫情对工业生产的不利影响较前期减弱，工业生产较上月明显加快，规模以上工业增速显著回升，同比增长5.2%（见图1）。

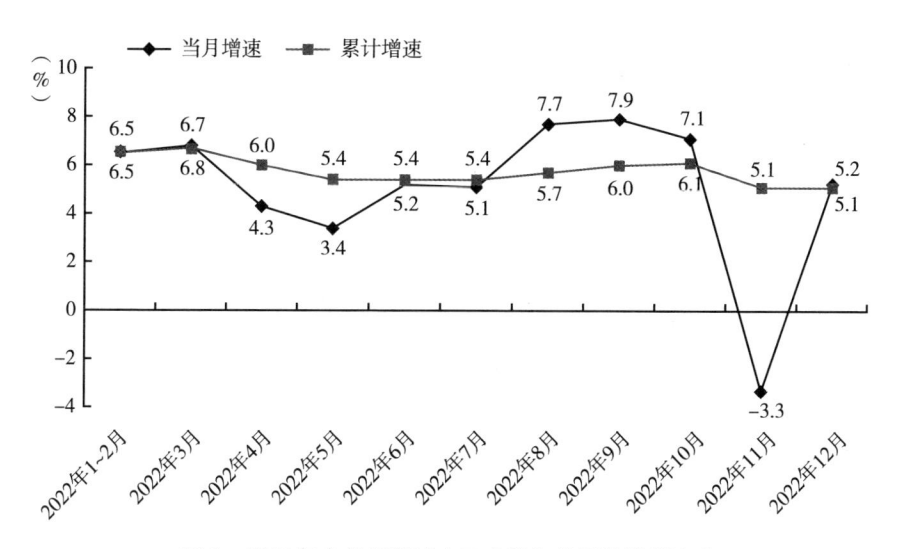

图1 2022年全省规模以上工业增加值同比增长速度

2. 多数工业行业实现增长

2022年，全省40个工业行业大类中，32个行业增加值实现增长，增长面为80.0%，其中19个行业增速高于规模以上工业平均增速，金属制品机械和设备修理业、废弃资源综合利用业、非金属矿采选业、石油加工炼焦和核燃料加工业、计算机通信和其他电子设备制造业、家具制造业、有色金属

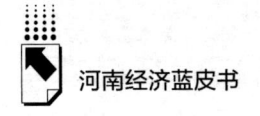

冶炼和压延加工业等7个行业实现两位数增长。

计算机通信和其他电子设备制造业、有色金属冶炼和压延加工业、电力热力生产和供应业、煤炭开采和洗选业、石油加工炼焦和核燃料加工业、农副食品加工业、黑色金属冶炼和压延加工业、医药制造业、烟草制品业、废弃资源综合利用业等10个行业对全省工业增长形成有力支撑，对工业增长的贡献率合计达到94.5%，支撑全省规模以上工业增长4.8个百分点。

增加值占比前10位的重点行业中，计算机通信和其他电子设备制造业、有色金属冶炼和压延加工业、电力热力燃气及生产和供应业、煤炭开采和洗选业、黑色金属冶炼和压延加工业、农副食品加工业、烟草制品业等7个行业实现较快增长，增速均高于全省规模以上工业平均增速。非金属矿物制品业因市场需求严重不足，生产形势不佳，同比下降1.9%，化学原料和化学制品制造业受原材料价格影响，企业生产受限，同比下降2.1%。

（二）工业高质量发展取得积极成效

1.新动能引擎作用持续显现

2022年以来，全省坚定不移贯彻新发展理念，培育壮大新动能，全省工业经济发展新态势凸显，新动能对全省工业恢复增长起到了强有力的带动与支撑作用。高技术制造业持续领跑工业增长，2022年规模以上高技术制造业增加值同比增长12.3%，高于规模以上工业平均增速7.2个百分点，占规模以上工业的比重为12.9%，但对工业增长的贡献率达到29.7%，拉动规模以上工业增长1.5个百分点；高技术制造业投资增长32.2%，高于工业投资增速6.8个百分点。工业战略性新兴产业发展强劲，2022年工业战略性新兴产业增加值同比增长8.0%，高于规模以上工业平均增速2.9个百分点，占规模以上工业的比重为25.9%，较2021年提高1.9个百分点，对工业增长的贡献率达到40.4%。在鸿富锦精密电子（郑州）有限公司、河南富驰科技有限公司、超聚变数字技术有限公司较快增长的带动下，新一代信息技术产业同比增长20.3%，对规模以上工业增长的贡献率达到23.7%。

新能源、新动能产品高速增长，彰显工业经济韧性，新能源产品生产实现高速增长，新能源汽车产量达到9.6万辆，同比增长31.8%，充电桩产量增长34.4倍；新材料产品生产显著加快，太阳能工业用超白玻璃、多晶硅产品产量分别增长43.3%、40.7%；高技术产品较快增长，卫星导航定位接收机、电子计算机整机、数字程控交换机、液晶显示屏产品产量分别增长5.9倍、1.1倍、1.5倍、25.4%。

2."专精特新"中小企业培育加速

中小企业是全省工业经济发展的主力军，是经济韧性的重要支撑，近年来全省不断加大中小企业培育力度，推动"专精特新"企业在产业基础领域补短板、锻长板，取得明显成效。截至目前，全省累计培育省级"专精特新"中小企业2211家，国家级专精特新"小巨人"企业207家，其中2022年以来共认定省级"专精特新"中小企业1183家。2022年全省规模以上中小型工业企业挺住了复杂严峻形势的考验，全年共实现营业收入32488.36亿元，同比增长7.8%，高于规模以上工业2.0个百分点，中小企业工业增加值同比增长5.6%，高于规模以上工业0.5个百分点，贡献了近六成的工业增长，充分体现其韧性与活力。

3. 创新研发活力增强

近年来，全省工业企业科研投入稳步增长，研发力量显著增强，制造业市场主体创新投入显著增加，装备水平和产品附加值持续提高，工业技术水平得到明显提升。2022年全省规模以上工业研发费用投入840.04亿元，较上年同期增长24.5%。2021年，全省规模以上工业企业中有研发活动的单位数达6091个，占规模以上工业企业的比重为28.1%。2021年规模以上工业企业研究与试验发展（R&D）经费764.01亿元，较上年增长11.4%，投入强度达1.34%。2021年制造业R&D经费718.47亿元，较上年增长12.3%，投入强度达1.41%，其中高技术制造业R&D经费132.63亿元，较上年增长22.2%，投入强度为1.45%。化学原料和化学制品制造业、非金属矿物制品业、黑色金属冶炼和压延加工业、有色金属冶炼和压延加工业、通用设备制造业、专用设备制造业、汽车制造业、电气机械和器材制造业、

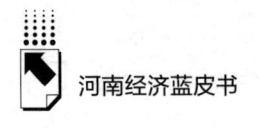

计算机通信和其他电子设备制造业等9个行业的R&D经费投入均超过50亿元。

（三）工业企业盈利压力较大

1. 企业盈利能力依然偏弱

2022年，受内外部超预期因素叠加影响，工业企业生产经营面临较大压力，从全年整体情况看，工业企业营业收入增长稳中趋缓。2022年全省规模以上工业企业实现营业收入60206.77亿元，同比增长5.8%，增速较上半年回落4.7个百分点。受生产经营成本过高影响，企业利润总额增速持续低于营收增速，并且呈现较为明显的下降态势，特别是进入下半年，PPI加快下行，价格变动对工业企业利润增长的拉动作用减弱，利润增长持续放缓，进入第四季度叠加省内疫情因素影响，利润增速回落幅度进一步扩大，在11月份由正转负，12月份降幅进一步扩大，2022年全省规模以上工业企业实现利润总额2534.00亿元，同比下降4.2%（见图2），黑色金属冶炼和压延加工业、石油煤炭及其他燃料加工业、化学纤维制造业、计算机通信和其他电子设备制造业、有色金属冶炼和压延加工业、纺织业、非金属矿物制品业对利润的下拉影响较大。

2. 利润增长水平明显分化

分经济类型看，国有控股企业利润总额增速保持正增长态势，进入下半年以后持续两位数增长，全年利润增速达到18.9%，高于规模以上工业23.1个百分点。民营企业利润增速持续走低，第一季度同比增长13.0%，上半年增速回落至4.5%，到第三季度末转为同比下降，进入第四季度利润增速降幅进一步扩大，民营企业全年利润同比下降7.1%，降幅高于规模以上工业2.9个百分点。

分行业看，受大宗商品价格高位运行等因素影响，采矿业累计实现利润较多，同比增长92.1%，成为工业企业利润增长的重要支撑。制造业受市场需求低迷、成本压力过大等因素影响，盈利能力偏弱，利润增速持续走低，从第一季度的增长8.1%下行至第三季度的负增长，1~12月制造业利

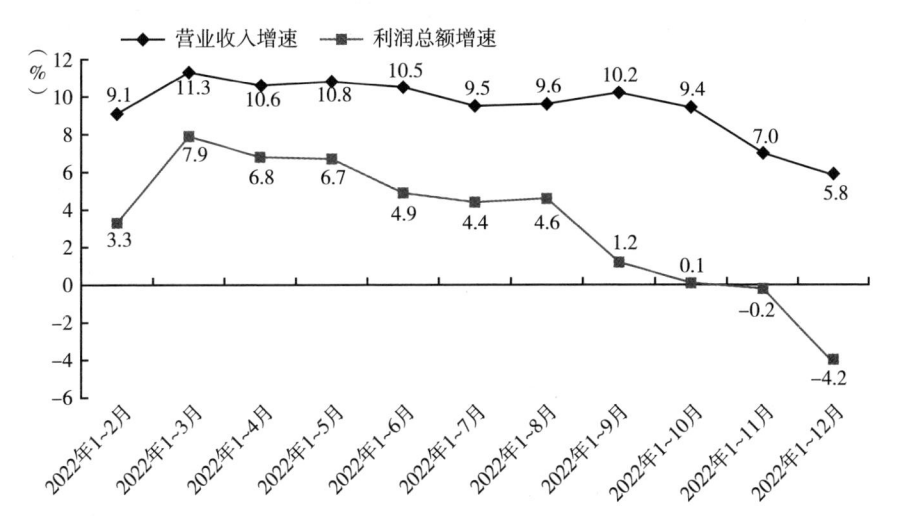

图 2　2022 年各月河南省规模以上工业企业累计营业收入与利润总额同比增速

润同比下降 11.1%，其中原材料制造业显著走弱，同比下降 23.9%，是制造业利润增速偏低的主要拖累因素。电力热力燃气及水生产和供应业受成本激增影响持续亏损。

二　当前河南工业经济发展中值得关注的问题

（一）工业企业生产面临高成本压力

2021 年以来，河南工业生产者购进、出厂价格剪刀差持续存在，工业企业成本压力激增，根据工业企业景气状况调查结果，七成以上的调查企业表示原材料成本是其面临的主要成本压力，六成以上企业认为用工成本压力较大。2022 年，全省规模以上工业企业每百元营业收入中的成本为 88.45 元，高于上年同期水平 0.54 元，从 2021 年 12 月至 2022 年 10 月连续上行 10 个月，工业企业成本处于较高水平。其中，电力热力燃气及水生产和供应业每百元营业收入中的成本达到 94.61 元，装备制造业 90.16 元，原材料制造业 89.86 元。成本激增削弱了企业的盈利能力，规模以上工业企业营业收入利润率自5月份起持续回落，从5.02%降至12月份的4.21%（见图3）。

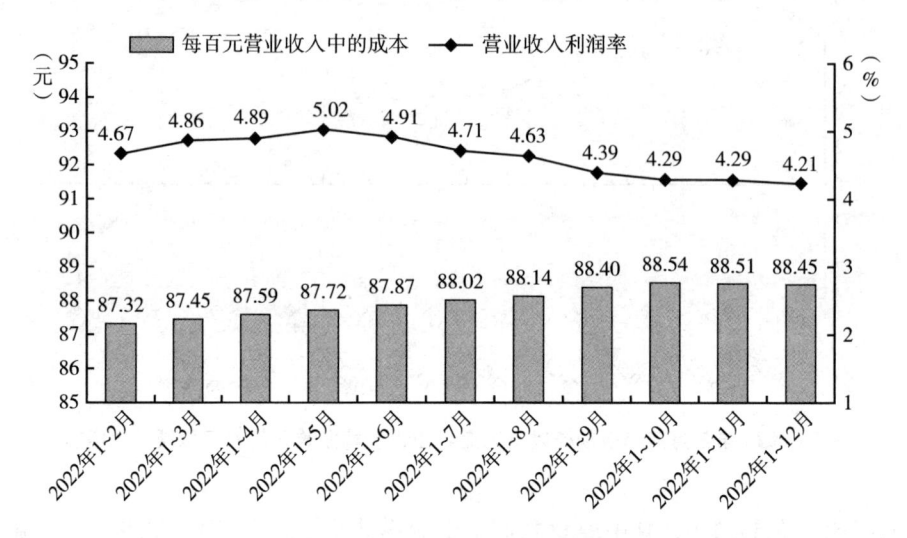

图3 2022年河南省规模以上工业企业各月累计营业收入利润率与每百元营业收入中的成本

（二）小微工业企业生产经营面临较大困难

2022年以来，经济下行压力加大，市场主体受到严重冲击，经营面临的困难加大，特别是小微企业抵抗风险的能力偏弱，受冲击程度大于大中型企业，并且小微企业长期处于产业链弱势地位，人力财力有限，多数惠企政策门槛较高，小微企业不具备政策享受资格，市场竞争力较弱，企业面临较大的生产经营压力。2022年，全省规模以上小微工业企业增加值同比增长3.8%，低于规模以上工业平均水平1.3个百分点，低于大中型企业2.0个百分点，微型工业企业营业收入利润率仅为1.55%，低于大型企业2.72个百分点。

（三）化工、建材、轻纺等行业增长乏力

2022年以来，化工、建材、轻纺等行业增速持续低位运行，增加值增

速低于规模以上工业平均水平甚至出现负增长，对全省工业增长的支撑拉动作用明显不足。建材行业受房地产业下行影响，市场需求严重不足，2022年增加值同比下降1.4%，下拉规模以上工业增长0.1个百分点，商品混凝土、水泥熟料、花岗石建筑板材产量同比分别下降7.3%、5.7%、38.8%，水泥产量仅微增0.7%。化工行业受原材料价格影响，生产持续放缓，同比下降2.1%，全省生产并被纳入统计调查的52种化工产品中，30种产品产量同比下降，下降面近六成。轻纺行业受海外产能逐步恢复、美国涉疆法案实施影响，整体较为低迷，多数企业订单不足，增加值同比仅增长1.9%，虽然在下半年实现了由负转正，但增速仍低于规模以上工业3.2个百分点，其中纺织服装服饰业同比下降6.0%。

三 2023年河南工业经济形势判断及建议

（一）河南工业经济发展面临的形势

从有利因素看，随着国内稳经济一揽子政策措施的落地见效，我国将迎来政策效应的加速释放，宏观政策力度将进一步加大，并延长实施周期，效果持续显现，为工业稳增长打下坚实基础，叠加区域合作的战略机遇，工业经济具备应对阶段性、突发性因素冲击的基础和潜力，全国工业经济长期向好的基本面不会改变。当前河南工业经济发展机遇与挑战并存，但机遇大于挑战，2023年全省将深入实施"换道领跑"战略，大力提振市场信心，恢复和扩大消费，激活房地产市场，鼓励新能源汽车等大宗商品消费，有利于扩大工业企业市场需求，同时将加快装备、食品、材料等产业高位嫁接，提升高端化、智能化、绿色化水平，推动规模以上工业企业研发活动全覆盖，新动能对工业经济的引领作用将进一步加强。

从不利因素看，当前世界经济正处于下行调整期，经济滞胀风险提升，部分经济体面临硬着陆风险，逆全球化趋势更趋明显，地缘政治冲突仍在演变，新兴经济体与市场的脆弱性愈加显现，外部环境更趋复杂严峻和不确

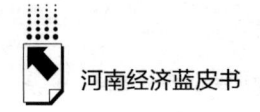

定。外部环境的复杂和不确定性加剧了国内产业链供应链安全风险，国内消费市场在稳增长促消费政策持续发力下缓慢恢复，但修复水平仍然偏低，对市场需求的带动有限，工业经济依然面临较大的下行压力。

综合河南工业经济回稳基础、面临的机遇与挑战、有利与不利因素，2023年全省工业经济仍具备较强韧性，工业生产将向好回暖，工业经济将持续运行在合理区间。

（二）河南工业高质量发展的对策建议

2023年，全省"稳工业"任务仍然艰巨，要统筹稳预期、强保障、扩需求、优环境，加大对中小企业的支持力度，促进工业经济平稳增长和提质升级。

1.稳预期，保持工业稳定增长

加大稳工业经济政策的实施力度，落实落细一揽子政策措施，扩大惠及行业企业范围，确保大中型工业企业不出问题，确保小微企业持续稳定生产经营，稳住企业发展信心与生产预期。狠抓项目招引，加大优势产业集群产业链缺失环节招商力度，补全产业链条。基于传统产业和主导产业，加大科技投入和技术革新力度，不断提高深加工产品和高端产品份额，拉长产业链。依托现有龙头企业，做强产业链条，同时积极承接产业转接，引进大项目和龙头企业，利用龙头企业的带动力，对整条产业链进行招商，形成新产业链条。强化开发区载体支撑，把开发区作为推动制造业高质量发展的主阵地、主战场和主引擎，提升开发区产业承载能力，从而融入全省重点产业链体系。

2.强保障，增强内生发展动力

加强工业经济发展的要素保障，加强电力、能源、大宗原材料的供应保障；围绕产业链部署创新链，推动财政资金、产业基金更多投向技术创新、模式创新，解决实体经济发展的技术瓶颈问题。加大制造业创新中心等创新平台资金支持和市场支持力度，加强制造业领域关键共性技术研发及市场应用，破解行业发展瓶颈，推动整个行业加快发展。依托省内外新型研发机构等平台，深化产学研合作，着重激发企业创新活力。充分发挥郑州国家中心城市和洛阳、南阳副中心城市的引领作用，带动全省制造业高质量发展。推进郑州都市圈、洛阳都市圈聚焦优势、错位发展，引导优势产业链对接，培育发展高端制造与战略性新兴产业集群，因地制宜发展特色产业，培育壮大优势产业集群，打造制造业高质量发展协同带。

3. 扩需求，拓展企业市场空间

进一步强化财政投入对产业发展的引导作用，持续扩大有效投资，更好发挥其补短板、调结构的关键性作用。深度释放消费潜力，加大对消费品市场的监管力度，保障消费安全，助力市场主体复工复产，推动各类商场市场复工复市，着力清除消费障碍。着力开拓外部市场，鼓励省内工业企业"走出去"，加快形成一批特色突出、规模较大、外向度较高的市场主体。

4. 优环境，激发市场主体活力

持续优化工业发展环境，深化"放管服"改革，着力打造廉洁高效的政务环境、开放公平的市场环境、公正透明的法治环境、诚信包容的社会环境，为工业高质量发展提供坚强保证。重视和发挥好行业龙头骨干企业的重要作用，研究制定更有针对性的扶持政策，降低企业成本费用，切实帮助企业松绑减负；减轻中小企业负担，降低中小企业经营成本，发挥好商业银行助力建立中小企业发展服务体系的作用，营造良好的融资环境，通过非高耗能企业电费、燃气费减免等政策切实降低中小企业经营成本。

B.4
2022~2023年河南省服务业形势分析与展望

范鹏 孟静 陈琛*

摘 要： 2022年，受海外环境动荡、国内疫情反复冲击的影响，需求收缩、供给冲击、预期转弱三重压力进一步加大，对河南省服务业经济运行制约明显。面对新情况新挑战，河南省贯彻落实稳经济一揽子政策措施，高效统筹疫情防控和经济社会发展，持续推动服务业恢复，服务业顶住压力保持恢复态势，现代服务业支撑有力。但目前河南服务业仍面临恢复不均衡、恢复基础尚不牢固、企业盈利能力较弱等问题。

关键词： 服务业 恢复性增长 河南

2022年，河南在以习近平同志为核心的党中央坚强领导下，贯彻新发展理念，构建新发展格局，锚定"两个确保"，实施"十大战略"，坚持稳中求进工作总基调，高效统筹疫情防控和经济社会发展，着力推动高质量发展，服务业总体上保持恢复态势。但受需求收缩、供给冲击、预期转弱三重因素持续影响，服务业恢复基础尚不牢固，恢复压力犹存。

---

* 范鹏，河南省统计局服务业统计处副处长；孟静，河南省统计局服务业统计处二级调研员；陈琛，河南省统计局服务业统计处一级主任科员。

一 韧性强，服务业恢复性增长

2022年，全省高效统筹疫情防控和经济社会发展，密集出台稳住经济增长一揽子政策措施，支持物流保通保畅，加快服务业基础设施和重大项目投资，引导鼓励服务消费，做好服务业惠企纾困，助推服务业运行回到正轨。服务业经济顶住压力逐步趋稳，呈现恢复增长、积极改善的势头。根据地区生产总值统一核算结果，2022年，全省服务业增加值30062.23亿元，增长2.0%，对GDP增长的贡献率为32.4%，拉动GDP增长1.0个百分点，服务业增加值占GDP的比重为49.0%。2022年全省服务业固定资产投资占全省固定资产投资的比重为61.6%。2022年服务业领域实际使用外资13.04亿美元，同比增长164.0%，占全省总额的73.3%。2022年，全省服务业税收收入2440.56亿元，占全部税收的53.0%。2022年全省服务业用电量737.88亿千瓦时，同比增长8.7%，增速高于全社会用电量增速5.6个百分点，占全社会用电量的24.3%，占比较2021年底提高1.3个百分点。全省服务业发展韧性进一步显现，是河南经济稳定恢复增长的重要基础（见图1）。

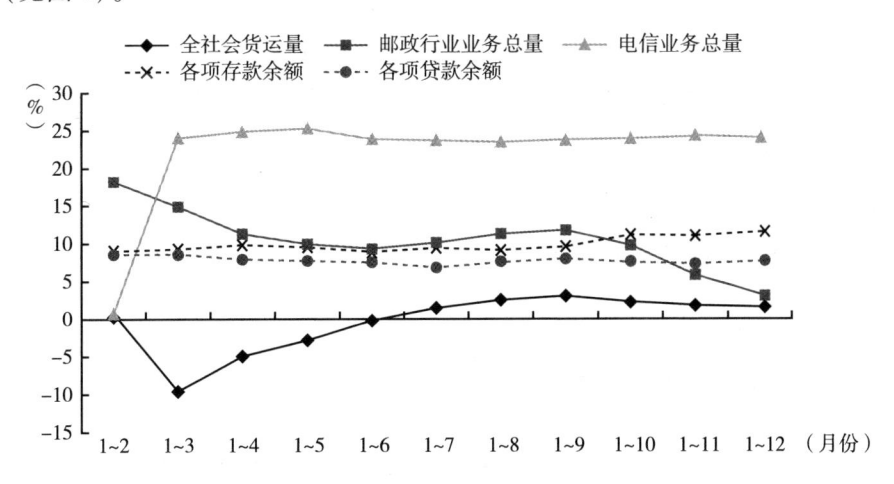

图1 2022年河南省服务业主要经济指标增速趋势

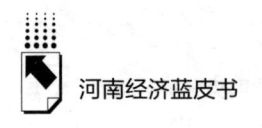

（一）交通运输业稳步恢复

2022年，河南发挥独特的交通优势和运输通道作用，不断优化调整运力安排，全力组织中欧班列、大宗货物及重点物资列车开行，为畅通双循环、加快构建新发展格局提供了有力支撑，为国计民生重点物资运输提供了有力保障。2022年，全省完成全社会货运量25.87亿吨，同比增长1.6%，其中，完成铁路货运量10859.27万吨，同比增长2.4%；完成公路货运量23.01亿吨，同比增长1.6%，公路恢复情况好于全国，增速居全国第4位，高于全国7.1个百分点。高速路网持续完善，全省高速公路通车里程突破8000公里，继续保持全国第一方阵；内河航道通航里程1725公里，建成周口、信阳、漯河、平顶山4个以货运为主的港口。完成水路货运量1.78亿吨，同比增长1.3%。2022年，郑欧班列累计开行班次1167班，累计走货量达81.65亿吨。2022年12月5日郑州机场出入境货运航班突破1万架次，较2021年提前了18天。

（二）邮政电信业增势良好

邮政业继续保持快速增长。2022年全省邮政行业业务总量累计完成567.20亿元，同比增长4.0%；快递业务量累计完成44.53亿件，同比增长2.2%。电信业保持高速增长。2022年以来电信业务总量一直保持20%以上的高速增长，2022年全省电信业务总量1007.66亿元（按上年不变单价计算），同比增长23.9%，增速居全国第9位，高于全国2.6个百分点；完成电信业务收入781.69亿元，同比增长8.3%，量价齐涨。

（三）金融业保持稳定运行

2022年，全省继续强化金融稳定保障体系，守住不发生系统性风险底线；继续深化金融供给侧结构性改革，引导各类金融资源服务实体经济，金融业运行总体平稳。各项存款持续较快增长。12月末，全省本外币各项存款余额93173.1亿元，同比增长11.6%，增速居2017年4月份以来历史较高水平。其中，人民币各项存款余额为92548.4亿元，同比增长12.3%，创2017年4月份以来的新高。各项贷款由减转增，社会融资规模增加较多。12月末，各项贷款余额76075.6亿元，同比增长7.8%。其中，人民币各项贷款余额为75528.5亿元，同比增长8.8%。1~11月，河南省社会融资规模增量为9555.7亿元，同比多1037.1亿元。

（四）接触性服务业持续恢复

全省积极落实稳经济政策措施，先后制定实施《关于进一步做好惠企纾困工作促进经济平稳健康发展的通知》《关于促进服务业领域困难行业恢复发展的若干政策》等政策，进一步加大对服务业领域困难行业的扶持力度，全力帮助以接触性服务业企业为重点的各类服务业市场主体渡过难关，受疫情影响较大的零售业、餐饮业、住宿业、旅游业等接触性服务业延续恢复势头。2022年，社会消费品零售总额24407.41亿元，同比增长0.1%。限额以上住宿业、餐饮业企业销售额同比下降8.4%和1.2%，降幅分别比上半年收窄5.4个和1.5个百分点。文旅文创融合激发消费活力潜力，文旅市场显现积极信号，总体趋势回暖向好。端午3天假期，全省共接待游客851.97万人次，旅游收入37.60亿元。与2022年五一假期相比，按日均可比口径计算，分别增长38.5%、30.4%。中秋小长假3天全省共接待游客1585.31万人次，同比增长6.43%；旅游收入74.62亿元，同比基本持平。国庆黄金周河南全省共接待游客3995.85万人次，旅游收入191.79亿元。

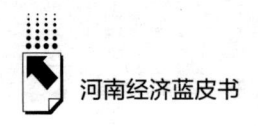

（五）规模以上服务业①有序恢复

全省规模以上服务业有序恢复。2022年，全省规模以上服务业企业共实现营业收入7429.02亿元，同比下降0.7%，降幅较上半年收窄1.1个百分点。十大门类中有6个门类营业收入增速加快（或降幅收窄）。交通运输、仓储和邮政业，水利、环境和公共设施管理业，文化、体育和娱乐业营业收入降幅分别较上半年收窄2.7个、3.6个、2.6个百分点，居民服务、修理和其他服务业，租赁和商务服务业，科学研究和技术服务业营业收入增速较上半年分别提高3.5个、1.3个和0.2个百分点。34个行业大类中有17个实现增长，行业增长面达半数。其中，18个行业大类增速高于全省平均水平，占比为52.9%。营业利润降幅收窄。全省规模以上服务业企业实现营业利润416.21亿元，同比下降29.2%，降幅较上半年收窄10.6个百分点。

二 活力足，现代服务业支撑有力

2022年，河南省顺应技术革命、产业变革、消费升级趋势，以服务业供给侧结构性改革为主线，以新需求激发新供给、以新供给引领新消费，激发市场潜力活力，进一步优化结构、引领消费、扩大就业，增强服务经济发展新动能，加快推动河南省现代服务业发展，有力支撑全省经济持续稳定健康发展。

---

① 规模以上服务业统计范围为辖区内年营业收入2000万元及以上服务业法人单位，包括交通运输、仓储和邮政业，信息传输、软件和信息技术服务业，水利、环境和公共设施管理业三个门类和卫生行业大类；辖区内年营业收入1000万元及以上服务业法人单位，包括租赁和商务服务业、科学研究和技术服务业、教育三个门类，以及物业管理、房地产中介服务、房地产租赁经营和其他房地产业四个行业小类；辖区内年营业收入500万元及以上服务业法人单位，包括居民服务、修理和其他服务业，文化、体育和娱乐业两个门类，以及社会工作行业小类。

（一）服务业数字化继续深化

服务业市场主体韧性强，积极适应新形势新格局，依托互联网平台，加快数字化、智能化转型步伐，克服疫情带来的空间阻隔，变线下服务消费场景为线上场景，餐饮外卖、在线教育、远程会议、在线医疗等快速发展，直播视频、网上带货增势强劲，"互联网+"新业态持续活跃。2022年，规模以上信息传输、软件和信息技术服务业企业营业收入同比增长9.1%，其中互联网和相关服务、软件和信息技术服务业同比分别增长31.8%、1.9%。规模以上互联网接入及相关服务同比增长39.9%，互联网平台同比增长7.9%，互联网安全服务同比增长4.5%，互联网信息服务同比增长47.4%。随着"互联网+"推动现代新兴服务业数字经济、共享经济高速发展，2022年全省互联网宽带接入用户达到3934.79万户，同比增长12.2%。

（二）服务业产业融合持续加深

2022年，河南省服务业产业融合持续深化，作为典型代表的供应链管理提供整合供应、制造、物流、销售等上下游链条服务，有效降低企业成本，提高企业效益。2022年，规模以上供应链管理服务企业营业收入26.67亿元，同比增长40.6%。分工细化促进第一、第二产业相关部门专业化发展，人力资源服务较快发展。2022年，规模以上人力资源服务企业营业收入521.53亿元，同比增长7.0%，其中规模以上劳务派遣服务企业营业收入346.41亿元，同比增长6.3%。设计是产业链和创新链的源头，河南省以工业设计、软件设计、建筑设计、创意设计为重点，推动设计数字化、智能化、协同化、集成化发展，搭建产业协同创新开放平台，高标准建设了一批设计产业园区。2022年，规模以上工业与专业设计及其他专业技术服务企业营业收入10.60亿元，同比增长3.0%。

（三）与生产相关的服务业迈向高端

与生产相关的服务业加速迈向高端，助推产业改造升级，是向结构调整

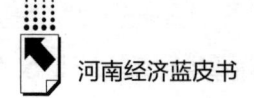

要动力、促进经济平稳健康发展的重要力量。2022年,全省规模以上与生产相关的服务业企业营业收入5602.17亿元,占全部规模以上服务业企业比重为75.4%。从技术交易到检验检测,再到成果孵化,科学研究和技术服务业为科技创新提供重要保障。2022年,全省规模以上科学研究和技术服务业企业营业收入770.71亿元,同比增长1.9%,其中,研究和试验发展同比增长11.2%,专业技术服务业同比增长2.8%。物流业是经济的"信使"。更高效的物流体系,更低的物流成本,才能让企业成本更低、利润更大、流通更活跃。截至目前,河南获批了6个国家物流枢纽,总数量排名全国第1位。2022年,全省规模以上多式联运和运输代理服务业企业营业收入154.35亿元,同比增长18.0%。

三 冲击大,服务业恢复压力犹存

从需求端看,一方面,长时间疫情加大就业压力,居民收入增长放缓,消费需求下滑,服务消费动机减弱;另一方面,封控措施下的零售和物流阻断,导致"有效"需求发生断崖式下降。从供给端看,严防病毒传播的封控措施,导致生产要素和产品无法及时配置到位。生产经营行为的中断又进一步对供应链产生压力,从而对总需求产生更大的抑制效应。同时,国内结构性通胀压力加大,商品价格上涨挤占服务消费空间;服务业复苏、服务消费恢复周期较长,一些"失去"的服务消费难以回补,服务业恢复压力犹存。

(一)服务业恢复不均衡

受世界局势变动、国内外疫情和政策的影响,全省服务业恢复不均衡,部分行业恢复到正常水平仍有待观察。2022年以来,受俄乌冲突等国际局势影响,全球粮食价格上涨、出货速度大幅收紧,全省中储粮系统按照国家统一宏观调控政策紧缩粮根,使得包含多家中储粮机构的装卸搬运和仓储业营业收入同比下降。受教育"双减"政策和房地产调控政策影响,与这两个行业相关的服务业企业营业收入同比大幅下降。疫情的反复让旅游业受到重创，出境游彻底停摆，相关的公共设施管理业企业营业收入同比下降。2022年，全省规模以上服务业企业营业收入同比下降明显的行业有房地产中介服务，装卸搬运和仓储业，广播、电视、电影和录音制作业，教育，生态保护和环境治理业，文化艺术业，公共设施管理业，娱乐业等营业收入同比分别下降39.8%、32.0%、23.9%、19.7%、14.2%、12.7%、12.6%和12.4%。

（二）恢复基础尚不牢固

11月份以来，省内多数地区疫情防控形势趋紧，服务业经济运行出现明显波动。交通运输方面，11月份，全省高速公路车流量、国省干线公路车流量同比下降57.5%、23.8%。快递发货、收货"两头"受阻，以郑州为例，重点物流企业监测显示，顺丰空港物流园中转场和机场中转场由疫情防控导致中转人员短缺、园区运转困难，已经积压几百万件快件不能及时处理；与此同时，郑州流动性管理解除后，解封区域快递恢复正常派送，但部分外省发货地属于疫情高风险区，快递员无法上门揽收发送。文化旅游方面，全省几乎全部景区和九成以上电影院歇业，再加上疫情管控居民不能正常出入，电影和旅游业持续断崖式下跌。11月份全省影院开业率不足10%，电影票房收入同比下降89.7%，降幅较10月份扩大16.5个百分点。全省旅游景区受疫情持续影响几乎全部停摆，短期内能否正常营业尚不明朗。餐饮方面，10月中下旬以来，全省多地餐饮门店取消堂食、关门歇业，商务部门重点监测餐饮企业10月份销售额同比下降32.2%。美团网大数据显示，11月全省外卖订单量同比下降44.3%，环比下降28%。

（三）企业盈利能力较弱

疫情之下，原材料价格价格上涨、全产业链成本上升、货运物流不畅，企业"增产不增收、增收不增利"矛盾突出，企业盈利能力较弱，企业在经营成本提高的压力下对增加用工的愿望不足，导致企业用工需求不旺盛。2022年，全省规模以上服务业企业营业成本5957.90亿元，同比增长

1.5%，增速高于营业收入2.2个百分点，占营业收入的比重为80.2%。规模以上服务业企业利润总额423.30亿元，同比下降33.7%。规模以上服务业企业营业利润416.21亿元，同比下降29.2%。分行业看，房地产业，租赁和商务服务业，水利、环境和公共设施管理业，卫生和社会工作，教育五个行业门类营业利润同比下降较多，同比分别下降44.8%、40.1%、32.0%、17.2%和15.2%。12月末，规模以上服务业企业期末用工人数148.35万人，同比下降1.4%。2022年，规模以上服务业企业应付职工薪酬1355.26亿元，同比下降6.9%。

四 预期稳，服务业发展前景可期

2023年，随着疫情防控进入新阶段，新冠病毒感染回归乙类管理，经济社会生活秩序将会加速恢复。全省服务业经济正逐步走出防疫政策优化的适应期，防疫政策放松不再约束接触式消费和场景式活动，社交距离的缩短和出行需求的逐步增加，将释放出巨大的活力，促进经济循环起来、运转起来，全省将进入"消费复苏→企业盈利上升→就业形势好转、员工收入上升→消费复苏"的正向循环，就业和收入预期与服务业形成正向反馈机制，服务业将在2023年重新焕发韧性，逐步进入供需双向扩张的区间。

下阶段，要积极推动省政府出台的促进经济稳定向好"90条政策措施"全面落地见效，集中力量提振市场需求，持续聚力改善营商环境，最大限度释放经济活力，助力经济加速回稳向好，为全省服务业加速恢复创造良好条件。

B.5
2022~2023年河南省固定资产投资形势分析与展望

朱丽玲 呼晓飞*

摘　要： 2022年，面对省内疫情多点散发导致经济下行压力加大的不利局面，各地深入贯彻落实习近平总书记"疫情要防住、经济要稳住、发展要安全"重要指示精神，积极应对超预期因素冲击，按照省委省政府安排部署，在做好疫情防控的前提下，把抓项目稳投资作为当前稳增长的关键举措，全省固定资产投资规模持续扩大。同时，由于我国经济恢复的基础尚不牢固，需求收缩、供给冲击、预期转弱三重压力仍然较大，加之外部环境动荡不安给我国经济带来的影响加深，固定资产投资稳定增长仍面临较多挑战。2023年，应紧抓加快构建新发展格局战略机遇，着力推动高质量发展，锚定"两个确保"，深入实施"十大战略"，更好统筹疫情防控和经济社会发展，滚动开展"三个一批"项目建设活动，推动河南固定资产投资持续稳定增长。

关键词： 固定资产投资　稳增长　项目建设　河南

2022年，全省上下深入贯彻习近平总书记关于"经济大省要勇挑大梁"的重要指示，滚动开展"三个一批"活动，谋划实施稳经济重要项目集中

---

* 朱丽玲，河南省统计局固定资产投资统计处副处长；呼晓飞，河南省统计局固定资产投资统计处。

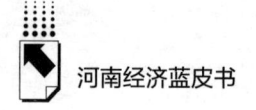

攻坚行动，全省固定资产投资规模持续扩大，工业投资快速增长，投资结构不断优化。进入第四季度，新冠疫情反复延宕，严重干扰投资活动，叠加房地产开发投资持续低迷，全省投资增速明显回落。

一 2022年全省固定资产投资运行基本情况

（一）投资增速稳中有落，持续高于全国平均水平

2022年以来，随着上年同期基数不断抬高，全省固定资产投资增速自年初高位呈现逐月回落的态势，至第三季度末逐步企稳；进入第四季度，受新冠疫情影响，部分在建项目临时停工，全省投资增速再次回落。2022年，全省固定资产投资（不含农户，下同）同比增长6.7%，增速较第一季度、上半年、前三季度分别回落8.3个、3.6个、3.2个百分点；高于全国平均水平1.6个百分点，延续了2022年以来河南省固定资产投资增速持续高于全国平均水平的趋势（见图1）。

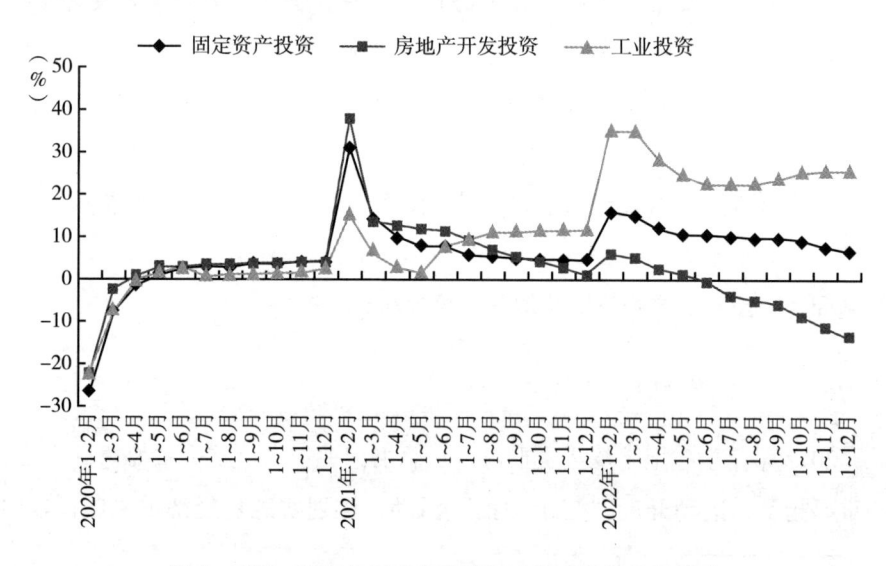

图1 2020~2022年以来河南省固定资产投资分月增速

资料来源：河南省统计局。

（二）工业投资增速持续高于全部投资，新动能投资快速增长

2022年以来，省委省政府先后推动实施《关于开展企业技术改造提升行动促进制造业高质量发展的实施意见》《河南省"十四五"制造业高质量发展规划》，统筹各类要素保障，推动全省工业项目建设。2022年，全省工业投资同比增长25.4%，增速高于全国平均水平15.1个百分点，高于全部投资18.7个百分点，较上半年、前三季度分别加快3.1个、2.0个百分点；占全部投资的比重达35.8%，高于上年同期5.3个百分点。其中制造业投资增长29.7%，占工业投资的比重达84.2%；采矿业投资增长31.3%，电力热力燃气及水生产和供应业投资增长0.5%。河南省持续开展以高端化、智能化、绿色化和服务化为重点任务的制造业专项改造行动，全省工业转型升级按下"快进键"，投资结构持续优化，工业技改投资和高技术制造业投资等新动能投资快速增长。2022年，全省工业技改项目个数大幅增加，在建工业技改项目3266个，同比增加1003个；工业技改投资同比增长34.4%，高于工业投资增速9个百分点，占工业投资的比重为20.8%，高于上年同期1.4个百分点；其中制造业技改投资增长35.3%，占工业投资的比重由上年同期的16.6%提高至17.9%。全省高技术制造业投资同比增长32.2%，占工业投资的比重为12.5%，占比高于上年同期0.6个百分点，拉动工业投资增长3.8个百分点。

（三）民生补短板投资快速增长

2022年，全省积极推动袁湾水库、郑开同城东部供水等骨干水利工程建设，加快小浪底南北岸灌区、西霞院水利枢纽输水及灌区工程等新建灌区建设，全省水利管理业投资同比增长34.4%，高于全部投资增速27.7个百分点，占比较上年同期提高0.3个百分点；先后出台了支持社会办医、民办教育、健康服务、养老产业、文化创意、体育产业发展的政策措施，医疗、养老、教育、文化、体育等社会领域投资较快增长，全省社会领域投资增长

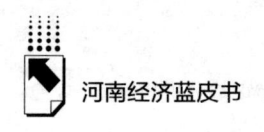

20.1%，高于全部投资增速13.4个百分点，占比提高0.7个百分点，其中卫生和社会工作投资增长43.5%，占比提高0.5个百分点。

二 全省固定资产投资存在的问题

（一）新开工项目放缓，大项目拉动不足

2022年，全省新开工项目计划总投资同比增长23.0%，虽仍保持快速增长，但增速较第一季度、上半年分别回落28.3个、11.6个百分点，增速处于年内低位。全省新开工亿元及以上项目完成投资增长16.2%，低于全部新开工项目2.2个百分点；在建项目亿元及以上个数、计划总投资和完成投资增速分别为23.5%、11.1%和12.1%，分别低于全部在建项目3.5个、0.9个和3.2个百分点。当前，新开工项目个数和计划总投资增速放缓，亿元及以上大项目增速低于全部投资增速，不利于全省投资长期稳定增长。

（二）房地产开发投资增速由正转负，下拉全部投资增长

虽然目前全省各地积极推进"保交楼"等有关工作，但房地产市场的下行态势仍未改变。2022年，全省房地产开发投资同比下降13.7%，增速较第一季度、上半年、前三季度分别回落18.8个、13.3个、8.2个百分点，下拉全部投资增速4.1个百分点。2022年以来，全省房地产开发投资增速持续回落，自6月起已连续7个月负增长，房地产开发投资对全省投资的下拉作用不断扩大。从开发现状看，一是新入库项目"少弱小"，开发面积持续下行。2022年，全省新入库房地产项目仅1047个，同比下降29.9%；新入库项目平均规模为5.88亿元，同比下降10.9%。受新增项目减少影响，全省房屋新开工面积同比下降34.5%，降幅较第一季度、上半年和前三季度分别扩大33.9个、11.4个和3.9个百分点；施工面积自第一季度出现负增长后，全年降幅扩大至8.0%，降至历年来最低点。二是在建项目进度放缓，平均建设周期延长。截至2022年末，全省房地产开发项目剩余工作量

（项目计划总投资减去自开始建设累计完成投资）合计20995.20亿元，按2022年全省房地产续建项目完成投资5354.84亿元计算，当前未竣工项目还需3.9年左右才能建完，超出正常水平（2年左右）。三是开发行为愈加谨慎。2022年全省商品房销售面积、销售额分别下降16.1%、22.3%，房地产开发企业土地购置面积下降61.3%。市场销售未有好转，土地购置趋于谨慎，房企对市场预期仍然较差，投资信心不足，房地产开发投资下行态势短期内难以有大的回升。

（三）基础设施投资增速波动增长，续建大项目下拉明显

2022年以来，全省基础设施投资在4月份触底后呈现波动增长态势，增速持续低于全部投资增速。2022年，全省基础设施投资同比增长6.1%，增速较第一季度、上半年、前三季度分别回落0.1个、0.7个、3.0个百分点，低于全部投资增速0.6个百分点。分行业看，全省信息传输业投资增长20.7%，占基础设施投资的比重为2.2%；交通运输业和邮政业投资增长11.1%，占比31.7%；而占比达52.2%的公共设施管理业投资下降0.3%。具体来看，公共设施管理业大项目施工规模下降，完成投资减少，下拉基础设施投资增长。全省亿元及以上公共设施管理业项目个数1585个，虽比上年增加90个，但计划总投资下降5.3%，完成投资下降7.2%，下拉全部基础设施投资增速3.3个百分点。由于接近完工或主体已投入使用，郑州市四环线及大河路快速化工程、洛阳历史文化街区整治与保护项目、大运河通济渠（郑州段）遗址生态公园、三门峡市崤函生态廊道示范项目、郑州南站配套工程高架进出站道路系统、陕州甘山路至黄顶路雨污水综合管网项目等一批往年开工的10亿元以上的大项目完成投资明显减少，下拉全省公共设施管理业投资增长。

（四）民间投资持续回落，增速低于全部投资

受国际局势复杂多变、国内疫情多点散发等因素影响，民间投资增速持续低位徘徊。受上年低基数影响，民间投资年初增速较高，之后基本呈回落

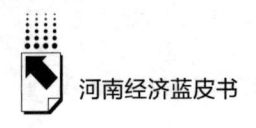

态势，民间投资增速从年初的12.7%回落到年末的2.6%，低于全部投资增速4.1个百分点。分领域看，各板块内民间投资增速均低于所在板块增速，房地产开发、基础设施、农林牧渔业民间投资同比下降，下拉民间投资增长。工业民间投资增长24.4%，比工业投资增速低1.0个百分点，占全部民间投资的比重为43.7%；房地产开发民间投资下降16.0%，比房地产开发投资降幅大2.3个百分点，占比31.7%；基础设施民间投资下降1.6%，比基础设施投资增速低7.7个百分点，占比7.6%；社会领域民间投资增长9.0%，比社会领域投资增速低11.1个百分点，占比4.1%；农林牧渔业民间投资下降11.5%，比农林牧渔业降幅大4.5个百分点，占比3.6%。受制于经济景气水平回落和疫情反复，民营企业在用工、物流、资源要素等方面的成本不断上涨，企业利润受到挤压、预期收益降低，企业对新上项目及扩大生产持观望态度，投资意愿降低，造成民间投资增速持续低迷。

三　2023年固定资产投资形势展望

（一）2023年投资发展面临十分有利的机遇

1. 河南省扩大有效投资的潜力仍然很大

当前，河南省正处于工业化、城镇化快速推进阶段，城乡基础设施建设、工业转型升级等领域蕴含着巨大的投资需求，不仅能够加速带动经济发展，而且也能对产业发展形成有效牵引，特别是2022年以来省委省政府滚动实施"三个一批"活动，谋划实施稳经济重要项目集中攻坚，集中开工了一大批政策性开发性金融工具项目、"三个一批"项目，2023年将迎来施工高潮。同时，在钢铁、有色、建材、建筑、技术改造等领域，在乡村振兴、扩大内需等方面都有巨大的需求空间，未来扩大有效投资、精准供需匹配对河南省经济增长的综合拉动作用将持续显现。

2. 政策环境向好有利于投资活力释放

为有效对冲疫情与房地产两大因素对经济发展的不确定性影响，近期国家出台金融支持房地产市场平稳健康发展16条并不断优化疫情防控措施，这些政策将有利于加快释放消费潜力，托住房地产市场基本盘；2022年下半年以来国家实施的政策性开发性金融工具、设备购置与更新改造贷款财政贴息等政策效应大部分将在2023年集中显现，有助于推动经济加快改善、回升向好。同时，2022年中央经济工作会议指出，"2023年要坚持稳字当头、稳中求进，继续实施积极的财政政策和稳健的货币政策"，更加积极有效的宏观政策将为投资活动营造良好的环境。省委省政府在6大领域谋划出台90条措施促进经济，遴选省重点项目2500个左右，年度投资1.8万亿元，进一步拓宽了全省投资增长空间。

3. 枢纽优势积蓄成势，便于投资要素流动

2022年以来，河南省依托交通区位这一最大传统优势，积极推进交通网络、物流枢纽、关联产业融合协同发展，加快打造引领中部、服务全国、联通世界的枢纽经济高地。持续深化郑州—卢森堡"双枢纽"战略，郑州机场货邮保障能力跃升至10万吨，全国首个"米"字形高铁网建成投用，实现了"市市通高铁"，所有高铁站、机场、港口和省级开发区实现二级以上公路连通，基本建成了连通境内外、辐射东中西的现代立体交通体系和物流通道枢纽；全省社会物流总费用与GDP比率有望10年连降至13.3%，低于全国1个百分点以上；在郑州国际陆港航空港片区以及"豫货出海""海货入豫"通道建设的带动下，比亚迪新能源汽车、周口益海嘉里现代食品产业园等一批基地型项目陆续落地，枢纽偏好型产业集聚效应、规模效应将更加凸显。

（二）投资持续增长同时面临着较多的不确定性

1. 宏观经济增长面临较大挑战

从国内国外大环境看，当前投资下行的压力较大。全球经济形势异常复杂，增长面临很大的不确定性。国际货币基金组织最新一期《世界经济展望报告》预测，2023年全球将出现大范围的增长放缓，预计全球经济增速下降至2.7%，比2022年7月预测值回落0.5个百分点，其中，美国增长1%，欧元区增长0.5%，英国增长0.3%，德国增长-0.3%，日本增长

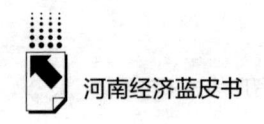

1.6%，我国增速将达到4.4%左右。2022年10月份全球制造业PMI（采购经理人指数）为48.7%，连续6个月环比下降，意味着全球经济收缩压力加大，经济复苏动能继续趋弱。中国的PMI下滑态势也是很明显的，12月份，制造业采购经理指数（PMI）为47.0%，比上月下降1.0个百分点，低于临界点。外部经济增长环境将对河南省投资增长产生较大影响，持续增长面临着较多的不确定性。

2.疫情对投资活动的扰动风险仍然存在

从疫情干扰看，11月11日，国务院联防联控机制综合组发布《关于进一步优化新冠肺炎疫情防控措施 科学精准做好防控工作的通知》；12月7日，国务院联防联控机制综合组发布《关于进一步优化落实新冠肺炎疫情防控措施的通知》；12月26日，国务院联防联控机制综合组印发《关于对新型冠状病毒感染实施"乙类乙管"总体方案》，我国不断优化疫情防控政策，更加科学精准开展防控工作，高效统筹疫情防控和经济社会发展。但受病毒变异、冬春季气候、人口大规模流动等因素影响，疫情形势仍然严峻复杂，仍存在疫情对投资活动产生较大扰动的可能性。

3.房地产市场信心有待恢复

从当前下拉固定资产投资较大的房地产市场看，11月11日，央行和银保监会联合发布《关于做好当前金融支持房地产市场平稳健康发展工作的通知》，该通知包含16条内容，涉及开发贷、信托贷款、并购贷、保交楼、房企纾困、贷款展期等诸多领域，提出坚持"房子是用来住的，不是用来炒的"定位，全面落实房地产长效机制，因城施策支持刚性和改善型住房需求，保持房地产融资合理适度，维护住房消费者合法权益，促进房地产市场平稳健康发展。省委省政府也宣布取消和调整房地产过热时期妨碍消费需求释放的限制性政策，加大对居民购房和房企的合理融资支持力度，从信贷、股权、债券融资三方面纵深拓展房地产融资渠道，完善二套房认定标准，支持集中团购商品住房，鼓励各地结合保障性租赁住房、人才住房房源征集，加快存量商品房去化。但展望2023年，房地产市场能否稳定，依然要看交易市场能不能稳定。在当前"保交楼"成效尚不明显、市场信心仍未恢复、叠加经济下行压力大等因素影响下，商品房销售好转仍有待时日，房地产开发投资仍有下行的可能。

四 做好2023年河南固定资产投资工作的政策建议

2023年是贯彻党的二十大精神的开局之年，是实施"十四五"规划承上启下的关键之年，也是落实省第十一次党代会部署的攻坚之年，做好2023年投资工作，需坚持稳中求进工作总基调，完整、准确、全面贯彻新发展理念，紧抓加快构建新发展格局战略机遇，推动全省固定资产投资稳定增长。

（一）强化重大项目谋划

强化重大项目特别是产业引领重大项目的谋划，紧盯国家政策导向和资金投向，加大产业项目谋划储备；在乡村振兴、数字智能、产业转型、粮食保障、大学建设等领域新谋划一批重大项目；提高招商引资项目落地转化效率，最大限度发挥投资稳经济作用。持续滚动开展"三个一批"项目建设活动，继续抓好重点项目建设，健全重大项目领导分包、储备熟化等工作机制，建设重要项目挂图作战系统，强化用地、能耗、环评等要素保障力度，统筹用好政府专项债券等各类政策资金，确保重大项目早落地、早开工。

（二）加力促进房地产开发市场平稳发展

以"保交楼、保民生、保稳定"为首要目标，以扩大信贷为抓手，以稳定市场预期为关键，密切关注房地产开发企业的经营状况和项目建设进展情况。聚焦在建项目持续加强对房地产企业运营状况和项目建设情况的跟踪监测，确保在建项目顺利推进；持续关注停缓建项目进展情况，明确主体单位责任，做好项目服务保障工作，确保项目持续推进，形成实实在在的工作量，促进房地产市场稳定运行。

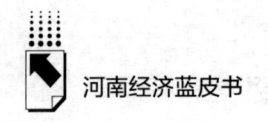

(三）高度重视民间投资，给予更大的政策支持

高度重视民间投资增长慢的问题，充分认识民间投资在经济高质量发展、转型升级、科技创新和就业中的关键作用，真正把民间投资放在重要的位置来看待、来谋划、来推动。各级政府用更多精力发挥政策引导作用，进一步出台并落实利好民间投资的政策措施。

(四）加大基础设施建设推进力度

抢抓国家政策靠前发力、全面加强基础设施建设等政策机遇，继续实施一批基础设施项目，确定一批新的重大基础设施项目，确保在建项目尽快形成实物工作量。坚持要素跟着项目走，优先保障重点项目用地、资金需求，用好用足政府专项债资金，加快推进重点基础设施项目建设进度。

B.6
2022~2023年河南省消费品市场形势分析与展望

赵清贤 李伟 周文瑞*

摘　要： 2022年前三季度，全省疫情防控形势基本稳定，消费品市场恢复态势延续，第四季度以来受疫情扰动，全省消费品市场增速放缓。展望2023年，宏观经济发展仍面临需求收缩、供给冲击、预期转弱三重压力，新冠疫情对经济社会及居民生活的影响完全消除尚需时日，但各项促消费政策持续发力，消费品供应保障有力，居民消费信心逐渐回升，全省消费品市场平稳发展的基本面依然存在，消费品市场有望呈稳中有升态势。

关键词： 消费品市场　促消费　消费升级　河南

2022年，全省上下认真贯彻落实党中央、国务院和省委省政府各项决策部署，统筹推进疫情防控和经济社会发展，经受住了复杂多变的外部环境和疫情散发带来的多重考验，全省消费品市场保持增长。

一　2022年全省消费品市场运行情况

2022年前三季度，全省疫情防控形势基本稳定，消费品市场恢复态势

---

* 赵清贤，河南省统计局贸易外经统计处处长；李伟，河南省统计局贸易外经统计处副处长；周文瑞，河南省统计局贸易外经统计处四级调研员。

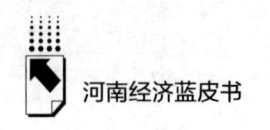

延续，10月份、11月份受疫情多地突发、局部暴发等因素影响，全省消费品市场连续两个月走低，12月份，随着疫情防控措施的优化调整，居民消费信心逐渐提升，出行明显增多，消费品市场降幅显著缩小。2022年，全省社会消费品零售总额24407.41亿元，同比增长0.1%。

（一）2022年全省消费品市场波动较大

2022年1~2月，全省消费品市场开局良好，社会消费品零售总额同比增长5.5%，3~5月，因新冠疫情在全国多数省份蔓延，部分商品来源地受疫情影响较为明显，河南消费品市场受汽车等重要商品供应不畅等因素影响增速有所回落，第一季度、1~4月、1~5月，全省社会消费品零售总额分别增长3.5%、1.1%、-0.3%，分别比1~2月回落2.0个、4.4个、5.8个百分点。随着疫情防控形势的日益巩固，消费品市场加快恢复，上半年全省社会消费品零售总额增速由负转正，同比增长0.3%，比1~5月提高0.6个百分点；前三季度全省社会消费品零售总额同比增长1.9%，比上半年提高1.6个百分点。10月份、11月份，受疫情影响，居民出行减少，消费场景受限，非必需类商品销售和聚集型消费受到明显冲击，消费品市场走低，全省社会消费品零售总额同比分别下降3.2%、7.9%，1~10月、1~11月，全省社会消费品零售总额同比分别增长1.3%、0.3%。12月份，全省社会消费品零售总额同比下降2.0%，降幅分别比10月份、11月份缩小1.2个、5.9个百分点，全年社会消费品零售总额同比增长0.1%，仍保持增长态势。

（二）城乡市场协调发展，乡村市场恢复好于城镇

2022年，城镇市场零售额同比增长0.1%，其中城区增长0.3%。乡村市场零售额同比增长0.4%，增速快于城镇市场0.3个百分点。分季度看，前三季度乡村市场销售表现好于城镇，第一季度、第二季度、第三季度乡村市场增速分别高于城镇市场0.3个、0.6个、0.3个百分点，第四季度乡村市场略低于城镇。

（三）商品零售保持增长，餐饮收入同比下降

2022年，商品零售额同比增长0.5%，高于全省社会消费品零售总额0.4个百分点。餐饮收入同比下降3.4%，低于全省社会消费品零售总额3.5个百分点。

（四）多数地区消费品市场保持增长态势

2022年，17个省辖市和济源示范区中，15个地区社会消费品零售总额同比增长，其中驻马店、漯河、南阳、鹤壁、新乡增长较快，分别增长2.7%、2.5%、2.3%、2.1%、2.0%，分别高于全省2.6个、2.4个、2.2个、2.0个、1.9个百分点；许昌、郑州、安阳3个地区同比分别下降3.6%、3.3%、2.1%。

（五）多种商品零售额保持增长

2022年，23类限额以上批发和零售业商品中，16类商品零售额同比增长，其中建筑及装潢材料类、电子出版物及音像制品类、石油及制品类、中西药品类、粮油食品类增速分别高于全部限额以上单位零售额16.4个、10.9个、10.4个、8.8个、8.6个百分点。

二 全省消费品市场韧性良好

受疫情影响，消费品市场波动幅度虽比正常年份增大，但每轮疫情结束后市场均快速恢复，商品供应保障坚实有力，消费升级态势延续，新消费业态较快发展，全省消费品市场韧性良好。

（一）消费品市场保持良好恢复能力

消费品市场具有到店消费、聚集消费等特点，受疫情等因素影响相对明显，但随着疫情防控形势的好转，消费品市场始终保持良好的恢复能力。如

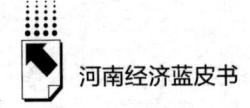

6月份全省社会消费品零售总额增速由负转正，同比增长3.1%，比5月份提高9.0个百分点；12月份全省社会消费品零售总额同比下降2.0%，降幅比11月份收窄5.9个百分点。

（二）供应保障坚实有力

2022年，事关居民生活和防疫需求的生活类、医药类商品供应保障始终坚实有力。全年全省限额以上单位粮油食品类、饮料类、烟酒类、日用品类零售额均保持平稳较快增长，同比分别增长12.0%、6.0%、11.0%、4.3%，分别高于全部限额以上单位零售额8.6个、2.6个、7.6个、0.9个百分点；与防疫密切相关的中西药品类同比增长12.2%，高于全部限额以上单位零售额8.8个百分点。

（三）消费升级态势延续

虽然持续三年的新冠疫情给消费品市场带来一定影响，但消费升级态势依然延续。2022年，全省限额以上单位体育娱乐用品类、书报杂志类、电子出版物及音像制品类、文化办公用品类、通信器材类同比分别增长11.1%、8.1%、14.3%、4.4%、7.7%，分别高于全部限额以上单位零售额7.7个、4.7个、10.9个、1.0个、4.3个百分点。

智能产品、环保类商品备受消费者青睐，销售增长明显。2022年，全省限额以上单位智能家用电器和音像器材、智能手机、能效等级为1级和2级的家用电器和音像器材、新能源汽车零售额同比分别增长17.4%、15.1%、12.3%、81.3%，分别高于全部限额以上单位零售额14.0个、11.7个、8.9个、77.9个百分点。

（四）新型消费保持较快增长

以网上零售为代表的新型消费蓬勃发展，成为消费增长新引擎。根据国家统计局反馈数据，2022年，全省实物商品网上零售额同比增长16.7%，高于全省社会消费品零售总额16.6个百分点；实物商品网上零售额占社会消费品零售总额的12.7%，比2021年提高2.7个百分点。其中，全省限额以上单位通过公共网络实现的零售额同比增长15.7%，高于全部限额以上单位零售额12.3个百分点。

三 消费品市场存在的问题

（一）住宿和餐饮业零售额尚未恢复到正常水平

住宿餐饮企业因其聚集性、即时性等消费特点，受疫情散发等突发因素影响相对明显，且前期失去的消费后续很难弥补，新冠疫情发生以来住宿餐饮业尚未恢复到2019年水平。2022年，全省住宿和餐饮业实现零售额2525.34亿元，同比下降3.4%，比2019年下降9.0%。

（二）有店铺零售增长较缓

2022年，全省限额以上批发和零售业单位有店铺零售额同比增长2.7%，低于全部限额以上单位零售额0.7个百分点。其中合计占全省限额以上单位零售额68.3%的大型超市、专业店、专卖店零售额同比分别增长2.0%、2.9%、-1.5%，分别低于全部限额以上单位零售额1.4个、0.5个、4.9个百分点。

（三）家居类商品受房地产市场影响日益显现

房地产市场的低位运行，势必影响家居类商品销售。2022年，限额以上单位家用电器和音像器材类、建筑及装潢材料类零售额增速分别比前三季度回落6.0个、2.3个百分点。家具类零售额同比下降7.6%，低于全部限额以上单位零售额11.0个百分点。

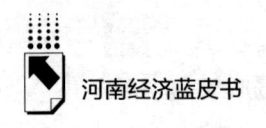

四 消费品市场增长的有利条件和制约因素

（一）有利条件

一是城乡居民收入保持增长态势。2022年，全省居民人均可支配收入同比增长5.3%，高于全国0.3个百分点。其中城镇居民人均可支配收入同比增长3.7%，农村居民人均可支配收入同比增长6.6%。居民收入持续提高对消费品市场持续稳定发展起到了重要的保障作用。

二是城镇化持续推进有利于消费品市场继续扩大。当前河南城镇化水平仍处于持续追赶阶段，2021年河南城镇化率低于全国8.27个百分点，比2012年缩小2.84个百分点。据测算，河南省城镇化水平每提高1个百分点，就能新增城镇人口近100万人，可以有效带动居民在住房、汽车、家电、文化娱乐、教育、医疗等方面的消费。按2021年城乡居民人均消费支出差距计算，城镇化率每提高1个百分点，全省就可以新增消费支出达90亿元，相当于2022年社零总额的0.37%，这0.37%的增量对于全省而言不容忽视，因为2022年全省社会消费品零售总额仅增长0.1%。

三是消费升级态势延续。2022年，限额以上单位体育娱乐用品类、书报杂志类、电子出版物及音像制品类、文化办公用品类、通信器材类等消费升级类商品零售额增速分别高于全部限额以上单位零售额7.7个、4.7个、10.9个、1.0个、4.3个百分点，疫情影响下依然保持较快增长态势。

（二）制约因素

一是虽然新冠病毒防控政策调整为"乙类乙管"，但新冠病毒仍未完全消除，仍可能对消费品市场造成潜在影响。

二是受疫情持续近三年的影响，消费者相对谨慎消费的心理完全消除需要一个过程，消费快速反弹或报复性消费出现的可能性较小。

三是出行类拉动作用减弱。汽车、石油等出行类商品占比高，对消费品市场影响明显。近年来限额以上单位汽车类、石油及制品类零售额占全省限额以上单位零售额比重保持在46%以上。随着汽车保有量的持续提高，未来一段时间汽车类增速空间有限；购买首辆汽车的居民及原有拥车一族车辆置换越来越倾向于购买新能源汽车，传统燃油车销量增长趋缓，预计石油及制品类商品零售额增速将有所放缓。

四是房地产下行给消费品市场带来一定影响。2022年，全省商品房销售面积、销售额同比分别下降16.1%、22.3%，房地产下行对消费品市场的影响体现在两个方面：一方面，房地产市场持续下行给家具类、家用电器及音像器材类、建筑及装潢材料类销售带来下行压力；另一方面，房产持有者因房价下跌而带来的资产缩水可能在一定程度上导致其由较为积极的消费态度转为谨慎储蓄心态。

（三）2023年全省消费品市场展望

2023年，随着各项促消费政策效应的日渐显现，居民基本生活类商品平稳增长，绿色消费、环保消费、智能消费等观念深入人心，消费升级态势日渐显现。第一波感染高峰平稳度过，国家对新冠病毒感染实施"乙类乙管"等促使居民消费信心逐渐恢复，市场回暖趋势日益明显。同时我国仍面临经济恢复基础尚不牢固，外部环境依然复杂等压力，燃油汽车、家居等传统类商品对消费品市场增长的拉动作用仍有可能减弱。综上所述，河南消费品市场恢复向好因素不断增加，但市场发展的制约因素依然存在，2023年全省消费品市场有望呈稳中向好发展态势。

五 政策建议

（一）稳定就业，提高居民收入和消费预期

要坚决贯彻国家减税降费政策，加大对中小微企业和个体工商户等抗风险程度较低群体的支持力度，帮助个体户和灵活就业人员纾困解难。继续鼓

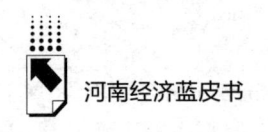

励大众创业、万众创新，加大对"双创"活动的政策扶持力度，降低创业门槛，切实保护知识产权和研究成果，提高人民创业创新积极性。

（二）着力营造安全的消费环境

严把消费产品和服务质量关，完善绿色环保产品、互联网零售、旅游、健康、养老等方面的标准，加快推进消费品和服务质量分级。进一步规范市场经营秩序，有效遏制行业垄断、不正当竞争，加大对侵犯消费者权益的打击惩戒力度，切实维护消费者权益。

（三）加快形成精准的"靶向促消费"体系，有效发挥消费券和消费补贴刺激作用

在深入研究各地消费者心理、消费者能力、消费者行为、消费者结构以及消费供给主体数量和质量的基础上，瞄准重点消费短板、重点消费客群、重点消费领域，实施精准化的促消费政策。消费券对刺激居民消费有立竿见影的作用，但大水漫灌式发放和同类别产品反复发放易抵消其作用效果。要制定精细化消费券发放策略，如采取初次使用者提高单券额度，累计使用较多、消费额度较大者加大补贴力度等措施，提高消费券的杠杆作用；在继续推动家电、汽车等传统商品消费补贴的同时，扩大商品补贴面，着力培养居民对升级类商品的消费能力。

（四）加强电子商务交易平台建设

目前全国重点电商交易平台，河南仅有云书网一家，且规模较小，政府应加强引导，在政策、资金方面向有潜力的电商企业倾斜，着力培育本省知名电商企业，打造一批在全国有影响力的电商交易平台。

（五）加力巩固传统消费

汽车、家电、家具、餐饮等传统消费是消费的顶梁柱，占限额以上批发和零售业、住宿和餐饮业单位零售额的45%左右。加大汽车促消费政策支

持力度，支持新能源汽车加快发展，鼓励地方开展绿色智能家电下乡和以旧换新。各级政府要及时出台一系列配套措施，落实住宿餐饮业纾困政策，使企业切实享受到政策红利，助力企业加快恢复。

（六）培育新的消费热点，推动消费持续升级

一是着力培育新的消费热点。紧扣居民绿色消费理念，提高绿色农产品、节能家电、新能源汽车和绿色建材等绿色消费品的市场供应能力。顺应实物消费智能化、个性化发展趋势，大力发展智能家居、智能穿戴等智能产品，提高定制家具、个性化商品的市场供应能力和产品质量。加快新能源产业链布局，加大特高压、新能源汽车充电桩等新基建的推进力度。

二是鼓励地摊经济、夜经济发展。加大对地摊经济的规范引导力度，合理规划地摊经济开放区域和开放时间，拓展各阶层居民消费空间。打造夜经济特色商业街区、特色商业圈，加强商业、文化与旅游的结合，推动游、购、娱融合发展，推动夜间消费。

三是加快发展服务消费。加快旅游消费、文化娱乐消费、教育消费、康养消费发展，推动线上线下消费融合，促进消费扩容提质。

B.7
2022~2023年河南省对外贸易形势分析与展望

付喜明[*]

摘　要： 2022年，河南外贸进出口突破8500亿元，再创历史新高。一年来，面对新冠疫情冲击，在以习近平同志为核心的党中央坚强领导下，党的二十大胜利召开，全省上下落实好"疫情要防住、经济要稳住、发展要安全"的要求，推出一系列稳外贸政策措施，有力推动了外贸保稳提质，全年外贸实现了稳增长。2023年是全面贯彻党的二十大精神的开局之年，全省将继续以习近平新时代中国特色社会主义思想为指导，坚持系统观念、守正创新，在外贸领域统筹做好国内循环和国际循环，以国际循环提升国内大循环的效率和水平，提升河南省参与国际合作和竞争的新优势，结合河南省实际，锚定"两个确保"、全面实施"十大战略"，打造内陆开放高地，推动开放强省建设。

关键词： 对外贸易　稳外贸措施　市场多元化　河南

2022年，面对严峻复杂的国内外形势和新冠疫情的冲击，在以习近平同志为核心的党中央坚强领导下，河南外贸进出口规模再创历史新高。据郑州海关统计，2022年，河南省贸易进出口总值8524.14亿元，比2021年

---

[*] 付喜明，郑州海关统计分析处副处长。

(下同)增长4.4%。其中出口5246.99亿元,增长5.2%;进口3277.15亿元,增长3.2%。贸易顺差1969.84亿元,扩大8.8%。

一 2022年河南省外贸进出口主要特点

(一)进出口规模再创历史新高

2022年,克服新冠疫情影响,特别是2022年12月份,河南省外贸迅速复工复产,外贸进出口较11月份显著回升,12月份进出口839.3亿元,环比增长67.6%,全省外贸进出口创历史新高,展现河南外贸日益提升的竞争力。全省年度进出口总值连续6年保持5000亿元以上规模,继2021年连续突破7000亿元、8000亿元大关之后,2022年首次突破8500亿元大关,进出口规模位居全国第9,进出口总值和进出口排位均再创历史新高。

(二)加工贸易方式仍保持外贸主体地位,一般贸易和保税物流方式进出口保持增长

2022年,河南省以加工贸易方式进出口5113.26亿元,增长0.7%,占河南省全年外贸进出口值的60.0%,比2021年减少2.2个百分点;以一般贸易方式进出口2993.99亿元,增长10.2%,占35.1%,增加1.8个百分点。以保税物流方式进出口358.09亿元,增长14.9%。

(三)民营企业进出口保持两位数增长,所占比重高达47.8%

2022年,河南省民营企业进出口4077.61亿元,增长11.6%,占同期河南省外贸总值的47.8%;外商投资企业进出口3724.92亿元,下降1.9%,占43.7%;国有企业进出口637.19亿元,下降1.3%,占7.5%。

(四)美国、东盟、欧盟、中国台湾地区和韩国是河南省外贸前五大市场

2022年,美国、东盟、欧盟、中国台湾地区和韩国为河南省前五大贸

易伙伴，分别进出口1800.69亿元、1143.37亿元、941.11亿元、856.01亿元和839.31亿元，除对美国进出口下降1.6%之外，对东盟、欧盟、中国台湾地区、韩国进出口分别增长24.6%、8.2%、2.9%和16.2%，上述五市场进出口合计占全省外贸总值的65.5%，占比较2021年提升2.1个百分点（见表1）。此外，河南省对RCEP进出口2552.25亿元，增长15.9%；对"一带一路"沿线国家进出口2228.88亿元，增长23.0%。

表1 2022年河南省进出口主要市场情况

单位：亿元，%

国家和地区	进出口合计	同比增长	出口值	同比增长	进口值	同比增长
美国	1800.69	-1.6	1746.46	-1.7	54.23	3.3
东盟	1143.37	24.6	469.26	22.6	674.10	26.1
欧盟	941.11	8.2	839.80	9.2	101.31	0.7
中国台湾	856.01	2.9	32.37	-14.4	823.64	3.7
韩国	839.31	16.2	169.31	18.4	670.00	15.6
日本	317.16	-0.6	195.67	9.3	121.49	-13.3
中国香港	261.01	-16.5	260.18	-15.5	0.83	-81.1
澳大利亚	239.70	2.6	116.02	3.4	123.67	1.9
俄罗斯	223.11	23.7	107.56	-2.4	115.55	64.8
墨西哥	220.30	10.7	103.97	62.6	116.33	-13.9
非洲	216.96	0.7	182.80	6.3	34.15	-21.4

（五）以手机产业链为主的机电产品进出口占全省外贸比重超六成

手机、劳动密集型产品、铝材、农产品、汽车是主要出口产品。2022年，河南省机电产品出口3293.82亿元，下降0.5%，占全省出口总值的62.8%，其中手机出口2547.89亿元，下降6.6%，占全省出口总值的48.6%；汽车出口125.05亿元，增长128.5%。劳动密集型产品出口349.86亿元，增长14.6%，其中纺织纱线出口90.23亿元，增长13.2%；家具出口83.45亿元，下降0.7%；服装出口74.25亿元，增长15.0%。铝材出

236.77亿元,增长41.5%;农产品出口182.21亿元,增长27.6%;人发制品出口171.11亿元,下降5.0%。集成电路、音视频设备的零件、平板显示模组、金属矿砂是主要的进口商品。2022年,河南省机电产品进口2302.42亿元,增长5.2%,占全省进口总值的70.3%,其中集成电路进口1116.71亿元,下降3.4%;音视频设备的零件进口586.15亿元,增长32.7%,平板显示模组进口211.43亿元(新增HS编码,暂无同比数据),三者合计占全省进口的58.4%。金属矿及矿砂进口442.54亿元,下降14.2%,其中铜矿砂进口175.75亿元,下降14.9%;铁矿砂进口97.60亿元,下降17.1%。原油进口103.80亿元,增长123.0%;农产品进口104.36亿元,增长14.9%;铜材进口54.92亿元,增长3.9%;化妆品进口53.65亿元,下降29.1%。2022年,河南省机电产品进出口占全省外贸的65.7%,其中手机、集成电路、音视频设备的零件、平板显示模组四项商品进出口占全省外贸的52.8%(见表2)。

表2 2022年河南省主要进出口商品情况

单位:亿元,%

主要进口商品	进口值	同比增长	主要出口商品	出口值	同比增长
机电产品	2302.42	5.2	机电产品	3293.82	-0.5
其中:集成电路	1116.71	-3.4	其中:手机	2547.89	-6.6
音视频设备的零件	586.15	32.7	汽车(包括底盘)	125.05	128.5
平板显示模组(新增编码,同比不可用)	211.43	—	劳动密集型产品	349.86	14.6
金属矿及矿砂	442.54	-14.2	其中:纺织纱线、织物及其制品	90.23	13.2
农产品	104.36	14.9	家具及其零件	83.45	-0.7
原油	103.80	123.0	服装及衣着附件	74.25	15.0
未锻轧铜及铜材	54.92	3.9	未锻轧铝及铝材	236.77	41.5
化妆品	53.65	-29.1	农产品	182.21	27.6
纸浆、纸及其制品	25.43	52.9	人发制品	171.11	-5.0
煤及褐煤	18.63	43.0	基本有机化学品	87.70	17.6
未锻轧铝及铝材	14.83	91.1	陶瓷产品	43.46	19.4

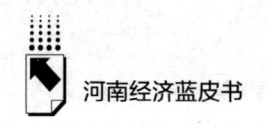

（六）郑州市外贸进出口占全省的七成以上，10个地市外贸超百亿元

2022年，郑州市进出口6069.72亿元，增长3.1%，占全省进出口值的71.2%。济源、许昌、南阳、三门峡、洛阳、焦作、濮阳、新乡、周口进出口分别为300.82亿元、259.53亿元、239.12亿元、222.57亿元、209.24亿元、203.79亿元、197.23亿元、154.69亿元、118.47亿元，济源和三门峡分别下降21.8%和17.6%，许昌、南阳、洛阳、焦作、濮阳、新乡、周口分别增长1.9%、57.8%、1.2%、20.3%、69.3%、36.9%、16.5%。上述10个超110亿元的地市进出口合计占全省外贸的93.6%。濮阳、南阳、平顶山、新乡、驻马店、商丘、焦作、周口、鹤壁进出口增速在69.3%~15.9%，上述9个地市外贸增速超过全省平均水平（见表3）。

表3　2022年河南省各地市进出口情况

单位：亿元，%

地市	进出口值	同比增长	出口值	同比增长	进口值	同比增长
郑州市	6069.72	3.1	3596.32	1.3	2473.40	5.8
济源市	300.82	-21.8	96.80	-34.2	204.01	-14.0
许昌市	259.53	1.9	219.57	3.3	39.96	-4.7
南阳市	239.12	57.8	203.50	59.8	35.62	47.5
三门峡市	222.57	-17.6	28.77	-9.8	193.80	-18.7
洛阳市	209.24	1.2	175.37	7.4	33.87	-21.9
焦作市	203.79	20.3	160.75	25.9	43.04	3.1
濮阳市	197.23	69.3	81.89	36.6	115.34	103.9
新乡市	154.69	36.9	125.11	38.8	29.58	29.5
周口市	118.47	16.5	102.40	17.3	16.08	11.5
驻马店市	99.64	34.4	94.92	39.1	4.72	-20.2
开封市	94.50	1.3	78.46	-2.3	16.04	23.7
商丘市	65.57	20.6	51.58	23.3	13.98	11.6
鹤壁市	64.46	15.9	61.55	22.3	2.91	-44.8
安阳市	60.49	-4.9	45.65	46.0	14.84	-54.1
平顶山市	57.46	37.0	56.50	41.2	0.96	-50.1
信阳市	55.41	-10.4	31.51	-8.3	23.90	-13.0
漯河市	51.42	-13.1	36.34	-11.2	15.08	-17.5

二 2022年全省外贸进出口呈现的主要亮点

(一) 出台并落实稳外贸措施, 促进全省外贸实现稳增长

根据海关总署、河南省委省政府工作要求, 海关落实促进外贸保稳提质系列措施, 出台郑州海关15条措施, 成立工作专班, 狠抓跟踪问效。制定支持郑州E贸易核心功能集聚区、支持南阳建设省域副中心城市和支持鹤壁建设新时代高质量示范城市三个专项方案, 郑州海关促外贸"1+N"方案拓展到"1+15"共196条措施。坚持"抓大顾小", "一企一策"精准帮扶238家"四保"白名单企业, "一对一"联络员帮扶964家重点外贸企业, 持续推进"问题清零"。2022年, 河南省进出口总值再创历史新高, 年度排名首次达到全国第9位, 连续11年规模稳居中部第1位。

(二) 贸易市场多元化成效明显, 开拓新兴市场能力增强

2022年, 河南对"一带一路"沿线国家进出口2228.88亿元, 增长23.0%, 占全省进出口总值的26.1%。2022年, 河南省对RCEP其他成员国进出口2552.25亿元, 增长15.9%, 占全省进出口总值的29.9%。此外, 河南省对其他金砖国家、拉丁美洲、中亚五国市场外贸分别增长20%、7.8%和18.0%。在主要传统贸易伙伴持续增长的基础上, 河南省对"一带一路"沿线国家、RCEP其他成员国等市场的外贸持续保持增长, 贸易市场多元化成效明显。

(三) 口岸营商环境不断优化, 通关时间持续压缩

2022年, 河南省航空运输进出口4745.81亿元, 增长5.7%, 占55.7%; 水路运输2826.51亿元, 增长19.9%, 占33.2%; 公路运输进出口839.98亿元, 下降29.9%; 铁路运输进出口97.37亿元, 下降4.8%。深化"放管服"改革, 推进"双随机、一公开"监管, 引导企业灵活运用"两步

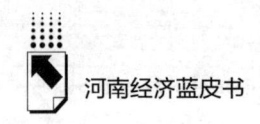

申报""提前申报",实施"互联网+预约通关"和"货主可不到场查验"便利化措施。支持国际贸易"单一窗口"建设,持续巩固压缩整体通关时间成效。2022年,河南省进口整体通关时间32.64小时,较2017年压缩69.07%,较全国平均水平快7.54小时;出口整体通关时间0.38小时,较2017年压缩94.87%,较全国平均水平快0.88小时,通关效率持续提升。

(四)助力开放平台建设提档升级,内陆开放活力不断释放

推进自贸试验区海关监管制度创新,"跨境电商企业风险评估应用""技贸通服务应用"2项创新举措获海关总署备案。支持郑州重要国际邮件枢纽口岸获批运行。支持整车、药品口岸和海关指定监管场所（场地）业务发展,平行进口汽车保税仓储业务常态化运行。郑州经开综保区面积核减获国务院批复,支持综保区建设,跟进鹤壁、新乡综保区申建,完成开封综保区预验收,加强洛阳综保区运行指导。推动综保区高质量发展,新郑综保区在2021年度绩效评估中保持A类,居全国第3位；郑州经开综保区、南阳卧龙综保区均保持B类。2022年,河南省综合保税区进出口合计5149.13亿元,下降1.1%,占同期全省外贸总值的60.4%,占同期全国综保区进出口总值的7.9%。其中,新郑、郑州经开、南阳卧龙综保区分别进出口4659.58亿元、426.13亿元和54.61亿元,分别下降1.7%、下降4.1%和增长146.5%,进出口规模在全国纳入统计的148个综保区中分别排第2位、第34位和第117位。同期,洛阳综保区进出口8.8亿元,因洛阳为新建综保区,暂未纳入全国排名,高于目前全国排名第141位的梅州综保区。

三 河南省外贸发展瓶颈及存在的问题

(一)外贸结构单一,受突发事件影响较大

河南外贸结构相对单一,支柱企业遭遇突发事件时极易冲击外贸稳定。2022年,河南省进口前5位商品货值占同期全省进口总值的71.8%,出口

前5位商品货值占同期全省出口总值的65.6%，进口和出口商品集中度均高于进出口值邻近的四川等省市。进出口商品集中度越高，说明对重点商品的依赖度越高，外贸商品结构失衡状态越显著，应对外贸风险的能力越弱。受当时疫情冲击，据测算，11月份受富士康减产造成产业链进出口值下降约七成，对全省进出口增速影响约86.7个百分点。外贸结构相对单一的问题，导致河南外贸发展的稳定性偏弱，容易受到突发事件的冲击。

（二）产业链长、增值率较高的一般贸易占比较低、增速相对较慢

2022年，河南省以一般贸易方式进出口2993.99亿元，增长10.2%，占同期全省进出口总值的35.1%，占比明显低于安徽的72.9%、辽宁的68.9%和天津的57.0%，增速则低于占比相近的四川（占比32.2%，增速为37.3%）。河南省加工贸易占比（60.0%）及增速（0.7%）在邻近省市中均为最高，且高于全国平均水平（加工贸易占比20.1%，增速为-0.5%）。可以看出，河南省外贸对加工贸易的依赖程度较高，而产业链更长、附加值更高的一般贸易发展在邻近省市中处于相对落后地位。同时对保税物流的利用率最低，2022年，河南省以保税物流方式进出口358.09亿元，增长14.9%，占同期河南省进出口总值的4.2%，占比低于进出口值邻近省市。

（三）疫情造成手机代工企业生产成本上涨，产业链外迁风险不容忽视

人力成本是代工企业生产成本重要的组成部分。2022年11月份，郑州富士康员工在用工高峰期大量离职，出勤人数大幅下降，最低时仅为疫情前23万人的4%。为快速提升产能，郑州富士康以较高成本在全国范围内大量招聘工人，并将2022年11月至2023年1月前来务工人员的工资每月增加6000~9000元，额外增加了企业用工成本。12月份企业生产迅速恢复，年末日均产能已超越历史峰值日产能，复工复产成效显著。同时，产业链外迁风险不容忽视。与疫情前相比，跨国企业集团更加注重地区多元化布局，分

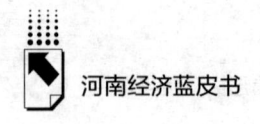

散供应链风险，提高产业链供应链弹性。以苹果手机为例，在富士康将7条手机生产线从郑州转移至深圳的基础上，苹果公司要求进一步提升富士康在印度的产能。据媒体报道，2018~2021年，印度苹果手机产量由170万部增至540万部，2023年将达750万部。同时，苹果公司有计划要求富士康、立讯等代工企业将耳机产能迁至印度。

四 2023年河南省外贸形势及相关建议

为深入学习贯彻落实党的二十大精神，全面落实中央经济工作会议部署，河南省出台了《大力提振市场信心 促进经济稳定向好政策措施》，在千方百计"保健康"的同时，奋力拼经济，保持经济快速恢复的强劲势头。尽管2022年外贸再创历史新高，但2023年全省外贸进出口仍然有望保持稳定增长，为此提出以下建议。

（一）加快优化河南省外贸结构

一方面，持续做好河南省外贸重点企业的外贸监测预警工作，及时调研、协调解决外贸企业生产经营等方面遇到的难题，保重点企业、重点商品，稳住河南省外贸基本盘；另一方面，积极探索外贸多元化发展路径，支持先进技术、重要设备、关键零部件等扩大进口，促进河南优势产品出口，降低进出口商品集中度，提升产业链供应链韧性和安全水平，有效应对各种市场风险。

（二）大力支持民营企业发展

一方面，从政策、资金、技术等方面加大对河南省民营企业的支持力度，重点加大对"专精特新"中小企业的培育力度，加快推进行业高端共性技术平台建设，形成技术合力，集中攻关行业难点痛点，不断突破产业链关键环节上"卡脖子"的核心技术，提升民营企业核心竞争力和企业效益，弱化贸易摩擦带来的影响；另一方面，加快引导培植优势行业的民营经济领军企业，充分发挥领军企业的引领带头作用，组织开展配套企业定期交流活动，促进技术人才、进出口货物等要素高效便捷对接、流动，实现民营企业抱团发展。

（三）充分发挥对外开放平台优势作用

一方面，引导企业充分运用综合保税区、保税物流中心带来的保税、贸易便利化等优势，充分发挥河南省对外开放平台功能作用和引领发展作用，更好对接国内、国际两个市场；支持跨境电商、市场采购、融资租赁等新兴业态高质量发展，通过对外开放平台功能政策优势的充分释放，辐射带动河南省开放型产业发展。另一方面，注重对外开放平台之间的联动发展，充分发挥开放叠加优势。如统筹全省自贸试验区与综合保税区联动发展；加快将郑州航空港区核心区域纳入河南自贸试验区范围；加快"四路"之间的深度对接，通过深度融合形成协同发展。

B.8
2022~2023年河南省财政形势分析与展望

郭宏震 赵艳青 司银哲*

摘 要： 2022年河南省财政收支运行情况呈现总体平稳态势，为全省经济社会发展提供了有力支撑。但与此同时，受到宏观经济、疫情反复，以及基数效应减弱等因素影响，财政运行"紧平衡"的状态更加突出。2023年要坚持以习近平新时代中国特色社会主义思想为指导，坚定树立以政统财、以财辅政的理念，积极的财政政策要加力提效，注重精准，更可持续，在锚定"两个确保"、支持实施"十大战略"中彰显财政更大作为。

关键词： 河南财政 财政收支 财政运行 财政政策

2022年，面对复杂严峻的国际形势和艰巨繁重的国内改革发展稳定任务，全省各级财政部门坚持以习近平新时代中国特色社会主义思想为指导，坚决落实党中央"疫情要防住、经济要稳住、发展要安全"的重大要求，在省委省政府的坚强领导下，锚定"两个确保"，实施"十大战略"，继续做好"六稳""六保"工作，坚持积极的财政政策适当靠前发力，加强财政资源统筹，实施新的组合式税费支持政策，加快政府债券发行速度，保证财政支出强度，优化支出重点和结构，推动财力下沉，持续改善民生，着力稳

---

* 郭宏震，河南省财政厅社会保险基金管理中心主任；赵艳青，河南省财政厅社会保险基金管理中心一级主任科员；司银哲，河南省财政厅社会保险基金管理中心干部。

住经济大盘，全省财政总体保持平稳态势，为经济高质量发展提供了有力支撑。

一 2022年河南省财政运行情况分析

2022年以来，全省各级财政部门紧紧围绕省委省政府决策部署，依法加强和改进财政预算管理，财政运行总体平稳，但财政收入保持持续稳定增长仍面临较大压力。2022年，全省一般公共预算收入下降2.1%，支出增长8.8%，重点支出保障较好，民生支出占比较高。全省财政运行情况主要有以下特点。

（一）财政收入企稳回升

随着稳经济大盘系列政策加快落地显效和疫情防控形势持续向好，主要经济指标增速高于全国平均水平。全年全省地区生产总值突破6万亿元，同比增长3.1%，高于全国平均水平0.1个百分点，扭转了自2020年以来连续两年低于全国的局面。在此基础上，全省财政收入总体呈现企稳回升态势，12月份，全省财政总收入511.9亿元，增长4.5%。一般公共预算收入368.4亿元，增速由负转正，增长3.3%。全年全省财政总收入6188.7亿元，下降6.5%。一般公共预算收入4261.6亿元，扣除留抵退税因素后增长7.3%，按自然口径计算下降2.1%。

分类别看，地方税收收入2590.3亿元，扣除留抵退税因素后增长5.6%，按自然口径计算下降8.9%，降幅有所收窄；非税收入1671.3亿元，增长10.6%；税收占一般公共预算收入比重扣除增值税留抵退税因素为64.8%。分级次看，省级收入-36.3亿元，下降118.3%；市及市以下收入完成4297.9亿元，增长3.4%。分区域看，按自然口径计算，17个省辖市及济源示范区除郑州市下降7.6%、三门峡市下降2.4%外，其余均为正增长，其中漯河市、南阳市、周口市、济源示范区分别增长15.1%、14.3%、13.8%、13.0%。

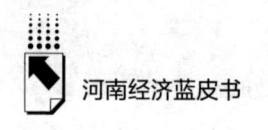

（二）减税降费落实有力

积极落实新的组合式税费支持政策，全年累计"退减免缓"税费1323.5亿元，其中留抵退税983.5亿元，惠及企业4.8万户，规模居全国第一方阵、中部六省第1位，资金规模之大、受益范围之广前所未有。实施规上工业企业满负荷生产财政激励政策，5.8亿元奖励资金首次直接拨付至4043家企业。推进国有房屋租金应减尽减、免申即享，全省共减免租金14.8亿元，惠及市场主体2.8万户。强化企业融资支持，全年为4800余家中小微企业实际融资631.2亿元，助力缓解企业融资难、融资贵问题。

（三）工业税收和房地产税收增长乏力

受2022年实施大规模增值税留抵退税政策的影响，1~11月，全省工业税收增长1.4%，同比回落10.5个百分点。其中工业增值税下降20.7%，同比回落44.4个百分点。分行业看，传统产业税收下降5.1%，其中化工、冶金、建材、轻纺行业税收分别下降0.7%、16%、19.1%、19.6%。主导产业中汽车、装备制造行业税收分别下降36.8%、11.4%，电子信息、食品行业税收分别增长18%、24.8%。受房地产市场持续低迷影响，1~11月，全省房地产业、建筑业税收分别下降55.9%、15.9%，降幅同比分别扩大45.8个、15.5个百分点。房地产业、建筑业企业所得税分别下降26.7%、9.2%，降幅同比分别扩大6.2个、7.5个百分点。

（四）重点支出保障较好

全省财政支出增幅扩大，重点支出保障较好，全省一般公共预算支出10644.6亿元，增长8.8%。其中，教育、文化旅游体育与传媒、社会保障和就业、卫生健康、节能环保、城乡社区、农林水、交通运输、住房保障等民生支出合计7842.8亿元，占一般公共预算支出的比重为73.7%。分级次看，省级支出1813.6亿元，增长31.8%；市及市以下支出完成8831.1亿元，增长5%。分科目看，灾害防治及应急管理、科学技术、金融、交通运输、社会保障和就业、卫生健康等重点支出分别增长53.1%、24.9%、24.1%、21.1%、14.8%、14%。省财政坚持"紧日子保基本、调结构保战略",腾出宝贵财政资金支持"十大战略"有力实施。全省科技支出411.1亿元,增长24.9%,高出全省一般公共预算支出增幅16.1个百分点。全省农林水支出1112.9亿元,增长9.6%,全面推进乡村振兴。全省生态环保支出269.7亿元,持续支持打好蓝天、碧水、净土保卫战。

（五）财金联动更加有效

充分发挥政府债券、PPP、政府投资基金等稳投资、补短板、促发展作用。一是统筹各级各类财政资金。统筹422.7亿元,支持十大水利工程、贾鲁河综合治理、交通运输等项目建设,带动"三个一批"重大项目滚动推进。二是发挥专项债券作用。紧抓国家大幅增加地方政府专项债券规模的机遇,在全国率先建立专项债券项目谋划储备常态化、项目建设和资金支出月调度、使用管理督导核查等制度,全力做好政府专项债券发行、使用、管理工作。全年发行新增专项债券2480亿元,支持新型基础设施等十大领域2486个项目。三是高效规范推广PPP模式。坚持规范发展、阳光运行,省、市、县联动推介PPP项目,全省纳入全国PPP管理库项目851个,总投资10782.1亿元,有力吸引社会资本参与投资、补齐公共服务设施短板。四是发挥政府投资基金引导作用。重塑省级政府投资基金管理体制,实行统一归口管理,引入更多社会资本支持河南发展。22只省级政府投资基金方案总规模2153.7亿元,直投项目852个,投资金额469.6亿元。五是认真履行省管金融企业出资人职责。督促引导省管金融企业发挥功能作用,9家省管金融企业全年通过贷款、担保等金融业务投放资金约12458.1亿元,精准浇灌河南产业发展重点领域和薄弱环节。

（六）财政改革持续深化

围绕财税体制改革、县域综合改革、科技创新体制改革、省管金融企业改革等方面,积极推进20项重点改革任务落地见效。

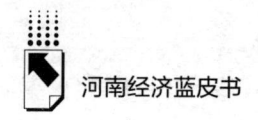

一是聚焦县域经济"成高原",印发《深化省与市县财政体制改革方案》,完善转移支付制度,调整优化省与市县收入分配关系,初步形成省、市协同支持县域经济发展的工作格局,县市基层财政保障能力显著增强。

二是聚焦深化预算管理制度改革,印发《关于进一步深化预算管理制度改革的实施意见》,将省委省政府对财政工作提出的"紧日子保基本、调结构保战略""项目为王、大抓项目""压缩非生产性支出""以结果为导向"等新要求新指示融入改革中,积极发挥财政职能作用。

三是聚焦科技改革攻坚,印发《关于深化新型研发机构科研经费管理改革的若干意见》,实施新型研发机构"放权限、四自主"等"以信任和绩效为核心"的科研经费管理改革。完善"双一流"资金管理机制,省财政将于年初一次性下达"双一流"建设资金,由郑大、河大自主安排确定项目。

四是聚焦保障金融领域安全,切实履行省属金融企业出资人职责,建立健全"1743"国有金融资本监管体系,优化省属国有金融资本战略性布局,实现中原银行吸收合并洛阳银行等3家银行,有效化解城商行经营风险。

二 2023年财政形势展望

2023年的经济形势仍然严峻复杂,不确定性较大,主要经济指标增速承压波动明显、市场主体信心不振等一些趋势性、苗头性风险须予以高度关注,财政收入保持稳定增长难度较大,预计2023年,财政收支矛盾更加凸显,财政收支紧平衡进一步加剧。同时对财政政策的要求更高,财政政策既要对冲经济社会风险,更要确保自身风险可控,兼顾多重目标:实现发展与安全的平衡、稳增长和防风险的平衡、减税降费和财政可持续性的平衡、短期经济社会稳定与长期内生增长动力的平衡、民生福利改善与科技强国的平衡。

从全国情况看,2022年以来,疫情出现多地散发、反复态势,加上部分地区受高温干旱少雨等极端天气影响冲击较大,第二季度经济增长只有

0.4%,一些地区的生产、投资和消费等受到了影响,出现了比较突出的市场需求不足矛盾,造成企业生产经营面临较多困难,制约了经济的快速稳定恢复。现阶段,外部形势变化影响充满不确定性,国际环境依然错综复杂,国内面临的"三重压力",即需求收缩、供给冲击、预期转弱正持续显现,经济恢复的基础仍不牢固。考虑到2023年是"十四五"时期的第三年,也是关键之年,同时还是二十大后的第一年,在复杂的国际国内形势下保持经济稳定增长极为重要,预计2023年全国GDP增长目标或在4.5%左右。

从河南省情况看,2022年以来,在高效统筹疫情防控和经济社会发展各项政策作用下,全省经济稳定向好、稳中提质,全省财政运行总体平稳,主要经济指标仍保持恢复增长态势,增速高于全国、位次前移。全年全省规模以上工业增加值、固定资产投资、社会消费品零售总额分别增长5.1%、6.7%、0.1%,分别高于全国平均水平1.5个、1.6个、0.3个百分点,增速居全国位次分别比2021年前移11位、10位、13位。但也要看到,全省经济回升的基础尚不稳固,经济发展面临的不确定性增加,企业生产经营面临较大困难,固定资产投资增速受多重因素制约,消费市场受冲击明显,部分结构性矛盾进一步凸显,推动高质量发展任务更加艰巨。

从财政自身看,2022年以来,受国内外错综复杂形势、疫情等的影响,财政收入存在较大不确定性,叠加集中实施增值税留抵退税政策等影响,财政收入有所下降。在财政收入回落的同时,重点支出刚性增长,财政紧平衡态势仍存,预计2023年全省财政收入增速将继续放缓。一方面,各地为弥补大规模减税降费政策对财政收入的减收影响,近两年不断加大盘活存量资源资产的力度,未来可用于盘活的资源资产相对有限,通过多渠道筹集收入的难度明显加大;另一方面,财政部门围绕贯彻落实中央和省委省政府决策部署,在加快落实稳经济一揽子政策、支持实施"十大战略"、保障和改善民生等各方面资金需求较大。综合分析,2023年财政收支平衡压力将更加突出,预计全省一般公共预算收入增长目标或在5%左右。

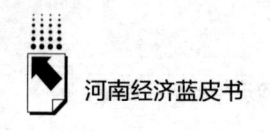

三　2023年财政政策建议

2023年，我们将坚持以习近平新时代中国特色社会主义思想为指导，持续深入学习贯彻党的二十大精神，全面落实省委十一届四次全会各项安排部署，坚持稳字当头，稳中求进，加力提效，实施积极的财政政策，把稳增长放在更加重要的位置，避免疫情冲击的影响长期化、系统化、扩大化。继续做好"六稳""六保"工作，积极支持扩大有效需求，着力保障和改善民生，保持经济运行在合理区间。

（一）加强重大战略任务财力保障

一是积极主动抓好财政研究。增强宏观思维，从战略和全局高度积极开展前瞻性研究，在强化财政保障、规范财政管理、推进财政改革、防控财政风险等方面加强研究，为省委省政府当好参谋助手。

二是积极主动做好需求测算。密切跟进省委省政府出台的各类具体措施、规划、方案，加强与相关职能部门的沟通衔接，进行科学、精准、翔实的财力测算，明确资金需求，定好资金盘子。

三是积极主动做好财政保障。强化财政统筹，建立大事要事保障清单管理制度，集中一切可用的财政资金资源，保障科技创新、产业转型升级、乡村振兴等重大战略任务资金需求。

四是发挥财政资金"四两拨千斤"作用，充分发挥财政资金投入的引导性、保底性、撬动性作用，多措并举通过财政贴息、保费补贴、担保补偿、政府采购等措施，引导银行、保险、担保等多方金融活水精准支持重大战略落地实施。

（二）因地制宜培植财源税源

一是围绕厚植财源培育、壮大财政实力，通过夯实财政收入恢复增长的基础，加大财政资金统筹整合、盘活使用力度，健全财源建设激励机制，着力构建厚植财源、增加财力的长效机制。

二是促进县域经济发展。完善省对市县转移支付制度,通过强化一般性转移支付"促均衡、保基本"的功能,提高市县财政保障能力。突出专项转移支付重大决策保障功能,强化对县域特定目标的政策引导。创新开发区财政支持政策,打造县域经济发展增长极。

三是完善现代税收制度。坚持税法统一、税负公平、调节有度,推进地方税体系建设,按照国家统一部署,研究调整完善税制结构,培育丰富地方税源,充分调动地方积极性。实施好各项组合式税费支持政策,针对市场主体反映的突出问题,及时研究解决,让政策红利持续释放,助力市场主体纾困发展。

四是全面推进综合治税。稳步推进涉税信息共享,扩大涉税数据采集范围。完善综合治税信息系统功能,开展涉税数据分析对比,指导市县开展综合治税工作。

(三)确保财政平稳运行

一是推进过紧日子制度化常态化,坚持"紧日子保基本、调结构保战略",大力推进节约型机关建设,强化预算安排同执行、评审、审计、绩效的挂钩机制,惩治浪费、激励节约,腾出宝贵资金用于支持稳住经济大盘。

二是扎实做好基层"三保"工作,提高下沉财力到县区的力度,加强县(市)财政运行的分析调度,及时发现和帮助基层解决实际困难,兜牢兜实基层三保底线,为经济运行营造良好的基础环境。

三是积极稳妥防范化解政府债务风险,严格按照"分类施策、因地施策、一债一策"原则,用好债务在线监测平台,加快健全完善覆盖全面、科学规范、管理严格的政府债务管理制度体系,严禁各类违法违规融资担保行为,坚决遏制隐性债务增量。

四是发挥债券资金效能,在项目储备、工程推进和资金支出方面采取有效措施,推动债券早发行、工程早建设、资金早见效,做好专项债券与政策性开发性金融工具的政策衔接。适量扩大专项债券资金投向领域和用作资本

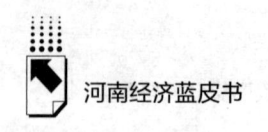

金范围，持续形成实物工作量和投资拉动力，确保政府投资力度不减。

五是防范金融风险，构建政府、金融机构和企业三方联合处置机制，做好利用专项债券补充中小银行资本金和化险工作，扎实推进融资平台公司市场化转型，严格防范融资平台风险，防范金融风险向财政领域传导，强化财政激励约束和财会监督，不断增强财政可持续性。

（四）切实保障和改善民生

一是强化资金保障，推动重点民生实事项目顺利实施，持续解决人民群众最关心最直接最现实的利益问题。

二是保障好困难群众基本生活，及时帮扶失业人员和需纳入低保的对象、临时遇困人员等，积极应对疫情对群众生活造成的影响。

三是加快全面推进乡村振兴，巩固拓展脱贫攻坚成果，持续改善脱贫群众生产生活条件，确保不出现规模性返贫。

四是进一步稳定和扩大就业，通过税费减免、社保补贴、创业贷款等鼓励企业吸纳就业，大力支持拓宽市场化就业渠道，落实落细引导毕业生到基层就业的优惠政策。

五是支持发展托幼、社区养老、用餐、保洁等多样化服务，持续做好义务教育、基本住房、基本医疗等民生工作。

（五）持续深化财政改革

一是全面落实河南省深化预算管理制度改革意见，加强财政资源统筹，强化收支管理，健全国有资产调剂盘活机制。

二是做深预算绩效管理改革，完善支出标准体系建设，切实做到"花钱必问效、无效必问责"，提高财政资金使用效益和财政政策效能。

三是深化国资国企改革。规范高效履行省属金融类国有企业出资人职责，充分发挥省属金融企业作用，畅通融资渠道，助力河南省新技术、新产业对接资本市场，在服务省委重大战略上加力提效。

四是深化投融资体制改革。发挥地方政府债券撬动作用，推动项目申报数量和质量提升，充分发挥债券资金效益。完善政府投资基金管理体制和运行机制，聚焦河南省十大新兴产业链，进一步优化投资布局，充分发挥省级政府投资基金引资引智引人才保战略促产业的作用。

五是进一步优化财政支出结构，加大科技攻关、生态环保、基本民生、区域协调等重点领域投入，支持补短板、强弱项、固底板、扬优势，更直接、更有效地发挥积极财政政策作用。

B.9
2022~2023年河南省金融业形势分析与展望

任远星 袁彦娟 张 悦*

摘 要： 2022年，中国人民银行郑州中心支行认真落实党中央、国务院和人民银行总行安排部署，在省委省政府的正确领导下，锚定"两个确保"，聚焦"十大战略"，贯彻实施稳健的货币政策，扎实落实稳经济一揽子政策和接续措施，全省金融运行趋稳向好，金融总量增长平稳，信贷结构加快优化，融资成本进一步下降，金融发展质量和效益有所提升，为经济社会恢复发展提供了较好支撑。

关键词： 金融业 金融运行 金融改革 河南省

一 2022年河南省金融运行主要特点

（一）金融总量保持增长

一是各项存款大量增加。全省各项存款余额于2022年年中突破9万亿元（人民币口径，下同），年末达到92548.4亿元，同比增长12.3%，增速较上年同期提高4.5个百分点，高于全国平均水平1.2个百分点，创2017

---

* 任远星，中国人民银行郑州中心支行调查统计处副处长；袁彦娟，中国人民银行郑州中心支行调查统计处科长；张悦，中国人民银行郑州中心支行调查统计处副主任科员。

年3月以来新高；较年初增加10118.2亿元，超过历年的全年增量，同比多增4134.1亿元。存款余额、新增额分别居全国第9位、第10位，中部六省首位。分部门看，居民预防性储蓄意愿旺盛，住户存款全年增加8461.1亿元，同比多增2736亿元；企业资金面仍然偏紧，非金融企业存款全年减少223.9亿元，连续两年减少。

二是各项贷款增势向好。2022年前10个月，全省贷款增速波动下行，持续低于全国平均水平，与发达省份的差距也有所拉大，贷款总量排名由全国第8位降至第9位。面对严峻形势，人民银行郑州中心支行及时出台支持河南经济稳增长长效机制25条举措，积极发挥货币政策工具撬动引导作用，全年发放再贷款554.8亿元、再贴现522.1亿元，推动信贷总量平稳增长。从11月份起，全省贷款月增量由负转正，全年增加6083.9亿元。2022年末，各项贷款余额为75528.5亿元，同比增长8.8%，增速较年内最低点回升1.2个百分点，与全国增速的差距由7月末的最大3.8个百分点收窄至2.3个百分点。

三是社会融资规模增幅较大。全年社会融资规模增量为9893.8亿元，同比多1126.3亿元。其中，信托贷款增加251.3亿元，同比多增1382.8亿元；非金融企业债券净融资1084.1亿元，同比多523.7亿元；政府债券净融资2629亿元，同比多267.4亿元。

（二）金融支持"十大战略"重点突出

全省金融系统围绕"十大战略"，不断加大对于实体经济的支持力度，重点支持基建、制造业等国民经济重点领域，科创金融、普惠金融、绿色金融持续发力，信贷结构较前优化。

1. 近五成新增贷款投向基建、制造业等领域

金融支持基础设施建设成效明显，2022年累计投放政策性开发性金融工具213.2亿元，配套融资积极跟进，全省基础设施中长期贷款增加1499.9亿元，占单位中长期贷款增量的42.8%，其中道路运输业、公共设施管理业较年初分别增加651.3亿元、419.9亿元，有力支持了河南再造枢

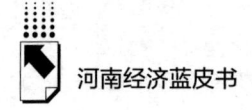

纽经济优势。制造业中长期贷款较年初增加406.5亿元，其中非金属矿物制品业、化学原料和化学制品制造业分别增加77.6亿元、68.8亿元。以地方政府融资平台为主的租赁和商务服务业中长期贷款增加802亿元，主要投向基础设施建设和民生保障领域。

2. 科技创新领域贷款快速增长

2022年末，高新技术企业贷款余额为2858.1亿元，同比增长14%，较年初增加350亿元，其中新材料、新能源与节能、资源与环境领域贷款较年初分别增加124.8亿元、124.7亿元、101.7亿元。科技型中小企业贷款余额为557亿元，同比增长16.7%，较年初增加79.7亿元。"专精特新"企业贷款余额为486.7亿元，同比增长25.6%，较年初增加99.2亿元。

3. 金融支持乡村振兴重点突出

2022年末，全省涉农贷款余额25762.7亿元，较年初增加1544.2亿元。其中，农村基础设施建设贷款、农田基本建设贷款、农业科技贷款分别增加437.8亿元、30.3亿元、12.4亿元。

4. 绿色贷款助力实体经济低碳转型

2022年末，全省绿色贷款余额为5555.9亿元，同比增长28.2%，高于各项贷款增速19.4个百分点；较年初增加1308.3亿元，其中，基础设施绿色升级、清洁能源产业、节能环保产业分别增加452.3亿元、316.3亿元、242.7亿元。

5. 普惠金融支持力度加大

2022年末，全省普惠小微贷款同比增长14.2%，高于各项贷款增速5.4个百分点，连续33个月高于各项贷款增速；普惠小微授信户数达185.2万户，较年初增加26.3万户，同比多增9.1万户；超半数新增普惠小微贷款为信用贷款，占比较上年同期提高12.1个百分点。

（三）融资成本进一步下降

人民银行持续深化利率市场化改革，发挥贷款市场报价利率（LPR）改革效能和存款利率市场化调整机制的重要作用。2022年12月，1年期和5

年期以上LPR分别为3.65%和4.3%，分别同比下降0.15个和0.35个百分点，有效带动贷款利率下行。全省存量企业、小微企业贷款加权平均利率为5.28%、6.14%，同比分别下降0.55个、0.66个百分点。下调首套房商业贷款利率下限，12月全省新发放的首套个人住房贷款平均利率同比下降1.7个百分点。

（四）金融发展质量和效益有所提升

金融风险处置取得阶段性成果。2022年末全省银行业金融机构不良贷款率为3.86%，较2月末的高点下降了0.91个百分点。其中资产占比超六成的中资全国性银行不良贷款率为1.58%，较上年同期下降0.1个百分点，有效发挥了金融稳定"压舱石"作用。地方金融改革持续深化，中原银行成功吸收合并3家城商行，80亿元专项债券资金以转股协议存款方式补充中原银行其他一级资本，农信系统不良贷款集中清收效果明显，河南农商联合银行组建方案获批，村镇银行风险处置有序推进，全省地方法人金融机构不良贷款实现双降。银行业税收贡献率提升。全省银行业金融机构全年利润总额为716.1亿元，同比增长22%；货币金融服务业全年缴纳税收282.9亿元，占各行业税收收入的6.1%，同比提高0.5个百分点。

二 河南省金融运行中存在的主要问题

（一）疫情对民营经济造成较大冲击，有效信贷需求不足

2022年以来，河南多次遭受疫情冲击，产业链供应链不畅，市场需求不足，部分企业订单减少、投资计划推迟或暂缓导致用款需求下降。同时，部分企业资产负债表恶化，按照盈利情况、纳税额、资金流水等核定的贷款规模减少，承贷能力不足。2022年末，全省民营贷款同比仅增长1%，较上年同期回落3.8个百分点，低于各项贷款7.8个百分点，低于国有控股企业贷款15.5个百分点；较年初增加210.4亿元，同比少增729.8亿元。其中

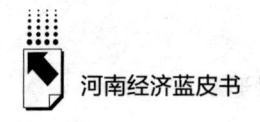

优惠政策覆盖较少的中型民营企业成为民营贷款增长洼地,年末增速为-6.9%,自2021年11月份以来持续负增长。

(二)居民购房需求仍待修复,拖累住房贷款增长

近期房地产政策持续放松,房贷利率下降、二套房首付比例下调、二手房带押过户、保交楼专项借款发放等政策的实施,有利于房地产市场需求回升,全省房地产开发贷款全年增加100.1亿元,同比多增25.3亿元。但由于疫情反复冲击、居民收入增长放缓,居民购房信心仍然不足。2022年全省商品房销售额同比下降22.3%,连续10个月负增长,降幅连续4个月扩大。新房个人住房贷款发放额和新建商品住宅销售额的比值在38%到42%之间波动,商品住宅销售额下降,个人住房贷款发放额也相应回落,加上居民为降低杠杆提前还款情况显著增加,全省个人住房贷款全年仅增加285.8亿元,同比少增1614.5亿元。

(三)直接融资发展相对滞后

全省金融体系以银行业金融机构为主,证券、基金、保险等非银机构数量较少,融资方式过于依赖间接融资。2017年至2022年第三季度末,全省直接融资(非金融企业债券和股票融资)累计4511.4亿元,仅占全国的2.1%,居全国第14位,远远落后于经济总量在全国的排名;占同期社会融资规模增量的8.1%,低于全国4.4个百分点。全省上市公司107家,居全国第12位、中部六省第4位,分别低于安徽(161家)、湖北(138家)和湖南(138家)。尽管2022年全省企业上市步伐有所加快,已有11家企业上市,但同时也有3家上市公司因不符合挂牌条件被退市,*ST辅仁、ST林重、ST华英、ST森源也面临退市风险。

(四)金融风险易发多发

信用风险持续暴露。在疫情冲击下企业生产经营困难,信用风险有加速暴露的趋势。2022年末,全省银行业金融机构不良贷款率为3.86%,较6

月末提高0.18个百分点；不良贷款余额2950亿元，较6月末增加207.5亿元，仅10月份当月就增加156.5亿元。2022年末，全省关注类贷款规模达到2495.2亿元，较年初增加588.3亿元，逾期90天以上贷款/不良贷款较年初提高8.5个百分点，资产质量继续下迁的风险不容忽视。民营小微企业贷款不良率居高不下。2022年末，全省民营企业贷款不良率达到13.44%，小微企业贷款不良率为9.40%，分别高于全部贷款不良率9.58个、5.54个百分点。中小法人金融机构风险较为突出。2022年末，全省地方法人金融机构不良贷款率为8.85%，虽较年初有明显下降，仍高于全部机构不良率4.99个百分点。第三季度央行评级结果显示，高风险机构数量不降反升，2022年以来已增加19家，伊川农商行等金融机构风险化解难度大，村镇银行事件外溢影响短期难消。

三　2023年河南省金融发展形势展望

（一）河南省金融业发展的有利因素

一是经济增长后劲十足。河南经济总量大，工业门类齐全，产业链条完整，市场主体众多，消费潜力巨大，经济基础稳固，回旋余地充裕，"四个拉动"的深入推进，"项目为王"的鲜明导向，有利于引导全省上下聚焦供需两端协同发力，改善金融业发展环境。

二是宏观政策环境更为适宜。稳健的货币政策将发挥总量和结构双重作用，保持流动性合理充裕，通过普惠小微贷款支持工具、碳减排支持工具和支持煤炭清洁高效利用专项再贷款、交通物流专项再贷款等结构性货币政策工具，强化对重点领域、薄弱环节和受疫情影响严重的行业、市场主体的支持，降低企业融资和个人消费信贷成本，推动投资、消费需求回升。

三是金融服务能力不断提升。金融机构数字化转型进展加快，利用金融科技实现批量化获客、精准画像、自动审批、智能风控，为进一步推动金融服务增量、扩面、降价奠定基础。2022年存款大量增加，部分金融机构存

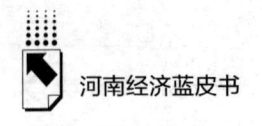

贷比高的压力有所缓解，为后续贷款增长提供充足空间。地方金融改革成效明显，有利于金融机构轻装上阵，更好服务实体经济发展。

（二）河南省金融业发展面临的主要挑战

一是外部环境面临不少挑战和不确定性。当前百年变局和世纪疫情叠加，全球经济衰退迹象已经显现，或将进入滞胀状态。尤其是新冠疫情导致全球杠杆率高企，国际金融风险增加，不利于河南企业外需恢复和境外融资增长。2022年，受境外大幅加息、境内外利率倒挂影响，全省外币贷款减少549.1亿元。

二是河南省经济转型发展压力较大。传统产业面临低碳转型压力，2022年全省高耗能工业增加值占规上工业比重近四成，新兴产业对经济增长的拉动和对贷款的承接能力有待提升。人口老龄化加速，负增长趋势不可逆转，2021年河南省常住人口、出生人口分别较上年减少58万、12.7万人，15~64岁人口比重上升0.39个百分点，经济潜在增速下滑，消费贷款需求不足。企业用工成本高企，盈利能力下降，投资扩产引致融资需求不足。同时，常住人口减少、市场信心不足导致购房需求中枢下降，房地产上升周期面临终结，并将拖累建筑业以及相关服务业，房地产贷款占河南省各项贷款的近1/3，亟须寻找新的贷款增长点。金融风险防范化解压力仍然较大。

总的来看，2023年河南省金融业发展将面临风险与挑战并存的局面，稳经济、稳信贷仍需继续发力。中国人民银行郑州中心支行将继续在河南省委省政府的正确领导下，认真落实稳健的货币政策，锚定"两个确保"，围绕"十大战略"，抓住贷款增长这个关键，推动构建创新、绿色、普惠金融服务体系，健全和固化金融风险防范、化解、处置长效机制，推动河南省经济实现质的有效提升和量的合理增长。

B.10
2022~2023年河南省就业形势分析与展望

马召 王琪斐 薛云*

摘 要： 2022年，面对复杂多变的内外部经济形势和新冠疫情的多次冲击，河南省坚决贯彻落实党中央、国务院和省委省政府各项决策部署，以稳经济大盘为目标，及时出台稳就业若干政策措施，有效化解各种就业风险和压力，基本实现了就业形势总体平稳，但部分行业就业压力依然较大，中、小、微企业受疫情影响较大，就业形势不确定性仍然存在。本报告在对2022年全省就业形势分析的基础上，研究影响河南省就业市场稳定的原因，指出当前就业工作中存在的主要矛盾和问题，分析展望2023年全省就业形势的积极和不利因素，并提出加强就业工作的建议：及时关注稳就业政策措施的落实效果；持续优化营商环境，激发创业就业活力；推进职业教育培养体系化建设，加快技能人才培养。

关键词： 就业形势 就业市场 营商环境 河南省

2022年，在河南省委省政府的坚强领导下，全省上下全面贯彻落实党中央、国务院"疫情要防住、经济要稳住、发展要安全"重大要求，坚持高效统筹疫情防控和经济社会发展，把稳增长放在更突出位置，着力保市场

---

* 马召，高级统计师，河南省统计局人口和就业处副处长；王琪斐，河南信息统计职业学院教师；薛云，河南省统计资料管理应用中心中级经济师。

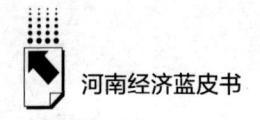

主体以保就业保民生，保护经济韧性。面对复杂严峻的内外部环境和经济下行压力，努力克服新冠疫情的反复冲击，全省各地各有关部门坚决贯彻省委省政府决策部署，坚持稳中求进工作总基调，坚持经济发展就业导向，以推进实现更加充分更高质量就业为目标，深入实施就业优先战略，全面强化就业优先政策，加强就业政策与宏观经济政策的衔接协调，及时出台稳就业政策措施，有效化解各种就业压力，基本实现了就业形势总体平稳。

一 2022年河南省就业总体发展情况

2022年以来，疫情影响成为稳就业的最不确定因素，河南就业形势呈现复杂多变的局面。2022年5月，省政府积极贯彻全国稳住经济大盘电视电话会议精神，及时出台《稳就业若干政策措施》，分别从稳定市场主体、拓宽就业渠道、聚焦重点群体、强化技能培训、提升就业服务等方面全力保就业，基本实现就业形势总体稳定，新就业形态快速发展，但部分行业就业压力依然较大，就业减少趋势未根本好转，中、小、微企业受疫情影响较大，就业形势不确定性仍然存在。

（一）就业主体就业情况整体良好

1. 重点群体就业目标超额完成

2022年全省重点群体就业主要指标走势平稳，超额完成目标任务。城镇新增就业117.18万人，同比下降6.5%，完成年度目标任务的106.5%。城镇失业人员再就业36.57万人，同比下降9.6%，完成年度目标任务的146.3%。就业困难人员实现就业12.47万人，同比下降9.9%，完成年度目标任务的155.8%。

2. 多渠道扩岗促进高校毕业生充分就业

高校毕业生稳定就业是实现就业工作高质量发展的关键。2022年全省应届普通高校毕业生有81.7万人，同比增加11万人，总量和增量均创历史新高，加之疫情影响，就业形势更加严峻。省政府高度重视高校毕业生就业工作，制定政策明确目标任务，实施2022年高校毕业生就业"3322"计划，即企业招聘33万人，政策性岗位招聘20万人，自主灵活就业20万人。加大基层项目招募力度，组织实施"三支一扶"、特岗教师、医学院校毕业生专项招聘、大学生志愿服务西部、大学生志愿服务乡村振兴等基层项目，招录人数不少于2.2万人，在2021年招聘计划和医学院校毕业生特别招聘计划的基础上，教育和卫生岗位增加20%。同时各地各有关部门，通过加大基层岗位开发力度、挖掘企业用工岗位资源、加大创业担保贷款支持力度等政策和渠道扩充就业岗位供给。截至2022年8月底，全省高校毕业生就业61.77万人，其中，各类企业吸纳就业42.4万人，政策性岗位招录（聘）10.62万人，实现自主创业和灵活就业8.75万人。

3. 持续推动农村劳动力转移就业和返乡创业

2022年，全省新增农村劳动力转移就业47.69万人，同比增长0.1%，完成年度目标任务的119.2%，其中省内就业27.61万人，省外输出20.08万人。全省农村劳动力转移就业总量达3182.02万人，其中省内转移总量达1905.97万人，占全省农村劳动力转移就业总量的59.9%；省外输出总量达1276.05万人，占转移就业总量的40.1%。

2022年，全省新增返乡下乡创业人员18.72万人，完成年度目标任务的124.8%，带动就业93.35万人，同比增加17.02万人。开展返乡农民工创业培训9.31万人次，完成年度目标任务的186.2%；开展返乡农民工创业辅导14.02万人次，完成年度目标任务的140.2%。

持续加大困难人员就业帮扶力度，将防疫宣传、防疫消杀、医护辅助岗位纳入临时性城乡公益性岗位开发安置范围。2022年，失业人员再就业36.57万人，就业困难人员实现就业12.47万人，确保了零就业家庭"动态清零"。

（二）新增市场主体发挥增岗扩容的关键作用

1. 市场主体快速增长增岗扩容作用明显

伴随着全省各地产业转型升级，新经济业态不断涌现，创业环境不断优化，2022年全省个体工商户增长迅猛，带动市场主体总量较快增长，对增加就业岗位供给和拉动就业发挥了重要作用。2022年全省新登记市场主体252.64万家，同比增长68.0%，其中新登记各类企业45.03万家，同比下降5.8%，新登记个体工商户206.64万家，同比增长103.5%，个体工商户数量增长迅猛。截至2022年底，全省实有市场主体达到1034.53万家，比2021年增长20.9%，其中各类企业270.66万家，增长10.2%，个体工商户743.76万家，增长26.1%。不管是从增量还是从存量看，市场主体都保持较快增加，发挥了增岗扩容吸纳就业的关键作用。

2. 规模以上企业实现净增加发挥稳就业的稳定器作用

规模以上企业是全省就业的主阵地，规模以上企业的不断增加，为全省的稳就业发挥了无可替代的作用。截至2022年12月底，全省规模以上企业新入库4620家，净增加2831家，占现有规模以上企业的4.2%，其中规模以上工业企业新入库925家，限额以上批发和零售业、住宿和餐饮业新入库1224家，规模以上服务业新入库267家。但不可忽视的是，1～12月份有317家规模以上服务业退库，造成规模以上服务业企业净减少50家，也反映出服务业企业受疫情的影响较大，值得相关部门关注。

3. 创业带动就业作用有效发挥

2022年全省个体工商户的迅猛增长，反映出创业激励政策已经显出成效，创业培训和创业担保贷款发挥了积极作用。2022年全省新增发放创业担保贷款156.3亿元，完成年度目标任务的156.3%，扶持8.51万人自主创业，带动和吸纳就业27.95万人，累计发放创业担保贷款1613.97亿元；全省开展创业培训26.26万人次，完成年度目标任务的105.1%。政策落实超出预期，带动就业成效明显。

（三）新就业形态就业人数快速增长

随着互联网的普及、数字经济的快速推进，出现了由互联网平台凭借移动互联网、大数据、人工智能等信息技术，进行劳动者与服务消费需求大规模、大范围的组织、调配、任务分派等活动，实现劳动者和消费者直接对接的新就业形态劳动者，主要有平台网约劳动者、平台个人灵活就业人员、平台单位就业员工三类，如常见的网约车驾驶员、网约外卖员、快递员、网络导购直播人员等。近年来，河南新就业形态的平台企业和就业者快速增加，不断开辟新就业渠道，创造更多就业机会，为进一步扩充稳定劳动者就业发挥了积极作用，也是实现高质量充分就业的重要途径。以网约车行业为例，截至2022年底，全省共有网约车平台公司291家，发放网约车运输证4.60万个，网约车持证（网约车驾驶员证）司机12.51万人，成为就业的"蓄水池"和"稳定剂"。在规模以上企业中，河南本土互联网平台企业郑州时空隧道信息技术有限公司（UU跑腿）2022年第三季度就业人数达到4万人，比2021年末增长11%，近两年平台注册人数、业务量、主营业务收入均实现快速增长。

（四）部分行业受政策及疫情影响就业减少

内外经济发展环境的复杂多变和疫情的影响，造成了不同行业就业形势的差异，直观地感受到，外向型企业受外部需求变化影响较大，医药、卫生用品制造和相关服务业就业需求大增，而旅游、住宿餐饮业、文化娱乐业等需求下降、就业减少，出现了就业形势的行业分化。在规模以上企业中，剔除新增和退出单位的影响，2022年第三季度期末就业人员比2021年末，建筑业就业人员减少12.8%，住宿和餐饮业减少6.8%，批发和零售业减少4.1%，文化体育娱乐业减少2.2%，与此同时，信息传输、软件和信息技术服务业就业人数增长4.0%，卫生和社会就业人员增长2.5%。此外，2021年开始实施的"双减"政策，从2021年下半年开始对教育培训产业产生较大的负面影响，全省2021年末有244家技能培训、教育辅助及其他教育行业的规模以上企业，到2022年第三季度末减少了8家，就业人员减少了近20%。还有为数不少的中、小规模的教育培训机构也受到影响，加之疫情防控对部分行业中小微企业和个体工商户停业歇业造成的就业不充分或失业，都对稳就业产生更大压力。

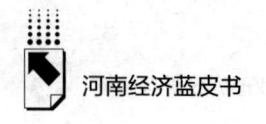

（五）调查失业率高位波动，稳就业难度加大

2022年全省月度城镇调查失业率持续高位波动，年中和年底个别月份高于6%，季度平均调查失业率高于全国，同时也高于2021年同期0.3个百分点以上，超出年初预期。特别是青年人口失业率高于整体失业率，就业不充分人员比2021年同期高出14个百分点等情况需引起高度重视。调查失业率超出预期，充分反映出稳就业的难度加大，就业形势依然严峻。

二 河南就业工作面临的形势和稳就业政策实施成效

（一）就业工作面临的形势和存在的问题

2022年全省各级政府及有关部门切实贯彻、精准实施稳就业政策措施，在付出了巨大的财政和金融成本后，稳就业工作取得了相当的成效。但也要看到，疫情的影响还在持续，部分重点群体的就业工作难度还很大，人力资源市场结构性矛盾短期内还很难消除，就业工作面临的压力和挑战依然很大。

1. 疫情依然是稳就业工作的最大不确定因素

2022年第二季度全省多点零星散发疫情，部分地区采取了严格的防控措施，部分行业和群体受到影响，加之第二季度上海疫情对供应链的冲击，也对全省部分行业的生产造成影响。2022年第四季度疫情全省较大范围暴发，各地封控管理时间较长，各行各业都受到不同程度的影响，特别是服务业受到的冲击最重；从12月份开始，全国各地陆续出台优化疫情防控措施，但对经济社会的影响增添了更大的不确定性。从6月底开展的企业复工复产专题调研情况看，第二季度有停工停产情况的企业占62.5%，其中停工停产时间在15天以内的占27.8%，停工停产在15~30天的占21.5%，二者合计达到49.3%；而能够维持正常生产的企业仅占37.5%。在疫情得到基本控制后，信息传输软件和信息技术服务业、工业恢复相对较快较好，接触性行业文化体育和娱乐业、住宿和餐饮业相对恢复较慢，并且分别有68.7%、62.8%的企业反映面临需求下降的状况。12月份疫情防控政策作出优化调整后，服务业行业还会面临同样的问题，何时能够恢复到正常水平，关键要看常态化疫情防控的效果。

2. 重点群体就业难度加大

多重因素导致2022年重点群体就业任务更加繁重。一是2022年河南省高校毕业生总量再创历史新高，再加上往年未就业毕业生，需要就业岗位量大且时间集中；但因疫情和"双减"政策影响，交通运输、住宿餐饮、旅游、文化体育娱乐和教育行业用工需求下降，导致市场招聘岗位需求趋紧。2022年，全省公共就业服务机构招聘需求同比减少36.8%，求职人数同比减少25.2%，求人倍率（需求人数/求职人数）为1.54，较上年同期的1.82减少0.28，就业难度增加。截至8月底，2022年毕业生去向落实率与年度目标还有较大差距。

二是自主创业和灵活就业人员，在内、外部经济环境收紧的情况下，叠加疫情防控的需要，信息和物资人员流动受限，加上经验和技能不足，创业风险增大，岗位不稳定性加剧，使得这些群体创业、失业风险上升。

三是外出返乡人员增多，就业困难。河南省人社部门大数据监测发现，2022年8月份外出务工人员再次回到县内返乡比例为3.3%，略高于全国0.4个百分点。外出务工人员不管出于什么原因返乡，其自身的知识水平、技能普遍不高，本地就业岗位有限，再就业难度加大。

3. 就业结构性矛盾依然较为突出

其一，人力资源供给多于可提供的就业岗位，是河南就业结构性矛盾最突出的特点，持续多年的农村劳动力转移就业年年新增四五十万人，特别是省外转移就业总量屡创新高，就充分反映了河南就业结构的最主要矛盾，也是我们高度重视就业问题的根本原因。其二，随着河南省产业转型升级和技术进步步伐加快，劳动力技能水平与市场需求不匹配导致的"就业难"和"招工难"并存的结构性矛盾依然突出，一边是企业普工不足、技工难招的招工难用工荒，一边是无技能的农民工和有知识无经验的高校

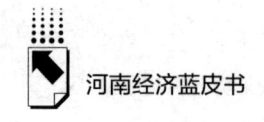

毕业生就业难，"两难"结构性矛盾已经成为"十四五"时期影响全省就业稳定的主因。

（二）稳就业政策措施发挥稳定就业主体的关键作用

2022年，为全面贯彻国务院关于稳住经济大盘的会议精神，积极应对疫情冲击，河南省陆续出台一系列稳就业、保就业政策举措，河南省人民政府办公厅5月份印发了《稳就业若干政策措施》，8月份印发了《关于培育壮大市场主体的实施意见》，省人社厅印发了《深化服务"万人助万企"活动若干举措》和《关于做好失业保险稳岗位提技能防失业工作的通知》，9月份政府办公厅下发了《进一步做好稳就业工作的通知》等。这些政策措施的贯彻实施，为做好全省就业创业工作提供了有力的政策保障，发挥了稳就业主体的关键作用。

1. 稳就业政策力度大覆盖广

《稳就业若干政策措施》明确了16条措施，加大"降、返、缓"政策支持力度，延续阶段性降低失业保险、工伤保险费率政策，将社会保险阶段性缓缴政策范围扩大至22个特困行业以及受疫情影响经营困难的所有中小微企业、个体工商户，提高失业保险稳岗返还比例，落实企业一次性吸纳就业补贴、社保补贴、一次性扩岗补助等惠企政策，以市场主体稳保就业岗位稳。优化失业保险稳岗返还政策，落实企业一次性吸纳就业补贴、社保补贴等惠企政策。加大金融支持力度，采取临时性延期还本、安排国有大型银行新增普惠小微贷款500亿元、全面推行保函（保险）替代保证金制度，减轻企业现金流压力，对个人创业担保贷款实行财政全额贴息，支持小微企业和个体工商户发展，更多吸纳就业。

2. 稳就业政策落实快效果好

2022年，全省发放稳岗返还资金20.69亿元，惠及企业15.91万户，惠及职工487.29万人。2022年，全省新增发放创业担保贷款156.3亿元，扶持8.51万人自主创业，带动和吸纳就业27.95万人。

2022年6月底河南省统计局开展了对全省3634家企业复工复产情况

专题调研，参与调查的企业普遍反映享受到了多项政府惠企纾困政策，特别是退税减税降费等税收优惠政策力度大、覆盖面广，管用、解渴，企业获得感强。调查结果显示，超七成企业（70.5%）享受了退税减税降费等税收优惠政策，超三成企业（30.7%）享受了缓缴社保等优惠政策，16.6%的企业享受了稳岗扩岗补助等优惠政策，14.0%的企业享受了金融信贷支持政策。

3. 拓宽就业渠道全面扎实

2022年河南持续开展"三个一批"（签约一批、开工一批、投产一批）活动，推动全省上下树立"项目为王"鲜明导向，通过加快推进省重点项目和灾后重建项目建设，努力开发就业岗位；深入实施"万人助万企"活动，全力解决企业困难，确保企业正常运行增产提质，扩充就业岗位。大力开展"公共就业服务进校园"等活动，实施梦想启航就业见习岗位募集计划，已募集见习岗位10.4万个。在城乡社区适度开发公益性岗位，将防疫宣传、防疫消毒、疫情监测和医疗救助岗位纳入城乡临时性公益性岗位开发安置范围，解决困难群体就业。

4. 就业创业服务精准高效

全省各地全面实施提升就业服务质量工程，持续开展"10+N"公共就业服务专项活动，发挥各类人力资源服务机构作用，灵活运用"直播带岗""空中宣讲""视频面试"等方式，搭建企业和劳动者高效对接平台。2022年，全省公共就业人才服务机构共组织各类招聘会1211场，组织用人单位6.04万家，提供各类岗位119.12万个，求职人数155.46万人，达成意向17.03万人。优化完善重点企业用工服务保障机制，仅上半年就帮助全省1335家重点企业解决用工5.7万人。加大创业担保贷款扶持力度，对个人创业担保贷款实行财政全额贴息，简化办理程序，缩短办理时限，提高服务效率，提供应急续贷帮扶，做到"应贷尽贷""能带快贷"。加快实施"豫才豫商回归工程"，吸引豫商豫才回归创业。加快省"农民工返乡创业投资基金"运作，全年为返乡农民工创业发放担保贷款113亿元。

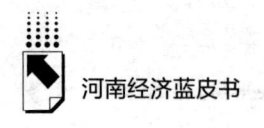

三　2023年河南省就业形势展望与建议

2022年全省稳就业工作在克服了多重不利因素影响下，经过各地各部门的共同努力，虽然还存在不少困难和问题，但基本实现了年初就业工作的各项目标。2023年河南就业工作仍将面临诸多困难，但基于积极因素的不断积累，在继续保持总体平稳的基础上，就业形势将整体好转，逐步实现更加充分更高质量的就业。一是河南经济长期向好的基础没有变，暂时的困难更多的是疫情冲击带来的，随着疫情防控优化措施的落实，市场主体和就业者将有序恢复正常，市场活力将再次被激发。二是稳就业政策措施的效果也将逐步显现，得到帮扶的企业将走出困境焕发新机。三是2022年推进的"三个一批"活动，全年累计开工4080个项目、投产2460个项目，这些普遍科技含量高、带动能力强的项目将会成为河南经济社会高质量发展的强劲引擎，带动就业岗位大量增加。四是不断优化的营商环境和就业创业的扶持政策，将使更多的创业者涌现出来，激励新经济业态和新就业形态更快增长。

虽然对2023年的就业向好持积极态度，但不利因素也不能忽视，如2023年应届高校毕业生更多，就业总量压力更大，疫情防控优化措施的效果、经济恢复向好的持续性等不确定性仍在。因此，针对就业工作目前的困难和问题，仍需保持清醒的认识，要持续发力加以解决。

一是要及时关注稳就业政策措施的落实效果，及时根据企业和就业群体的反映，重点围绕惠企政策精准落地，做到精准对接，助到企业难处，惠到企业急需，把政策用足用够，把政策的"含金量"全面释放出来，特别是要针对中小微企业的困境，精准发力，提高助企纾困政策的时效性、政策落实的便利性。

二是要持续优化营商环境，激发创业就业活力。营商环境是一个地方的重要软实力，优化营商环境就是解放生产力，就是提高综合竞争力。各地要持续推进"万人助万企"服务活动，把打造优良营商环境作为重要目标，把落实就业创业扶持政策作为重要方式，支持和鼓励新产业模式、新经济业态和新就业形态，为市场主体营造开放、畅通、便捷的创新创业舞台，激发创业就业活力。

三是要推进职业教育培养体系建设加快技能人才培养。建设完善的适应市场需求的职业教育培养体系，加快技能人才培养，是解决"招工难、就业难"结构性矛盾的最佳途径。全省各类职业院校也在探索通过深化产教融合、校企合作等新教育培养模式，搭建职业教育与社会需求对接的人才培养体系，不断适应市场需求培养出更多高技能人才，助力企业创新发展。各地要高质量推进"人人持证、技能河南"建设，积极构建就业能力提升体系，提高职业技能培训的针对性和质量，提高劳动者的就业能力和适配性，不断促进市场供需匹配，推动劳动者实现更加充分更高质量就业。

B.11
2022~2023年河南省能源形势分析与展望

常冬梅　杨琳　刘金娜*

摘　要： 本文回顾总结了2022年河南规模以上工业能源生产、消费运行情况，分析制约能源生产、消费平稳运行的主要因素，并在此基础上对2023年河南能源生产、消费形势发展进行预判，提出推动河南能源生产、消费向好发展的政策建议：加大煤炭资源勘探力度，积极拓展原煤供应来源；加快发展非化石能源，着力培育能源新产业新模式；推动企业技术和管理节能，提升结构节能空间；加强节能监管监察，确保"十四五"节能减排目标如期完成。

关键词： 能源生产　能源消费　绿色低碳转型　河南

2022年，在能源需求提高、能源消费持续增长的拉动下，河南原煤、电力生产不断加快，新能源比重持续提高，能源生产供应能力逐步增强；由于部分高耗能行业用能回升、增长加快，单位工业增加值能耗不降反升，全省节能降耗形势不容乐观。2023年，河南将坚决贯彻中央和省委经济工作会议系列部署和要求，在稳中求进工作总基调下，完整、准确、全面贯彻新发展理念，努力实现经济稳定向好、稳中提质，全年能源消费需求将继续保

---

* 常冬梅，河南省统计局二级巡视员，能源和生态统计处处长；杨琳，河南省统计局能源和生态统计处副处长；刘金娜，河南省统计局能源和生态统计处。

持相当规模,能源生产总体将保持向好发展,能源消费大概率平稳增长,节能降耗任务依然繁重。

一 2022年河南省能源生产、消费基本情况

(一)能源生产供应能力逐步增强

2022年,河南省委省政府采取各项有效措施推进能源安全保供决策部署落地显效,全省能源生产克服疫情散发多发和高温天气等不利影响,呈积极恢复态势,规模以上工业原煤、电力生产明显好于2021年,新能源产量快速增长,能源生产供应能力逐步增强。

1. 原煤及主要煤炭制品生产整体呈加快趋势

2022年,全省煤炭生产企业持续加大增产保供力度,有效发挥兜底保障作用,原煤产量呈快速恢复增长态势,规模以上工业原煤产量9772.83万吨,同比增长4.2%,增速比2021年提高15.8个百分点,比2022年第一季度、上半年分别提高11.7个、1.2个百分点(见图1)。分省辖市看,全省有原煤生产的12个市中,8个市原煤产量保持增长,其中郑州、驻马店、济源3市分别增长24.3%、10.4%、55.2%,实现两位数增长。

主要煤炭制品中,2022年洗精煤(用于炼焦)、焦炭生产明显加快,产量分别为3274.26万吨、1999.35万吨,分别同比增长2.0%、25.3%,比2021年分别提高4.7个、43.3个百分点。

2. 电力生产较快增长,供应保障持续有力

2022年6月份以来,受高温天气影响,全省用电需求明显增加,省内发电企业扛起电力保供责任,生产持续发力,规模以上工业发电量3190.36亿千瓦时,同比增长8.8%,增速比2021年提高9.0个百分点,比2022年第一季度、上半年分别提高2.3个、3.2个百分点(见图2);同全国相比,2022年河南电力生产明显快于全国水平,比全国发电增速高6.6个百分点。分省辖市看,全省有17个市发电量保持增长,其中南阳、信阳、周口3市

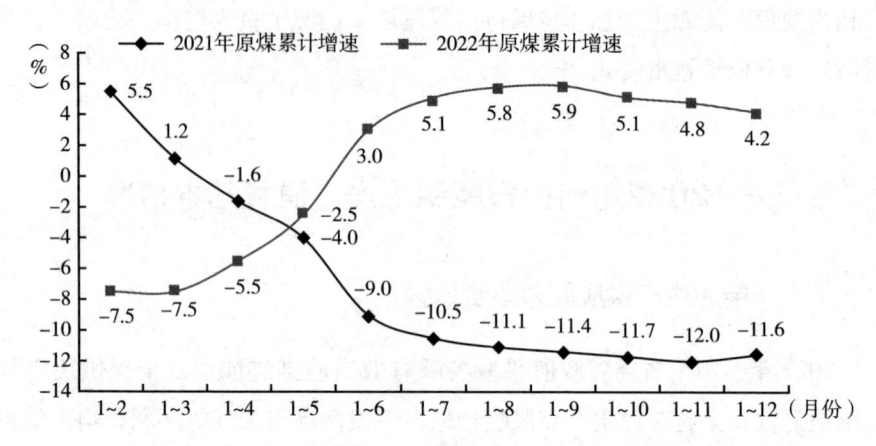

图 1　2021 年、2022 年河南省规模以上工业原煤产量增速走势

资料来源：河南省统计局。

发电量增速均超过 20%，分别增长 36.8%、52.0%、29.5%；分装机种类看，占全省装机容量六成的燃煤发电企业，生产了全省约 80% 的电量，承担了主要的顶峰保供任务，充分发挥了电力安全稳定供应的"压舱石"作用。

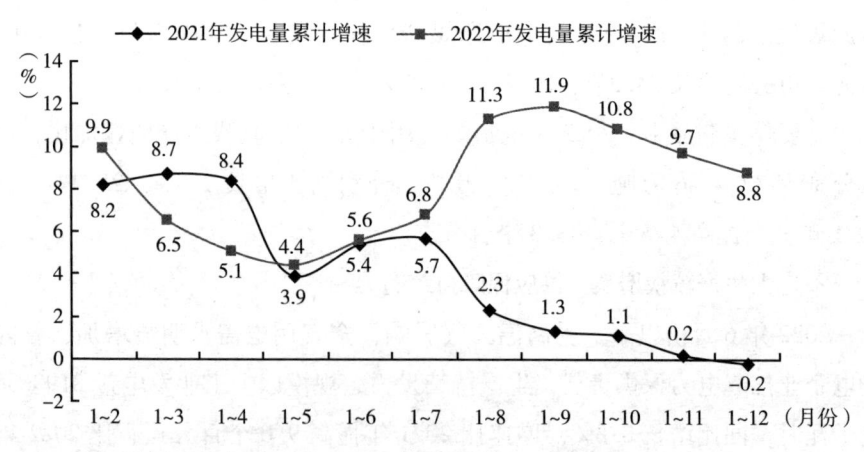

图 2　2021 年、2022 年河南省规模以上工业发电量增速走势

资料来源：河南省统计局。

3. 原油加工量低位运行，油气储运能力持续强化

2022年，疫情冲击导致石油及化工行业景气下行，河南原油加工量也明显下滑，规模以上工业原油加工量867.91万吨，同比下降5.1%，比2021年降低8.8个百分点，比2022年第一季度、上半年和前三季度分别降低14.8个、4.0个和4.6个百分点。全省规模以上工业天然气产量3.88亿立方米，同比增长30.8%，增速比2021年提高30.0个百分点。为切实保障油气类能源产品供应，河南不断提升管网互联互通水平，持续增强油气储运能力，2022年省外原油、天然气在全部供应量中的占比超九成。

4. 新能源保持较快增长，清洁能源比重持续提高

2022年，河南清洁电力快速发展，包括水电、风电、光电在内的清洁能源发电机组装机超过4600万千瓦，比2021年增加800多万千瓦，占年新增全部发电装机的103.4%；全省规模以上工业清洁电力总量为482.71亿千瓦时，同比增长3.0%，占全部规模以上工业发电量的15.1%，比2021年占比提高2.1个百分点。河南大力支持地热能、非粮生物液体燃料、氢能等新能源发展，2022年全省地热能供热、液态生物燃料、氢气分别同比增长6.5%、15.3%、11.4%。

（二）高耗能行业能耗增长较快，单位工业增加值能耗由降转升

2022年，河南深入推进能源供给侧结构性改革，不断优化完善能耗调控政策，保障工业经济发展用能需求，重点耗能行业用能回升、增长加快，拉动全省能源消费持续增长。在疫情反弹、工业生产循环受到冲击等因素影响下，工业经济增长有所放缓，单位工业增加值能耗由降转升。

1. 六大高耗能行业拉动全省能源消费快速增长

受化工产品生产提升、重点行业用电量增加、水泥行情震荡上涨、石墨及碳素制品企业生产逐步恢复等因素影响，全省六大高耗能行业能耗增速总体偏快，全年同比增长5.5%，比2021年加快6.8个百分点，比2022年第一季度和上半年分别提高5.9个、2.8个百分点，比前三季

度回落2.3个百分点。"四升两降"的高耗能格局中，化学、非金属、黑色、电力等行业能耗分别同比增长8.9%、4.3%、0.1%和12.6%，4行业共同上拉全省能耗增速6.1个百分点，对全部规模以上工业增长的贡献率超过100%。在六大高耗能行业拉动下，2022年河南规模以上工业综合能源消费同比增长5.2%，增速比2021年提高6.6个百分点（见图3），比"十三五"时期能耗增长最高点0.9%（2020年）加快4.3个百分点。

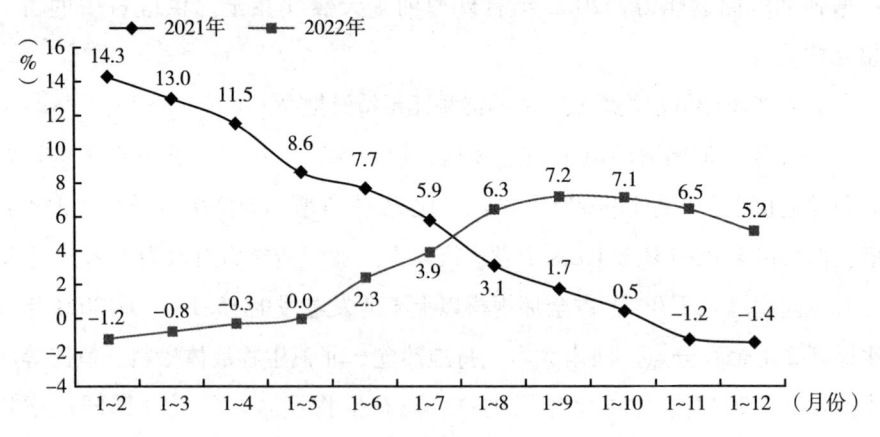

图3　2021年、2022年河南省规模以上工业综合能耗增速走势

资料来源：河南省统计局。

2. 全省单位工业增加值能耗由降转升

2022年，全省规模以上工业单位增加值能耗呈逐渐攀升态势，全年同比上升0.1%，比2021年提高7.4个百分点，比2022年第一季度、上半年分别提高7.1个、3.0个百分点，比前三季度回落1.0个百分点（见图4）。分行业来看，40个行业大类中（其他采矿业除外），13个行业单位增加值能耗同比上升，且有12个行业上升幅度高于全省水平；上升幅度超过10%的行业分别是燃气生产和供应业、化学原料和化学制品制造业，分别同比上升130.7%、11.2%，升幅分别比全省高130.6个、11.1个百分点。分地区看，全省有8个市单位工业增加值能耗上升，上升幅度均高于全省水平，其中周口、漯河、许昌三地上升最快,分别同比上升35.2%、13.3%、12.6%,升幅分别比全省高35.1个、13.2个、12.5个百分点。

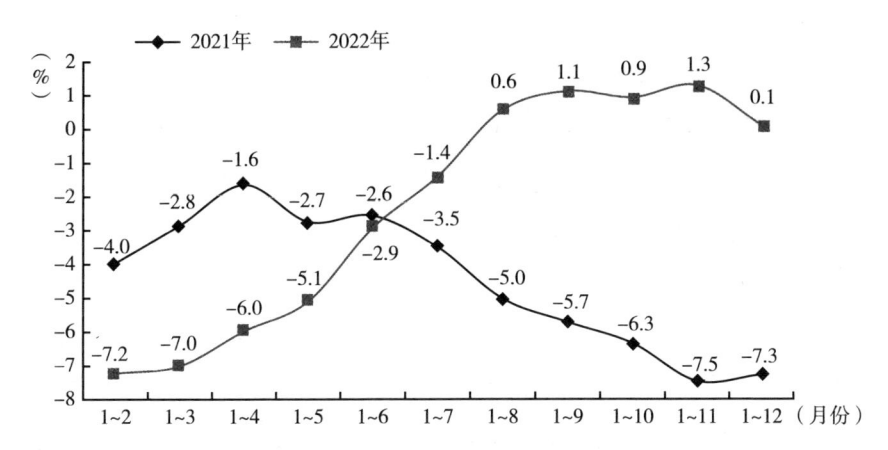

图4 2021年、2022年河南省规模以上工业单位增加值能耗增速走势

资料来源:河南省统计局。

二 存在的主要问题

(一)限于资源禀赋和经济技术条件限制,原煤产能接续提升空间受限

截至2022年末,全省煤炭企业共有各类矿井约200处,生产能力为1.5亿吨/年。然而,经过多年大规模工业化开采,当前全省煤矿产区地质条件复杂、开采成本提高、部分产区资源枯竭等问题日益突出,原煤生产技术、安全及经济性等方面要求也越来越高,"十四五"以来全省原煤年度产量已降至1亿吨以下水平,明显低于全省煤矿生产能力。从最新的2020年全省煤矿勘探数据看,目前河南原煤生产后续提升的空间也比较有限。2020年全省煤炭的推断资源量为232.33亿吨,但地质可靠性高的探明资源量只有54.09亿吨,按1亿吨的原煤年度产量匡算,仅能开采50年左右。

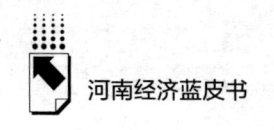

（二）新能源开发利用程度仍需加快

河南水能、生物质能现有开发程度偏低，截至2022年底，全省全口径水电、生物质发电装机容量分别为438.65万千瓦、251.09万千瓦，分别仅占全部发电装机容量的3.7%、2.1%。经过多年的快速发展，全省风电、太阳能发电装机容量占全部发电装机容量已超三成，但大规模高比例新能源不断接入电力系统，消纳、调峰能力不足等诸多因素制约其利用水平，机组平均利用小时数偏低；2022年风电、太阳能发电平均利用小时分别为2050小时、1084小时，分别比全省平均水平少871小时、1837小时，累计发电量占全部发电量不足两成。氢能、地热能等新兴清洁能源开发利用规模仍偏小，2022年河南规模以上工业氢气生产企业仅18家，氢气产量12.58亿立方米；地热能供热企业仅1家，供热量4.41万吉焦。

（三）化学、电力等行业能耗反弹较大，六大高耗能行业比重升至历史新高

2022年，全省化学原料和化学制品制造业，非金属矿物制品业，电力、热力生产和供应业等行业能耗增速出现反弹，分别同比增长8.9%、4.3%和12.6%，比2021年分别提高14.9个、5.4个和12.7个百分点，导致全省及六大高耗能行业能耗增速明显高于2021年及"十三五"时期，六大高耗能行业占规模以上工业能耗比重也有所提高。2022年六大高耗能行业能耗占比上升至87.8%，比2021年高0.5个百分点，成为"十三五"以来的最高值，其中化学、电力行业能耗比重分别上升至17.0%、36.1%，分别比2021年高1.0个、3.8个百分点。全省重点高耗能行业能源消费规模持续扩大，六大高耗能行业比重不断攀升，工业能源消费结构重型化程度又有所提高，将给全省经济高质量发展转型带来更大困难（见表1）。

表1 2016~2022年全省规模以上工业能耗增速及六大高耗能占比

单位：%

指标	2016年	2017年	2018年	2019年	2020年	2021年	2022年
全省能耗增速	-3.9	-1.8	-1.3	-7.4	0.9	-1.4	5.2
六大高耗能占比	84.6	85.5	87.1	86.4	87.1	87.3	87.8
煤炭开采和洗选业	6.5	6.4	4.3	4.9	4.3	4.3	3.2
化学原料和化学制品制造业	15.3	15.6	16.4	14.9	16.7	16.0	17.0
非金属矿物制品业	9.9	9.6	8.9	8.8	9.2	9.2	9.3
黑色金属冶炼和压延加工业	12.4	12.0	13.6	14.1	14.6	14.8	13.8
有色金属冶炼和压延加工业	12.6	13.2	13.5	12.2	10.7	10.8	8.5
电力、热力生产和供应业	27.8	28.7	30.3	31.4	31.6	32.3	36.1

资料来源：河南省统计局。

（四）能源利用效率有所回落，加大工业节能和产业结构绿色转型压力

2022年以来，全省能源加工转换总效率持续回落，全年规模以上工业企业加工转换总效率69.5%，比2021年低0.5个百分点。从加工转换类型看，火力发电效率不断回落，年末降至40.4%，比2021年低0.6个百分点；炼油效率长期稳定在98%以上，但年末跌落至97.9%，比2021年低0.1个百分点；受部分企业制气投入产出比提高，叠加装置运行不稳定影响，2022年制气效率77.7%，比2021年低7.8个百分点。2022年，因疫情反弹、工业生产循环受到冲击、企业产销衔接不畅、经营困难增多等多重因素影响，部分大中型企业生产放缓，主要产品单位能耗不降反升，能源利用效率不高，工业节能压力较大。初步统计，2022年全省39个单位产品综合能耗指标中，有16个指标不降反升，主要涉及煤炭、原油加工、合成氨、水泥等耗能产品，其中吨原煤生产综合能耗同比增长1.9%，原油加工单位综合能

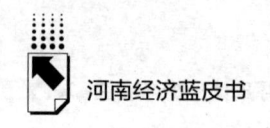

耗同比增长4.5%，单位合成氨生产综合能耗同比增长3.2%，吨水泥熟料综合能耗同比增长5.4%。

三 2023年河南能源生产、消费形势预判

2023年是贯彻落实党的二十大精神开局之年，是实施"十四五"规划承上启下之年，也是实现碳达峰目标的关键一年，全省上下将按照中央和省委对经济工作的决策部署，锚定"两个确保"，深入实施"十大战略"，确保经济数量和质量实现"双提高"，预计全年河南能源消费需求将继续保持相当规模，能源生产消费总体将继续向好发展，但节能降耗工作压力依然较大。

（一）传统能源生产应急保障能力将进一步提高，清洁能源产业继续壮大发展，能源供应链弹性和韧性不断增强

2022年以来，不断加剧的国际地缘冲突再次推高国际原油、煤炭类主要能源期货品种价格，河南能源保供工作一直面临较大压力。为做好能源保供工作，增强能源供应稳定性、安全性和可持续性，河南从提高原煤生产能力、强化煤炭物流仓储能力建设、提高油气储运和外引电力通道建设等方面着手，不断完善能源生产供应体系和推动新能源发展的各项政策落实落地。2023年，随着原煤、电力等主要能源产品生产保供和推动新能源发展的各项政策落地和持续显效，原煤、电力生产供应将进一步稳定向好，清洁能源产业也将继续壮大，全年能源生产供应有望更为高效平稳。

（二）全省能源消费需求将保持一定规模和增速，节能降耗工作仍需加以关注

2022年，全国及河南优化完善能耗调控政策，保障经济高质量发展用能需求，全省规模以上工业能源消费稳步增长，同比增长5.2%，其中六大高耗能行业同比增长5.5%，工业尤其是高耗能行业用能速度加快，全省全

年节能降耗形势不容乐观。河南作为能源消费大省,"十四五"前期能耗强度反弹回升,对完成"十四五"节能目标任务带来不利影响。2023年是"十四五"节能任务中期评估年,也将是完成目标承上启下关键之年,河南将在新的一年继续系统谋划、统筹推进"十四五"节能工作,坚决遏制高耗能、高排放、低水平项目盲目发展,深入推进重点领域和行业节能降碳改造,把节能降耗降碳工作放在更加突出的位置,推动工业绿色转型和高质量发展有机融合。但考虑到在中央和省委经济工作会议部署的各项经济政策持续发力作用下,2023年河南各行业生产将呈现较快速度的恢复性增长,全省工业能源消费将继续保持一定规模和增速,节能降耗压力依然较大。

四 河南能源高质量发展的政策建议

(一)加大煤炭资源勘探力度,积极拓展原煤供应来源

为在中长期内稳定和提高全省原煤产能,掌握更多煤炭保供工作的主动权,河南可综合施策,充分调配、利用好国内外煤炭资源。首先,应持续加大省内煤炭资源的勘探力度,确定更多地质条件可靠的煤炭探明资源量,掌握充足的煤炭安全生产所需水文地质信息,保证省内原煤产能的接续提升空间。其次,进一步加大省内实力煤企"走出去"的引导帮扶力度,扩大省外特别是晋陕蒙等煤炭主产区域内的权益煤矿开发建设规模,获取更多可靠煤炭输入来源。最后,充分发挥河南交通枢纽的区位优势,面向全国大宗商品供应链头部企业积极招商,争取更多企业在河南布局经营,不断扩大煤炭仓储规模,引入更多国内外煤炭资源在河南调蓄流转。

(二)加快发展非化石能源,着力培育能源新产业新模式

一是大力发展风电光伏,规划建设以大型风光基地为基础、以其周边清洁高效先进节能的煤电为支撑、以稳定安全可靠的特高压输变电线路为载体的新能源供给消纳体系。二是加快推动河南水电项目开发建设,推进水电站

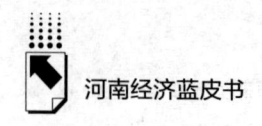

项目核准，提高水电装机容量。三是因地制宜开展可再生能源制氢示范，探索氢能技术发展路线和商业化应用路径。四是积极探索作为支撑、调节性电源的地热能发电示范、光热发电示范。

（三）推动企业技术和管理节能，提升结构节能空间

工业领域节能要用好技术、管理、结构节能等手段，全面推进工业节能。一是相关部门要鼓励和引导企业创新节能技术，持续加强政策支持保障，促进石化、建材、冶金、电力等产业各项技术不断提升，加快水泥、电解铝、燃煤发电等能效水平早日进入全国及世界先进行列。二是抓好企业内部能耗管理，通过能效对标、内部审核等措施，抓好企业源头节能工作。三是加快发展高端制造业，提高用能效率，以产业结构调整促进能源消费结构优化，同时大力推进高耗能企业园区能源站和微电网等综合能源服务，实现多能互补、协同优化，提升结构节能空间。

（四）加强节能监管监察，确保"十四五"节能减排目标如期完成

"十四五"前两年全省单位 GDP 能耗降低率未达到进度目标，完成"十四五"节能任务目标面临一定的压力。节能管理相关部门应进一步加大节能监测力度，尤其对重点耗能企业、行业和地区的能效水平进行重点监测，切实加强对工业能源消费情况的监测预警和分析研判；建立完善常态化节能监察机制，突出抓好重点领域、单位、项目的监督管理，不断加强节能监察工作，确保"十四五"节能减排目标如期完成。

战略措施篇

Strategic Measures Part

B.12
河南实施换道领跑战略研究

——基于河南主导产业产业链及转型升级路径研究

张喜峥 雷茜茜 陆杨 张艺 刘蒙单[*]

摘　要： "十四五"及未来一段时期，是河南制造业转型升级的关键时期。河南省委省政府提出的换道领跑战略是推动河南制造业高质量发展的重大战略举措。主导产业可以带动和影响其他产业发展，在国民经济发展中占据重要地位。本文运用投入产出方法，对河南五大主导产业的产业链地位、产业链价值分布以及各产业主导能力情况进行分析，提供河南主导产业造链、补链、强链、延链调整方向，为全省制造业转型升级，实现换道领跑提供思路方法和实现路径：提升电子信息产业价值链，加快未来产业前瞻布局；培育优势装备制造产业集群，促进高端化智能化数字化转

---

[*] 张喜峥，河南省统计局国民经济核算处处长，一级调研员；雷茜茜，河南省统计局国民经济核算处四级调研员；陆杨，河南省统计局国民经济核算处；张艺，河南省统计局国民经济核算处；刘蒙单，河南省统计局国民经济核算处。

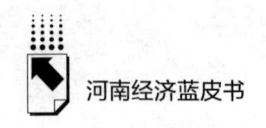

型和融合发展；推动汽车及零部件产业链转型升级，推进全产业链融合发展；发挥特色优势，推动食品产业整合优化提升；实施补链强链延链攻坚，推动新材料产业跃升高端前沿。

关键词： 主导产业　产业链　制造业　换道领跑

河南省第十一次党代会提出，实施换道领跑战略，在传统产业上高位嫁接，在新兴产业上抢滩占先，在未来产业上前瞻布局。这一战略是推动河南制造业高质量发展的重大战略举措，对于全面提升河南产业竞争力，推动河南由制造大省转向制造强省具有重大意义。主导产业可以带动和影响其他产业发展，在国民经济发展中占据重要地位。本文运用投入产出方法，对河南五大主导产业①的产业链地位、产业链价值分布以及产业主导能力情况进行分析，提供河南主导产业造链、补链、强链、延链调整方向，为全省制造业转型升级，实现换道领跑提供思路方法和实现路径。

一　河南实施换道领跑战略的必要性和紧迫性

"十四五"及未来一段时期，河南制造业进入转型升级的关键时期。实施换道领跑战略，是应对国际国内经济发展形势新变化、保持经济平稳较快发展的必然要求，也是实现"两个确保"、推动河南制造业高质量发展的重大战略举措。

（一）实施换道领跑战略是河南应对国内外宏观环境深刻变化的要求

从国际形势看，当前，世界百年未有之大变局加速演进，世纪疫情影响

---

① 党的十八大以来，依据河南省情和工业行业发展趋势，河南制定了重点发展电子信息、装备制造、汽车及零部件、食品、新材料等五大主导产业的政策措施。

深远，局部冲突和动荡频发，世界进入新的动荡变革期，全球产业链、供应链、创新链格局重构。从国内形势看，河南制造业面临着"双重压力"（上游缺乏投入、下游需求萎靡）、"三上升"（原材料价格上升、劳动力成本上升、土地租金上升）和"三约束"（资金供给约束、环境资源约束、土地供给约束），导致河南制造业转型升级难度加大。对此，必须突破河南原有的制造业产业体系，通过高位嫁接、抢滩占先、前瞻布局，提高产业竞争力，加快制造业价值链跃升、产业链优化和竞争力重塑。

（二）实施换道领跑战略是河南在国内产业链中赢得主动权的需要

改革开放40多年来，东部地区率先加入全球价值链分工，同时通过虹吸效应，聚集人才、资本等生产要素，加快制造业升级换代，目前经济实力雄厚、科技水平高、制造业发达、产业链供应链相对完备，在国内产业链重构中处于有利位置。未来随着东部率先发展、长江经济带发展和粤港澳大湾区发展等战略的推进，河南与广东、江苏、山东、浙江等"标兵"的差距将越来越大。与此同时，近年来，四川、湖北、福建、湖南等省份纷纷加快经济转型升级的步伐，培育新的竞争优势，积极融入以国内大循环为主的双循环新发展格局。作为传统工业大省，河南由于传统支柱产业相对饱和，承接产业转移的人力、土地、环境等方面的低成本优势渐失；科技创新能力不高、高素质人才稀缺，导致承接产业转移的内生动能不足，河南与"追兵"差距日趋缩小。为此，河南只有加快构建能级更高、结构更优、创新更强、动能更足、效益更好的先进制造业体系，才能在国内价值链重构的过程中占据有利地位，赢得发展主动权。

（三）实施换道领跑战略是重塑河南高质量发展新优势的必由之路

近年来，河南大力实施创新驱动、科教兴省等战略，"河南制造"在部分新兴产业领域崭露头角，技术水平、产品市场占有率有所突破。但是河南还处于工业化进程中后期，制造业大而不强、大而不优。在技术升级和产品创新上不具有优势，河南工业总体上仍处于价值链低端，产品附加值偏低。

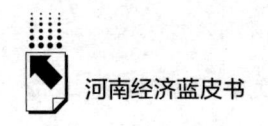

2021年河南战略性新兴产业增加值仅占规模以上工业增加值的1/4左右。因此，实现制造业高质量发展，建设制造强省，必须换道加速，外引内育、精准落子，向着大而优、大而新、大而强和高又快、上台阶不断迈进。

二　河南主导产业换道领跑的基础和条件

近年来，河南以加快推进先进制造业大省建设为重点，大力实施制造业智能化、绿色化和企业技术三大改造，推进电子信息、装备制造、汽车及零部件、食品、新材料等五大主导产业转型发展，主导产业高质量发展成效显著，实施换道领跑战略正当其时。

（一）主导产业优势地位日益凸显

河南五大主导产业快速发展，对河南工业的快速稳定增长发挥了极为重要的作用。2015~2021年，全省主导产业增加值年均增长8.6%，高于规模以上工业增加值年均增速2.0个百分点。随着主导产业快速增长，主导产业增加值占比持续提高，主导产业的优势地位日益凸显。2021年，河南主导产业增加值占规模以上工业增加值比重为46.1%，较2017年提高1.5个百分点；主导产业对规模以上工业增长的贡献率为70.3%，较2017年提高3.1个百分点。

（二）主导产业发展的质量和效益突出

随着主导产业规模不断扩大，主导产业发展的质效优势日益突出。2021年，河南五大主导产业实现利润总额1224.91亿元，其中，装备制造和食品产业分别以471.19亿元和446.04亿元位列第1和第2；五大主导产业营业收入利润率达5.2%，高于规模以上工业营业收入利润率0.4个百分点，其中，新材料产业以6.8%位列第1，食品和装备制造产业分别以6.7%和6.3%位列第2和第3。从人均产值来看，2021年，五大主导产业人均产值达121.29万元，其中，汽车及零部件产业以145.74万元位列第1，电子信息和食品产业分别以137.16万元和115.96万元位列第2和第3。

(三)主导产业各具特色,竞相发展格局初步形成

经过多年的发展,全省主导产业优势互补、各具特色的产业发展格局已初步形成,主导产业的竞争力和影响力不断增强。分产业看,河南电子信息产业中的手机产品产量跻身世界前列;装备制造产业中的电力、农机、盾构、矿山和起重装备等闻名国内外;郑州整车、新乡动力电池等产业集群已成为中部地区有影响力的汽车及零部件生产基地;食品产业规模连续15年稳居全国第2,肉类、果蔬和面粉加工能力位居全国第1,目前装备制造和食品产业已形成万亿级产业集群;新材料产业目前已打造出超硬材料、高温耐火材料、尼龙新材料等数个具有一流竞争力的产业集群。主导产业的快速发展将有力引领和带动其他相关行业的快速发展。

三 河南五大主导产业发展状况及产业链布局分析

为分析河南五大主导产业产业链布局情况,本文以2017年投入产出表(142部门)和2020年投入产出延长表(42部门)[①]为基础数据支撑,通过测算其产业链及上下游附加值率和影响力系数、感应度系数等,对五大主导产业产业链和价值链布局情况进行分析。

(一)五大主导产业发展状况及产业链梳理

1. 电子信息产业

近年来,在省委省政府的高度重视和大力支持下,河南电子信息产业快速发展。2021年,全省规模以上电子信息产业增加值占规模以上工业增加值比重达7.6%,比2017年提高4.1个百分点;增速达24.0%,高于规模以上工业增加值增速17.7个百分点;对规模以上工业增长的贡献率达26.3%,

---

① 鉴于细分行业详细程度和数据可获得性,对电子信息、汽车及零部件和新材料产业的分析主要基于2017年投入产出表(142部门),对装备制造和食品产业的分析主要基于2020年投入产出延长表(42部门)。

比 2017 年提高 19.1 个百分点。2021 年，全省共生产手机 1.6 亿部，约占全国产量的 1/10，生产 PC 机 12.4 万台、服务器 2 万台，实现产业新跨越。随着黄河信产以及浪潮、长城、中科曙光、超聚变等计算终端生产项目成功投产以及华为、阿里巴巴、海康威视等一批大数据龙头企业入驻河南，河南电子信息产业发展未来可期。

在 142 个部门投入产出表中，电子信息产业主要包含通信设备和电子元器件，细分行业产业链上下游如表 1 所示。

表 1 河南电子信息产业产业链上下游前六大细分行业

序号	通信设备上游	通信设备下游	电子元器件上游	电子元器件下游
1	电子元器件	电信、广播电视和卫星传输服务	电力、热力生产和供应	通信设备
2	电力、热力生产和供应	电子元器件	有色金属及其合金	输配电及控制设备
3	商务服务	其他通用设备	货币金融和其他金融服务	仪器仪表
4	有色金属及其合金	房屋建筑	基础化学原料	其他专用设备
5	货币金融和其他金融服务	其他交通运输设备	其他专用设备	房屋建筑
6	批发	汽车零部件及配件	有色金属压延加工品	其他通用设备

注：原文中五大主导产业均分析了产业链上下游前十大细分行业，由于篇幅限制，在此仅展示产业链上下游前六大细分行业。

2. 装备制造产业

装备制造产业是工业的心脏和国民经济的生命线，一直以来河南高度重视装备制造产业的发展，经过多年的发展，河南装备制造产业总量稳居全国第 5 位，对国民经济的影响力越来越大。2021 年，河南装备制造产业增加值占规模以上工业增加值的比重达 12.6%，居五大主导产业第 2 位；对规模以上工业增长的贡献率达 40.5%，比 2017 年提高 13.1 个百分点。其中，客车和盾构装备产业规模居国内同行业第1位，农机装备和矿山装备居国内同行业第2位。

在42个部门投入产出表中，河南装备制造产业主要包含通用设备、专用设备以及电气机械和器材，细分行业产业链上下游如表2所示。

表2 河南装备制造产业产业链上下游前六大细分行业

序号	通用设备上游	通用设备下游	专用设备上游	专用设备下游	电气机械和器材上游	电气机械和器材下游
1	金属冶炼和压延加工品	建筑	金属冶炼和压延加工品	建筑	金属冶炼和压延加工品	建筑
2	化学产品	专用设备	通用设备	通信设备、计算机和其他电子设备	化学产品	通信设备、计算机和其他电子设备
3	电力、热力的生产和供应	通信设备、计算机和其他电子设备	化学产品	非金属矿物制品	金属矿采选产品	电力、热力的生产和供应
4	金属矿采选产品	交通运输设备	交通运输设备	金属冶炼和压延加工品	电力、热力的生产和供应	交通运输设备
5	金属制品	非金属矿物制品	电力、热力的生产和供应	农林牧渔产品和服务	通信设备、计算机和其他电子设备	专用设备
6	电气机械和器材	金属冶炼和压延加工品	金属矿采选产品	通用设备	批发和零售	金属冶炼和压延加工品

3.汽车及零部件产业

汽车及零部件产业产业链长、关联度高、消费拉动大，在国民经济和社会发展中发挥着重要作用。2021年，河南汽车及零部件产业增加值占规模以上工业增加值比重达3.5%，对规模以上工业增长的贡献率为1.6%。目前，全省现有规模以上汽车及零部件企业600余家，年产整车超过58万辆，产业规模达到2000亿元，汽车制造产业产业链日益完备，已形成从原材料

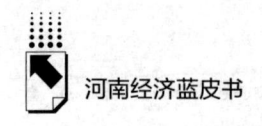

到核心零部件，再到整车、配套设备的产业链。

在142个部门投入产出表中，河南汽车及零部件产业主要包含汽车整车和汽车零部件及配件，细分行业产业链上下游如表3所示。

表3 河南汽车及零部件产业链上下游前六大细分行业

序号	汽车整车上游	汽车整车下游	汽车零部件及配件上游	汽车零部件及配件下游
1	汽车零部件及配件	采矿、冶金、建筑专用设备	电力、热力生产和供应	汽车整车
2	电力、热力生产和供应	其他专用设备	有色金属及其合金	道路运输
3	钢压延产品	农林牧渔专用机械	其他通用设备	采矿、冶金、建筑专用设备
4	零售	通信设备	钢压延产品	房屋建筑
5	商务服务	房屋建筑	金属制品	农林牧渔专用机械
6	有色金属及其合金	道路运输	煤炭开采和洗选产品	其他运输、装卸搬运和仓储

4. 食品产业

食品产业吸纳就业多、出口能力强、税收贡献大，是关系国计民生、稳经济基本盘的重要支柱产业。食品产业作为河南最重要的传统优势产业，总量自2006年以来稳居全国第2位。2021年，河南食品产业增加值占规模以上工业增加值的比重达13.7%，为五大主导产业之首；增速达9.1%，高于规模以上工业增加值增速2.8个百分点；对规模以上工业增长的贡献率达20.8%。目前，全省规模以上食品企业近2600家，其中20家食品企业的26个产品荣获"中国名牌"称号，三全、思念速冻食品全国市场占有率超过50%，双汇集团、牧原食品成为全国具有较大影响力的食品企业。

在42个部门投入产出表中，河南食品产业主要包含食品和烟草，细分行业产业链上下游如表4所示。

表4 河南食品产业链上下游前六大细分行业

序号	食品和烟草上游	食品和烟草下游
1	农林牧渔产品和服务	农林牧渔产品和服务
2	化学产品	住宿和餐饮
3	批发和零售	化学产品
4	金融	建筑
5	电力、热力的生产和供应	纺织服装鞋帽皮革羽绒及其制品
6	租赁和商务服务	教育

5. 新材料产业

作为材料产业大省，河南新材料产业起步较早，新型耐火材料、超硬材料、尼龙新材料等产业规模较大，其中新型耐火材料产业已居全国首位，超硬材料产业占全国市场份额八成以上。2021年，全省新材料产业增加值占规模以上工业增加值比重达8.7%，位列食品和装备制造产业之后，比2017年提高4.4个百分点；对规模以上工业增长的贡献率达10.9%，比2017年提高7.2个百分点。

新材料产业[①]主要包含玻璃和玻璃制品、耐火材料制品、化学纤维制品，在142个部门投入产出表中，玻璃和玻璃制品、耐火材料制品、化学纤维制品细分行业产业链上下游如表5所示。

表5 河南新材料产业链上下游前六大细分行业

序号	玻璃和玻璃制品上游	玻璃和玻璃制品下游	耐火材料制品上游	耐火材料制品下游	化学纤维制品上游	化学纤维制品下游
1	电力、热力生产和供应	通信设备	电力、热力生产和供应	石油和天然气开采产品	基础化学原料	石油和天然气开采产品

[①] 河南新材料产业包括医学生产用信息化学品制造、生物及化学纤维制造、生物基淀粉基新材料制造、特种玻璃制造、特种陶瓷品制造、电子专用材料制造等，本文选取产值占比较大的玻璃和玻璃制品、耐火材料制品和化学纤维制品进行分析研究。

续表

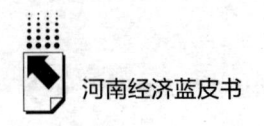

序号	玻璃和玻璃制品上游	玻璃和玻璃制品下游	耐火材料制品上游	耐火材料制品下游	化学纤维制品上游	化学纤维制品下游
2	基础化学原料	电线、电缆、光缆及电工器材	非金属矿采选产品	金属制品、机械和设备修理服务	合成材料	金属制品、机械和设备修理服务
3	煤炭开采和洗选产品	房屋建筑	石墨及其他非金属矿物制品	管道运输	精炼石油和核燃料加工品	管道运输
4	非金属矿采选产品	电子元器件	货币金融和其他金融服务	开采辅助活动和其他采矿产品	电力、热力生产和供应	合成材料
5	货币金融和其他金融服务	其他电气机械和器材	商务服务	非金属矿采选产品	煤炭开采和洗选产品	精炼石油和核燃料加工品
6	商务服务	医药制品	石油和天然气开采产品	水上运输	石油和天然气开采产品	开采辅助活动和其他采矿产品

（二）五大主导产业产业链价值分布分析

为分析五大主导产业在其产业链中的价值分布，本文从行业产业链纵向整合和横向整合出发，利用附加值率①（增加值率，下同）对河南五大主导产业及其上下游进行分析。结果表明，河南五大主导产业基本满足"微笑曲线"② 规律，仍需提高产业核心竞争力，向产业链价值链高端攀升。

---

① 附加值率是指在一定时期内单位产值的增加值。附加值率越高，说明该产业创造的价值越高，相应的中间消耗就越低。附加值率=增加值/总产出×100%。

② "微笑曲线"即"附加价值曲线"，是指像微笑嘴型的一条曲线，在抛物线的左侧（价值链上游），随着新技术研发的投入，产品附加价值逐渐上升；在抛物线的右侧（价值链下游），随着品牌运作、销售渠道的建立，附加价值逐渐上升；而作为劳动密集型的中间制造、装配环节不但技术含量低、利润空间小，而且市场竞争激烈，容易被成本更低的同行所替代，因此附加价值最低。

1. 电子信息产业附加值率偏低，产业链问题突出

河南电子信息产业以通信终端设备制造为主，手机设备生产占65%左右。但河南手机设备生产仍停留在加工、组装阶段，处在产业链中低端，在核心部件如手机芯片的研发生产、整机设计等多方面缺乏核心技术，附加值率低。随着原材料、劳动力成本压力的持续上升，河南手机设备生产的产业优势将越来越小。从电子信息产业两大细分行业附加值率来看，2017年，河南通信设备和电子元器件产业附加值率均为14.7%，分别低于全国平均水平1.0个和4.0个百分点，均明显低于上下游产业附加值率。其中，通信设备附加值率分别比其上下游低15.1个和13.7个百分点，电子元器件附加值率分别比其上下游低15.3个和6.1个百分点（见图1）。

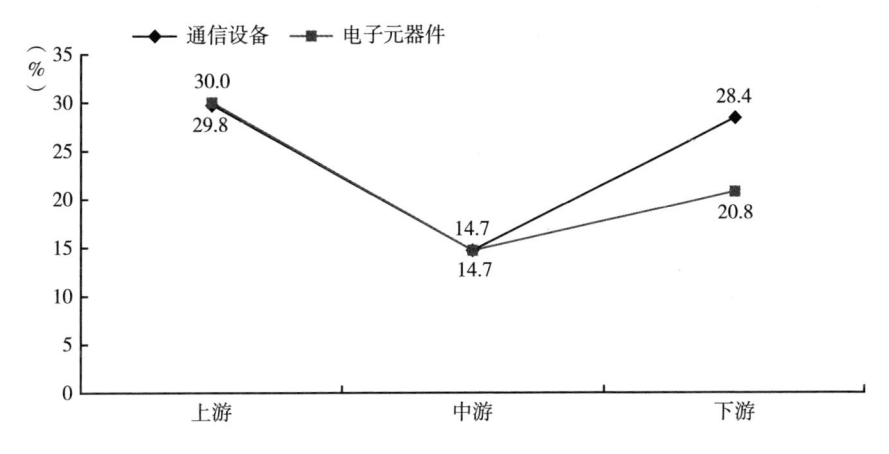

图1 河南电子信息产业链附加值率

2. 装备制造产业大而不强，高端装备领域产品较少

尽管近年来涌现出郑州宇通重工、中信重工、中铁工程装备、洛阳一拖等一批大型装备制造企业，但是从整体看，河南大型骨干企业不多，产业规模小，与浙江、广东等发达省份相比差距较大，大型骨干装备制造企业未发挥头部效应，也没有有效带动上下游产业链配套企业的发展。全省装备制造业仍以传统产业为主导，产品多集中于初加工和粗加工阶

段，智能化、成套性较差，"专、精、特、新"的优势尚未形成，低水平产品生产能力过剩与高附加值产品短缺并存。在战略性新兴产业分类中，被纳入高端装备制造业的总产值仅占全省装备制造业的7.6%。从各细分行业附加值率来看，电气机械和器材产业附加值率最低，仅有17.4%，与全国平均水平持平；通用设备产业附加值率最高，达到28.0%，虽高于全国平均水平4.7个百分点，但与上海等先进省市相比，仍有较大差距；专用设备产业附加值率为24.2%，低于全国平均水平1.1个百分点。其中，电气机械和器材产业附加值率与其上下游产业差别最大，分别比其上下游低15.6个和7.8个百分点；通用设备附加值率比其上游低6.7个百分点；专用设备附加值率分别比其上下游低9.4个和2.9个百分点（见图2）。

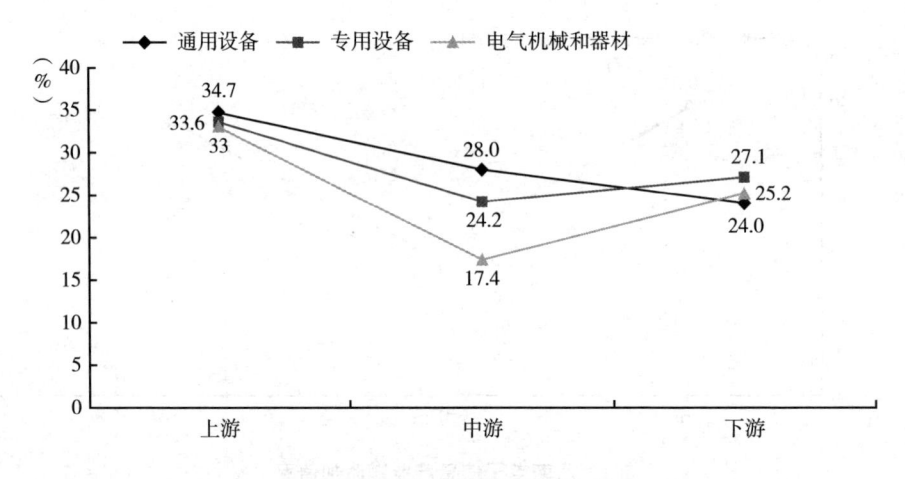

图2 河南装备制造产业链附加值率

3. 汽车及零部件产业链亟须优化升级，提升核心产业竞争力

近年来，河南高度重视汽车产业特别是新能源汽车的发展，引进比亚迪、宁德时代、福耀玻璃等龙头企业，使河南汽车产业加速实现"换道超车"。但由于河南汽车产业起步晚，产业竞争力不强，产业链亟须优化升级。从各细分行业产业链附加值率来看，汽车整车和汽车零部件及配件附加值率均为 20.0%，分别低于全国平均水平 3.9 个和 0.4 个百分点，均低于其产业链上下游。其中，汽车整车附加值率分别比其上下游低 12.3 个和 4.6 个百分点，汽车零部件及配件附加值率分别比其上下游低 8.8 个和 5.6 个百分点（见图 3）。

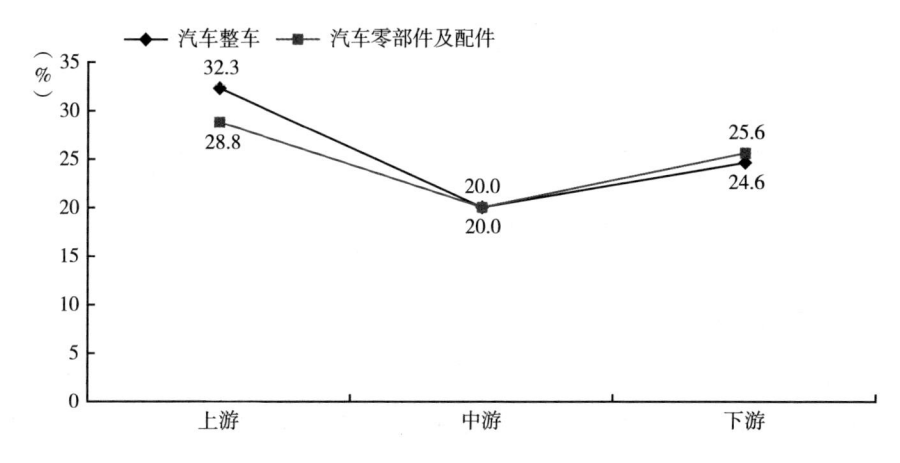

图 3 河南汽车及零部件产业链附加值率

4. 食品产业精深加工不足，需把握消费需求深耕细作

食品行业一直是河南的优势和主导产业，已形成肉类、面制品、速冻食品、调味品、休闲食品五大产业集群。但河南食品产业以大宗农产品加工为主，在"粮头食尾""农头工尾"中的"粮头"和"农头"优势较大，而在"食尾""工尾"方面发展不足，存在初级加工产品多，精深加工产品少；同质化产品多，特色产品少；传统的"产供销"模式多，新品类、新业态、新模式增长点较少等问题。2021 年，河南近 2600 家规模以上食品企业创造的营业收入只有 6622.70 亿元，而山东 3100 多家规模以上食品企业创造的营业收入达 11197.66 亿元，近乎河南的两倍；四川 2400 多家规模以上食品企业创造的营业收入达 10032.20 亿元。从行业附加值率来看，食品和烟草附加值率为 21.1%，低于全国平均水平 3.4 个百分点，分别低于其上下游 20.7 个和 11.6 个百分点（见图 4）。

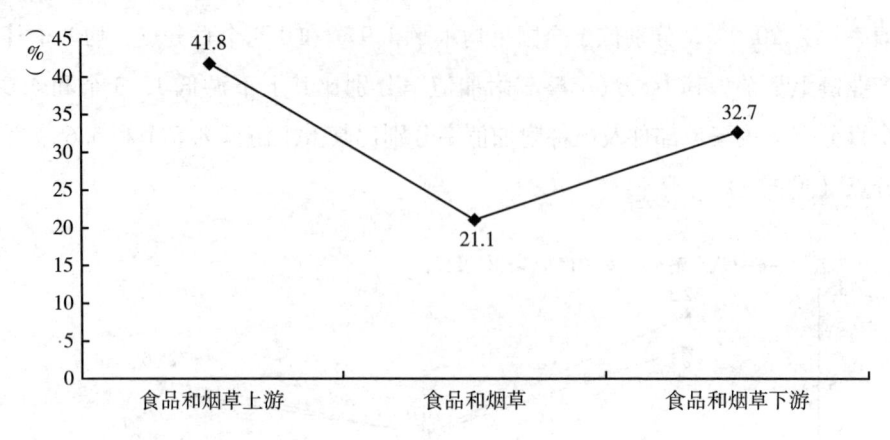

图4 河南食品产业链附加值率

5. 新材料产业结构性过剩，需深化供给侧结构性改革

河南作为新材料产业大省，尽管新材料产业起步较早，但产业规模一直较小。2021年，河南新材料产业营业收入、总产值分别为245.70亿元和245.30亿元，占五大主导产业的比重分别仅为1.0%和1.1%。同时，河南新材料产业在关键核心技术的研发创新方面能力一直较弱。在玻璃和耐火材料方面，虽然有龙头企业，但绝大多数企业规模小，抗风险能力不足，分布较为分散，市场竞争力弱；在尼龙等化学纤维制品方面，技术和投资门槛较高，核心技术多被欧美企业所掌握，成为制约发展的关键因素。从各细分行业产业链附加值率来看，玻璃和玻璃制品、耐火材料制品和化学纤维制品附加值率分别为19.3%、30.0%和18.5%，分别低于全国平均水平5.7个、9.0个和1.1个百分点。其中，玻璃和玻璃制品附加值率分别比其上下游低26.0个和1.2个百分点，耐火材料制品附加值率分别比其上下游低5.5个和4.2个百分点，化学纤维制品附加值率分别比其上下游低22.4个和4.7个百分点（见图5）。

（三）五大主导产业主导地位分析

为分析五大主导产业对其他行业的拉动和推动作用，本文测算五大主导

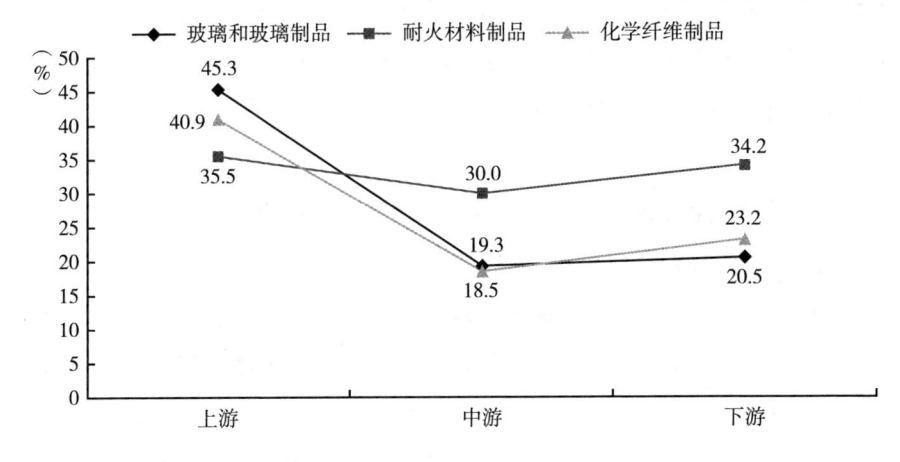

图5 河南新材料产业链附加值率

产业及其上下游的影响力系数①、感应度系数②和推动力系数③，并对其产业链进行横向链条主导能力对标研究和纵向价值延伸发展分析。

1. 电子信息产业经济牵引作用较大，不同细分部门推动作用差异明显

作为战略性新兴产业及高技术制造业发展的"领头羊"，电子信息产业的创新不但可以促进自身行业的转型升级，还能为其他行业提供硬件技术支持，对全省经济的转型升级与可持续发展作用重大。从经济带动能力看，在142个部门中，河南电子信息产业的影响力系数居前列，说明该产业对整个

---

① 影响力系数是反映国民经济某一部门增加一个单位最终使用时，对国民经济各部门所产生的生产需求波及程度。当影响力系数大于（小于）1时，表示该部门的生产对其他部门所产生的波及影响程度高于（低于）社会平均影响力水平（即各部门所产生的波及影响的平均值）。本文影响力系数使用分母加权后的影响力系数，加权系数为最终产品量的部门构成系数。

② 感应度系数是反映国民经济各部门均增加一个单位最终使用时，某一部门由此而受到的需求感应程度，也就是需要该部门的生产而提供的产出量。当感应度系数大于（小于）1时，表示该部门所受到的感应程度高于（低于）社会平均感应度水平（即各部门所受到的感应程度的平均值）。本文中感应度系数使用分母加权后的感应度系数，加权系数为初始投入的部门构成系数。

③ 推动力系数是反映某部门增加单位初始投入时，对国民经济各部门的供给推动作用。当推动力系数大于（小于）1时，表示该部门的推动力高于（低于）国民经济各部门的综合平均推动力（即各部门所受到的推动程度的平均值）。

经济具有重要的牵引作用。电子信息产业的通信设备和电子元器件部门影响力系数分别为1.36和1.32，均大于1，说明其最终使用每增加1元可分别增加国民经济总产出1.36元和1.32元，均低于全国平均水平（分别为1.43元和1.35元）。

从经济推动能力看，通信设备和电子元器件感应度系数分别为0.39和2.34，推动力系数分别为0.23和1.33，除通信设备的感应度系数略高于全国平均水平（0.36）外，其他三个均低于全国平均水平（分别为2.54、0.53和1.80）（见表6）。在142个部门中，电子元器件部门感应度系数居第5位，推动力系数居第24位，说明电子元器件处于上游产业链，可为其他经济部门提供较多的产品投入，对整个经济有重要的推动和制约作用，影响其下游产业发展。

表6 河南电子信息产业的三大系数

项目	影响力系数	感应度系数	推动力系数
通信设备	1.36	0.39	0.23
电子元器件	1.32	2.34	1.33

2. 装备制造产业经济辐射能力较强，但推动能力有待提升

从经济带动能力看，河南装备制造产业的通用设备、专用设备及电气机械和器材部门影响力系数分别为1.19、1.23和1.32，均大于1，说明其最终使用每增加1元可分别增加国民经济总产出1.19元、1.23元和1.32元。与全国相比，河南通用设备部门影响力和拉动力低于全国平均水平（1.25），专用设备部门影响力和拉动力高于全国平均水平（1.22），电气机械和器材部门影响力和拉动力与全国平均水平持平。

从经济推动能力看，通用设备、专用设备及电气机械和器材感应度系数分别为0.93、0.61和0.97，推动力系数分别为0.62、0.37和0.66，其中感应度系数均高于全国平均水平（分别为0.75、0.58和0.87），推动力系数均低于全国平均水平（分别为0.83、0.73和0.89）。这三个行业的感应度系数和推动力系数均小于1，说明这三个行业对全省各产业部门的供给推动作用有限，低于全社会平均水平（见表7）。

表7 河南装备制造产业的三大系数

项　　目	影响力系数	感应度系数	推动力系数
通用设备	1.19	0.93	0.62
专用设备	1.23	0.61	0.37
电气机械和器材	1.32	0.97	0.66

3.汽车及零部件产业经济推动能力有限，支撑制约作用较小

从经济带动能力看，河南省汽车整车和汽车零部件及配件的影响力系数分别为1.19和1.21，均低于全国平均水平（分别为1.24和1.26），在142个部门中，分别位于第29和第25，说明其最终使用每增加1元分别可增加国民经济总产出1.19元和1.21元。

从经济推动能力看，河南省汽车整车和汽车零部件及配件的感应度系数分别为0.28、0.94，在142个部门中，分别位于第82和第27，和全国平均水平基本持平（分别为0.27和1.05）。推动力系数分别为0.23、0.55，在142个部门中，分别位于第125和第67，均低于全国平均水平（分别为0.40和1.20）。汽车整车和汽车零部件及配件的感应度系数及推动力系数均相对较低，说明其对其他部门的支撑和制约作用较小，前向关联度较小（见表8）。

表8 河南汽车及零部件产业的三大系数

项　　目	影响力系数	感应度系数	推动力系数
汽车整车	1.19	0.28	0.23
汽车零部件及配件	1.21	0.94	0.55

4.食品产业经济带动能力较强，需求关联波动较弱

从经济带动能力来看，河南省食品和烟草的影响力系数为1.07，高于

全国平均水平（1.00），说明其最终使用每增加1元能带动国民经济产出增加1.07元，在42个部门的影响力系数中位于第16，说明食品和烟草部门对其他部门的需求和影响力较大，后向关联度较大。

从经济推动能力看，河南食品和烟草的感应度系数为1.02，推动力系数为0.40，在42部门中，分别位于第11和第29，均低于全国平均水平（分别为1.08和0.78）。其感应度系数相对其他部门的支撑和制约作用较大，前向关联度较大；推动力系数相对较低说明其最终产出在全部产出中占比较小，产业链需求关联波动较弱（见表9）。

表9 河南食品产业的三大系数

项 目	影响力系数	感应度系数	推动力系数
食品和烟草	1.07	1.02	0.40

5. 新材料产业经济带动能力不强，经济推动能力较弱

从经济带动能力看，河南新材料产业的玻璃和玻璃制品、化学纤维制品影响力系数分别为1.10和1.14，均低于全国平均水平（分别为1.12和1.25），说明其最终使用每增加1元分别可增加国民经济总产出1.10元和1.14元；耐火材料制品影响力系数为0.98，小于1，说明其对全省各产业部门的供给推动作用有限，低于全社会平均水平。

从经济推动能力看，新材料产业的玻璃和玻璃制品、耐火材料制品和化学纤维制品感应度系数分别为0.61、0.35和0.62，与全国平均水平基本持平（分别为0.50、0.31和0.64）；推动力系数分别为0.49、0.23和2.10。其中，玻璃和玻璃制品及耐火材料制品推动力系数低于全国平均水平（分别为1.13和1.17），化学纤维制品推动力系数高于全国平均水平（1.41）。玻璃和玻璃制品、耐火材料制品的感应度系数和推动力系数均小于1，说明两部门对各产业部门的供给推动作用有限，化学纤维制品感应度系数小于1，说明该部门对其他部门的支撑和制约作用较小，产业链需求关联波动较弱（见表10）。

表 10　河南新材料产业的三大系数

项　　目	影响力系数	感应度系数	推动力系数
玻璃和玻璃制品	1.10	0.61	0.49
耐火材料制品	0.98	0.35	0.23
化学纤维制品	1.14	0.62	2.10

四　河南五大主导产业转型提质实现路径

河南主导产业要实现转型提质，必须坚持高质量发展方向，深化供给侧结构性改革，狠抓传统产业改造升级和战略性新兴产业培育壮大，着力补强产业链薄弱环节，紧抓全球产业布局调整新机遇，开辟新领域、制胜新赛道，在推动主导产业向价值链高端迈进过程中锻造新的产业竞争优势。

（一）提升电子信息产业价值链，加快未来产业前瞻布局

河南电子信息产业应抢抓 5G、人工智能、物联网等新一代信息技术高速发展的重大机遇，大力实现关键技术突破，培育打造以新一代信息技术为主体的现代产业融合发展体系，努力打造具有全国竞争力的未来产业创新发展先行区。

构建"芯屏网端器"产业生态圈。依托河南现有的富士康、华为、信息工程大学、中航光电等信息技术龙头企事业单位，聚焦"补芯、引屏、固网、强端"，强化研发和技术攻坚，加快重大科技成果转化和自主创新产品迭代应用。大力发展新一代信息技术，重点做强新型显示和智能终端、智能传感器、网络安全、5G 及先进计算等产业链，形成"芯屏网端器"产业生态圈，促进以点带面推动补链强链延链实现系统性突破。

前瞻布局量子信息、类脑智能、未来网络等产业。集中突破量子通信、量子计算、量子精密测量核心器件和关键技术；重点开展类脑智能、人机混合增强智能等前沿技术研究；推动太赫兹通信、通信与人工智能融合等研发

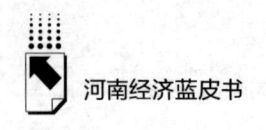

和产业化；力争在若干前沿领域实现重大突破，培育形成一批引领能力强、附加值率高、具备核心竞争力的未来产业链群。

（二）培育优势装备制造产业集群，促进高端化智能化数字化转型和融合发展

河南装备制造产业应继续提升特色优势装备技术水平和市场地位，同时要加快传统装备制造产业转型，朝着高端化、智能化、数字化和服务化发展，打造一批辐射带动力强、具有国际竞争力的产业集群。

培育壮大优势产业集群。巩固提升电气、农机、矿山、盾构和起重装备等五大传统产业领域优势，大力发展新能源装备、智能电网用户端设备以及高端重型电机等核心装备，形成以大型龙头企业为引领、上下游产业链齐全、配套设施和服务完善的"龙形产业"体系。加快推进装备制造产业智能化、数字化转型和融合发展。促进装备制造业和现代服务业的融合发展，着力形成"装备+服务"的融合发展产业体系。

大力发展高端装备制造等新兴产业。坚持创新驱动发展战略，打造一批具有河南特色、凸显竞争实力的装备制造产业企业品牌、产品品牌。大力发展轨道交通装备、智能农机、高端电气装备、智能机器人、无人机等高端装备，积极培育激光加工、工业CT等前沿装备，促进河南装备制造产业向高端装备进军，抢占制造业新兴产业竞争制高点。

（三）推动汽车及零部件产业链转型升级，推进全产业链融合发展

河南省汽车及零部件产业应以前瞻性的目光紧抓未来市场。在未来赛道上大力发展新能源汽车产业，提升核心竞争力，努力向汽车强省目标迈进。

提升新能源汽车产业基础能力。坚持电动化、网联化、智能化发展方向，优化产业布局，强化创新驱动，加强市场培育，加快提升新能源汽车产业基础能力和产业链现代化水平。加大对新能源汽车充换电基础设施的建设，积极推进加氢、智能网联汽车示范区等基础设施建设，迎合广大新能源汽车用户的消费需求。

加强自主创新能力建设。围绕新能源汽车核心部件加大研发投入，提升核心部件的配套能力。支持各类主体合力攻克芯片等关键核心技术。鼓励省内高校培育汽车行业高层次人才、汽车企业引进高水平人才；鼓励多领域相关企业跨界协同，打造涵盖方案、生产、保障、服务等方面的全产业链发展的新型产业。

（四）发挥特色优势，推动食品产业整合优化提升

河南食品产业应发挥特色食品、冷链食品等产业优势，把高端化、绿色化、智能化、融合化作为主攻方向。依托食品产业、资源、区位以及市场优势，整合资源，完善全产业链，进一步提升价值链，不断打造供应链。

推动高端高效产业发展。河南省应发挥粮食作物种类丰富及产量高的基础优势，以新发展理念推进农业现代化，提高农产品新技术的研发能力及农产品的深加工能力，充分利用大数据及信息网络，拓宽销售渠道。重视新产品研发和新技术采用，积极拓展产品种类，创新业态模式，彰显绿色、健康的生产理念，在食品产业的未来市场抢占先机。

加强资源集聚、扶持企业做大做强。鼓励省内食品行业的龙头企业多设立研发中心及生产基地，加强人才培养，认真落实人才政策，深化产教融合，提升产能；加强食品行业资源的集聚效应，扶持行业内有潜力且发展前景良好的中小企业做大做强，培育在行业内具有引领能力的龙头企业，提升食品产业价值链的控制力。

（五）实施补链强链延链攻坚，推动新材料产业跃升高端前沿

河南新材料产业应聚焦新材料关键核心技术研发，通过实施创新体系建设，打通成果转移转化产学研用全链条，打造特色优势产业集群，加大开放合作力度，加快把河南打造成为国内具有重要影响力的新材料产业集聚地。

关注新材料核心关键技术研发。充分利用产业链上游比较优势，集中力量加快强链，密切把握关键核心材料、前沿新材料发展需求，制定材料产业核心关键技术攻关清单，重点突破行业内的关键"卡脖子"技术。高标准

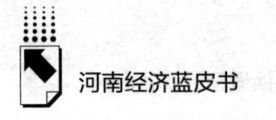

建设全省科学研究实验室，如龙门实验室、中原关键金属实验室等，以打通"原料—材料—产品—应用"完整的创新链。

打造新材料核心产业集群。新材料产业既要坚持内部培育，重点谋划、建设、储备一批重大项目，又注重外部引进，加大优惠政策支持和项目推进力度，不断壮大新材料产业规模。鼓励全省各地结合自身产业特点，加大开放力度，推动"短链"延长、"断链"连通、"细链"增粗、"无链"生有、"弱链"变强，形成一批具有核心竞争力、特色鲜明的新材料产业集群。

B.13
河南加快交通区位优势向枢纽经济发展优势转变战略研究

杨朝晖 马奎杰 梁永兵 刘照恒 吴旭 郭小壮*

摘　要： 2021年9月，河南省第十一次党代会提出优势再造战略，其中之一便是推动交通区位优势向枢纽经济优势转变，从而塑造经济发展新动能。本报告在河南省交通发展优势的基础上，梳理新时代河南省枢纽经济面临的机遇，深入剖析交通区位优势向枢纽经济发展优势转化的突出问题。在此基础上，按照"基础设施提升—相关要素集聚—产业集群成链"的枢纽经济发展逻辑，提出交通区位优势向枢纽经济发展优势转化的相关政策建议：持续完善基础设施，巩固枢纽经济发展基础；提升服务功能效率，加速枢纽经济要素集聚；推进相关产业融合，加快枢纽偏好产业发展；突出引领示范效应，打造枢纽经济示范区。

关键词： 交通　基础设施　枢纽经济　河南

河南省交通区位优势十分突出，基本建成连通境内外、辐射东中西的现代立体交通体系和物流通道枢纽，交通区位优势更加凸显，郑州被确定为国际性综合交通枢纽城市、国际铁路枢纽、国际航空货运枢纽、全球性国际邮

---

* 杨朝晖，河南省交通运输厅综合规划处处长；马奎杰，河南省交通运输厅综合规划处二级调研员；梁永兵，河南省交通运输厅综合规划处副处长；刘照恒，河南省交通运输厅综合规划处副处长；吴旭，河南省交通运输厅综合规划处一级主任科员；郭小壮，河南省交通规划设计研究院股份有限公司经济师。

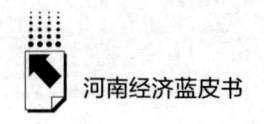

政快递枢纽，洛阳、商丘、南阳被确定为全国性综合交通枢纽城市，周口港被确定为全国内河主要港口。在此基础上，运输服务覆盖面持续扩大，多式联运发展水平中部地区领先，要素集聚配置能力不断提升，现代物流、商贸流通、现代服务等枢纽偏好型产业要素加速集聚。

一 新时代河南枢纽经济发展面临的机遇

（一）交通要素正加速嵌入产业创新

交通网是线下的互联网，互联网是线上的交通网。随着现代化社会大分工的持续深入，加之互联网、5G、区块链等信息技术的快速发展和深入应用，交通要素正加速突破自身局限向其他相关产业融合递进，以交通链接起的经济要素链式组织形态已经渗透经济发展的各个系统领域，成为货流、信息流和资金流等经济产业关联畅通发展要素的重要载体平台，是现代经济发展重要的支撑与引领。

（二）经济要素链式组织模式快速兴起

随着新技术特别是信息技术的持续、迅速迭代升级应用，数字化、智慧化成为现代产业链的显著表征，改变了传统产业链布局环节多、过程长、效率低、成本高的产业组织模式，加快形成链状经济链接发展模式，经济联系成为更具黏性、更具依赖性的产业链、供应链和价值链。在价值创造方面，产品生产所创造的附加值加速向价值链低端转移，而围绕创新的服务则不断向价值链高端攀升，创新型服务业在价值链中越来越重要。

（三）枢纽经济正成为重要的经济业态

2018年12月，国家发展和改革委员会、交通运输部联合印发《国家物流枢纽布局和建设规划》，指出要顺应新形势下现代物流业发展需要，打造特色鲜明的枢纽经济。2019年9月，中共中央、国务院印发《交通强国建设纲要》，提出"要推进综合交通枢纽一体化规划建设，大力发展枢纽经济"。2021年9月，河南省第十一次党代会提出全面实施"十大战略"，其中之一是优势再造战略，即从推动交通区位优势向枢纽经济优势、产业基础优势向现代产业体系优势、内需规模优势向产业链供应链协同优势转变。可以看出，在把握新发展阶段、贯彻新发展理念和构建新发展格局背景下，枢纽经济正逐步上升到国省战略层面，成为一种重要的经济新业态。

二 目前面临的突出问题

（一）综合交通网络建设仍需完善

综合交通网络布局和结构仍需完善。高效联通长三角地区的东向综合运输通道不足，亚欧大陆桥、京港澳等主通道部分区段能力饱和，省际市际待贯通路段和瓶颈路段并存。省内综合交通网络以郑州为中心，覆盖均衡性不足，豫西、豫南等地区的出行便捷性相对较差，城际铁路、水路运输等短板依然存在。济源市以及常住人口在100万人以上的唐河、固始、太康等县没有通高铁；洛阳、安阳、南阳等城市群副中心、区域中心城市也仅有一条高铁通道，难以发挥区域辐射作用。2021年中部部分省份港口货物吞吐量和港口集装箱吞吐量如图1所示。

枢纽优势地位亟待加强。高铁里程现居全国第8位，落后于广东、辽宁、湖南等省份，"十四五"期间处于在建和前期工作的项目仅有约336公里，项目储备不足。2022年，河南高速公路总里程突破8000公里，但仍有很大的发展空间。航空枢纽优势减弱，近几年陕西、湖北、湖南、江西、山东等周边省份纷纷加强机场基础设施建设，配套出台多项货运补贴政策，航空运力和货源的竞争日益激烈。2012~2021年河南省高速公路里程及全国排名变化情况如表1所示。

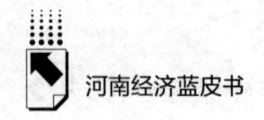

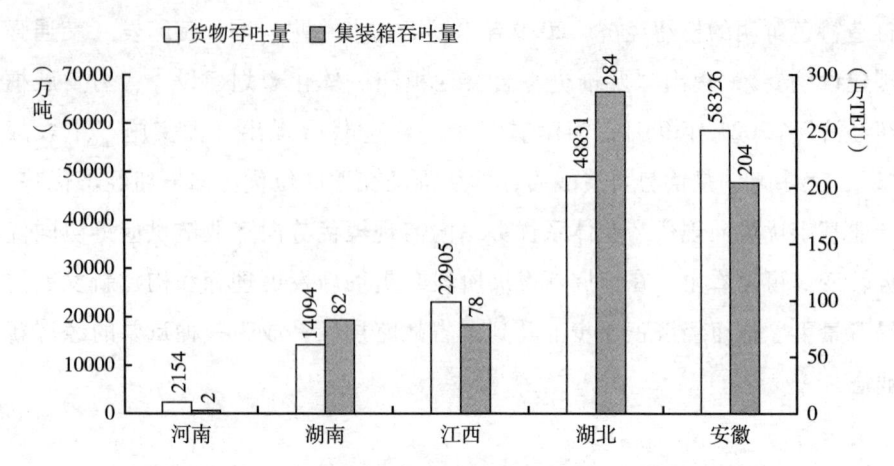

图1 2021年中部部分省份港口货物吞吐量和港口集装箱吞吐量

资料来源：课题组根据相关省份年鉴整理。

表1 2012~2021年河南省高速公路里程及全国排名变化情况

单位：公里

年份	里程	全国排名	位次变化
2012	5830	1	不变
2013	5859	1	不变
2014	5859	3	↓2
2015	6305	3	不变
2016	6448	4	↓1
2017	6523	4	不变
2018	6600	6	↓2
2019	6967	5	↑1
2020	7100	8	↓3
2021	7216	9	↓1

资料来源：课题组根据相关资料整理。

（二）枢纽要素组织功能仍需加强

综合客货运枢纽服务水平有待提升。目前，全省大部分客运枢纽尚未实现零距离一体化换乘，多方式无缝换乘水平较低，与国家提倡的"综合客运枢纽宜采用同台或立体换乘方式，换乘时间一般不超过5分钟"的目标还有较大差距，旅客出行效率尚未得到有效提高。全省具有多式联运功能的货运枢纽较少，货运场站存在小而散且功能较为单一的问题，货运集而不约，资源缺乏整合对接。

枢纽要素组织功能亟待加强。交通枢纽更多承担过境集疏功能，引流、驻流能力不足，综合交通枢纽地位与组织功能和网络衔接匹配不强，国内国际资源要素组织能力偏弱。围绕枢纽的运输链、物流链串接和供应链管理能力不强，现代信息技术、智能技术应用广度和深度亟待拓展，产业链供应链组织水平不高，全省规模以上物流企业仅占物流市场主体的7.7%，A级以上物流企业不足全国的3%，缺少具备供应链整合和平台组织能力的"链主型"龙头企业。部分省市A级以上物流企业数量对比情况如图2所示。

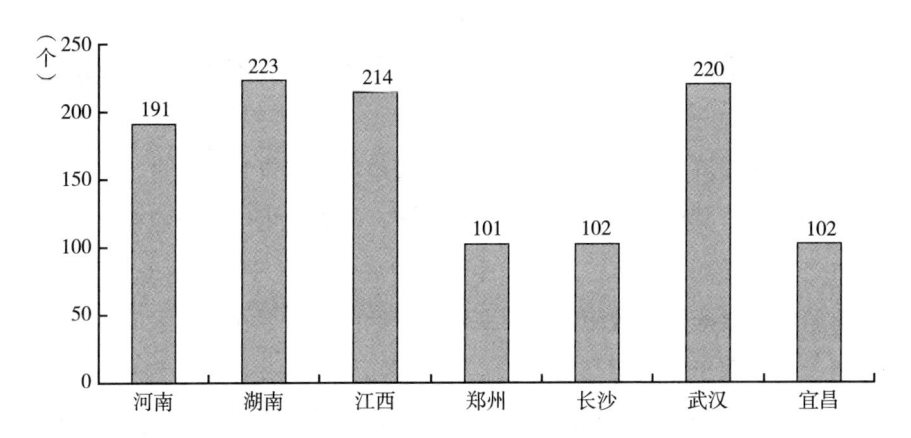

图2 部分省市A级以上物流企业数量对比

资料来源：课题组根据相关资料整理。

枢纽要素支撑能力有待加强。空港、高铁、河港、陆港四大枢纽型经济区产业发展配套和居民生活配套设施仍需完善，基础设施和教育医疗等公共配套设施建设落后。促进公平竞争、放宽市场准入等方面仍有短板，制约商品及资金、技术等要素流动的壁垒依然存在。

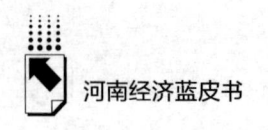

（三）枢纽产业融合联动发展不足

交通运输与产业、城镇、开放和贸易等融合联动发展不足，枢纽产业结构单一、规模较小、层次不高，对产业链上下游及关联配套产业延伸和吸引不足。

临空产业结构单一，航空港实验区智能终端产业"一家独大"，增加值占航空港实验区规模以上工业的90%以上，且企业多处于来料加工和组装等初级产品阶段。航空关联产业发展缓慢导致本地货源匮乏，郑州机场出口货物中省内货源仅占10%左右。

高铁经济拉动效应有限，全省仅郑州东站商务区初具规模，其他高铁枢纽的商务区还在开发过程中。临港经济产业链条较短，周口港、淮滨港等临港经济目前仍以仓储物流产业为主，关联产业延伸和配套产业发展不足。

三 交通区位优势向枢纽经济发展优势转化的政策建议

发展枢纽经济，首先，要加强枢纽、通道等基础设施的建设，筑牢枢纽经济发展基础。其次，发展枢纽经济，关键在于强化枢纽的资源要素配置能力，推进交通功能与物流、商贸、生产、金融、数据等增值服务协调发展，把提升资源要素集聚配置能力作为发展枢纽经济的重要抓手。最后，发展枢纽经济，核心在于利用枢纽营造的产业链供应链组织环境以及网络辐射条件，提升资源集聚与产业辐射能力，提高产业布局的竞争力，打造枢纽偏好型产业体系，让枢纽经济偏好产业集群、成链发展。下阶段，按照基础设施提升—相关要素集聚—产业集群成链的发展逻辑，建议重点在以下四个方面发力。

（一）继续完善基础设施，巩固枢纽经济发展基础

1. 强化综合交通枢纽地位

建设郑州国际性综合交通枢纽。巩固郑州国际铁路枢纽地位，完善

"四主多辅"铁路客运枢纽布局，加快推进中国（河南）自由贸易试验区郑州片区多式联运国际物流中心建设，持续推进中欧班列郑州集结中心建设，大力推进国际陆港及第二节点、中欧班列集结调度指挥中心建设。提升郑州国际航空货运枢纽能级，加快建设郑州新郑国际机场三期主体工程，加强引进基地航空公司、大型货代企业，重点吸引大型航空物流企业将郑州新郑国际机场作为亚太转运枢纽和运营基地，着力培育壮大本土航空公司。打造全球性国际邮政快递枢纽，建设郑州航空邮件处理中心，深化班列运邮试点，加强与武汉—鄂州、长沙等邮政快递枢纽联动发展，打造全国邮政核心枢纽集散口岸。

拓展全国性综合交通枢纽功能。增强洛阳枢纽服务功能。完善洛阳铁路枢纽布局，建设铁路物流基地，加强大型工矿企业、物流园区铁路专用线建设。提升洛阳机场服务保障能力，拓展航空货邮中转功能。加快轨道交通二期项目规划建设，高标准建设现代综合交通枢纽场站。加快国家骨干冷链物流基地、公共保税物流中心等建设。拓展南阳枢纽发展空间。结合南阳机场迁建及铁路衔接网络建设，加快南阳机场、南阳东站等综合交通枢纽建设，适时启动城市轨道交通规划建设，加快铁路物流基地建设，推进内河集装箱码头及配套设施建设，推动具备多式联运功能的物流园区建设，强化各种运输方式一体衔接。提高商丘枢纽发展能级。改造提升商丘站，围绕商丘东站、商丘机场等，新建集城市公交、长途客运等多种运输方式于一体的综合交通枢纽，预留多层次轨道交通接入条件，加强"十"字形高铁衔接通道建设，提升对外交通能力。完善货运枢纽布局，研究论证商丘东站高铁快运基地建设，整合铁路物流基地、公路港、保税中心等物流资源，建设豫鲁苏皖商贸物流集散中心，持续推进内河码头及铁水联运设施建设。

推动区域性综合交通枢纽建设。对标全国性综合交通枢纽，建造4个功能性、特色化重要区域性综合交通枢纽，即完善安阳陆港型国家物流枢纽功能，强化信阳大别山革命老区交通枢纽地位，提升漯河全国性邮政快递枢纽功能，打造周口临港型多式联运枢纽。结合城镇体系布局，建设开封、平顶山、鹤壁、新乡、焦作、濮阳、许昌、三门峡、驻马店、济源等区域性综合

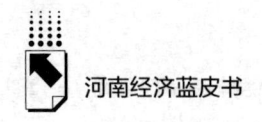

交通枢纽。加快推进以高铁站、机场等为主的综合客运枢纽和以铁路货运场站、内河港口、快递物流园区等为主的货运枢纽规划建设。强化枢纽一体衔接，以城际铁路、城市轨道为骨干，加强高铁站、机场等无缝衔接，加强货运枢纽与干线公路、铁路等的衔接，完善枢纽集疏运系统。

2.完善现代综合立体交通网

畅通综合运输大通道。加快京津冀—粤港澳主轴、大陆桥走廊、二湛通道等国家综合立体交通网主骨架河南段建设，提升河南省与京津冀、长三角、粤港澳大湾区和成渝地区双城经济圈四极及其他城市群互联互通水平。完善太郑合、济郑渝综合运输通道服务功能，推动与长三角、成渝、山东半岛等地区直连直通和战略对接。加强二广、大广、晋豫鲁、沪陕等综合运输通道服务组织，加快补齐通道内高速铁路、高速公路等快速化运输服务短板，助推内外连通、通边达海。打造北沿黄综合运输通道，打通郑州、洛阳东部出海新通道。打造宁洛综合运输通道，促进洛阳、豫东地区与长三角城市群资源要素高效流通。

完善现代综合交通网。实施民航机场"强枢增支"工程，提升既有机场基础能力，拓展支线机场覆盖范围，形成"一枢多支"运输机场布局。实施高速铁路"拓展成网"工程，加快"井+人"字形运输通道内高铁建设，协同推进城际铁路建设，实现与全国主要经济区高标准快速通达，到"十四五"末高速（含城际）铁路营运里程突破2600公里。实施高速公路"13445"工程，着力提升高速公路主通道能力，打通省际出口通道，完善中心城市辐射网络，扩容改造拥挤路段，到"十四五"末高速公路通车里程达到1万公里以上。实施普通干线公路"畅通畅连"工程，畅通国道主干线和国省道瓶颈路，畅连高速公路出入口、高铁站、机场、主要景区等重要节点，到"十四五"末二级及以上公路占比达到75%以上。实施内河水运"通江达海"工程，建设完善淮河、沙颍河、贾鲁河、唐河等航道，推进黄河、大运河河南段适宜河段旅游通航和分段通航，提升周口全国内河主要港口功能，建设郑州港、信阳港等，打通河海联运通道，到"十四五"末内河航道通航里程达到2000公里，港口吞吐量达到7000万吨以上。实施农村公路"提档提质"工程，加快推动农村公路骨干路网提档升级和基础网络提质改造，基本实现建制村通路面宽4.5米以上公路。

强化重大战略交通支撑。构建沿黄绿色生态交通廊道，构建黄河沿岸"一轴两翼"高速公路通道布局，以升级改造普通干线公路为重点建设南北岸沿黄快速通道，加快大运河旅游航道开发，以生态化通道支撑黄河流域高质量发展。深入推进"四好农村路"高质量发展、内陆型多式联运、货车超限超载治理、综合交通运输大数据应用、交通运输与枢纽经济融合发展、高速公路管养工作等交通强国建设试点，以试点示范支撑交通强国建设。建设郑州都市圈城际铁路网，实施郑州都市圈S2、S3线等轨道交通项目，加快郑州与都市圈其他8个城市高速公路、快速路建设，以一体化交通支撑郑州都市圈发展。构建覆盖城乡、串联村镇的农村交通经济环线，建设提升交通驿站等公路附属设施，持续开展城乡交通运输一体化示范县创建工作，鼓励发展全域公交网络，完善农村物流基础设施末端网络，以均等化交通助力乡村振兴战略实施。有序实施沿大别山高速公路及淮河、唐河航运开发等重点工程，加快建设大别山国家旅游风景道、"重走长征路"红色旅游公路，实施一批乡村旅游公路项目，打造大别山交旅融合红色品牌，以多元化网络带动大别山革命老区振兴发展。

（二）提升服务功能效率，加速枢纽经济要素集聚

1. 提高客运服务质量

深入推进"公交都市""公交优先"示范城市建设，推进城际道路客运公交化运行，在适宜区域研究开行城际公交。加快构筑以高速铁路、航空为主体的大容量、高效率、跨区域客运服务网络。增加郑州、洛阳、南阳至北京、上海、广州、成都、重庆等地始发列车，减少中途停靠，提高与直辖市、主要省会城市等直连互通水平。有序拓展欧美国际航线，加密面向京津冀、长三角、成渝等区域航线网络，推动构建"干支通、全网联"的航空运输服务网络。以郑州、洛阳、南阳为重点，提供大站快车、站站停等模式相结合的多样化、高频通勤客运服务。推进异地候机楼和高铁无轨站建设，

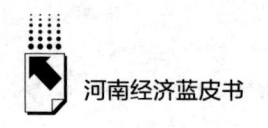

提供"行李直挂"服务，发展旅客联程运输，积极发展"空铁通""空巴通"等，支持"一站式"服务平台建设，打造一体化出行服务链。

2. 推进货运组织创新

打造陆海联运走廊。以郑州、洛阳、新乡、驻马店、安阳、周口等城市物流枢纽为资源要素组织中心，强化与日照港、青岛港、连云港港、上海港、宁波港、太仓港联动。加强内陆港共建，大力组织铁路班列化货物列车运行，扩大"点对点"直达货运服务规模，探索开行小编组、公交化铁海联运班列。大力发展多式联运。积极探索多式联运标准规则，推动"一单制"发展和联运提单物权化。加快省级多式联运示范工程建设，选取一批样板工程申报国家级多式联运示范工程。加快发展铁公、铁水、空陆等联运模式，推动"卡车航班"发展，发展甩挂运输等模式，探索开展空铁联运业务。培育竞争力强的市场主体。吸引国内外知名物流企业在豫设立区域性或功能性总部。围绕国际物流、冷链物流、即时物流、供应链等，培育全国领军型、特色标杆型、新兴成长型物流企业。支持省属国有企业剥离整合物流业务板块和物流资产，探索组建具有全国影响力的省属物流产业集团。

3. 推动枢纽周边土地综合开发

围绕重要高铁站、机场、客运场站等综合客运枢纽，结合周边需求，适度拓展枢纽内餐饮和购物等多元化便民服务功能，在枢纽邻近区域重点发展商贸购物、免税购物、主题公园、高端餐饮、娱乐休闲等多种现代服务业。在新建批发市场及大型商贸设施周边配建仓储物流设施，积极引入电子商务、连锁商业、要素交易、供应链金融等新型商贸商业业务，有序拓展布局科技研发、商务办公、精品展示、休闲商业、生活配套等功能区。

4. 加强科技智慧赋能

大力发展智能交通。加强交通运行智能监测，推行关键基础设施及安全设施动态监控和项目全生命周期监管。鼓励发展全程出行定制服务，支持"互联网+"交通物流平台发展，推进"互联网+政务""互联网+监管"发展，积极引导全国性平台运营企业落户河南省或设立区域性总部。加快建设"城市大脑"，重点开展智能交通、智慧物流领域场景化应用和运营。加快新型基础设施建设。利用新技术赋能交通基础设施数字化转型、智能化升级，实施一批智慧公路、智慧桥隧、智慧港航、智慧枢纽、智慧物流等交通新基建试点项目，推动全省高速公路沿线5G网络全覆盖。推进高速公路电子不停车收费（ETC）门架系统功能拓展等设施设备共享，依托省卫星导航定位基准服务系统，开展北斗等卫星通信基础设施在行业的融合应用。加快现代信息技术在交通公共服务、交通对象监测预警、自然灾害预警与应急、舆情主动响应、旅客联程运输等领域应用，率先在中部地区实现交通物流关键要素数字化、网络化、智能化。

（三）推进相关产业融合，加快枢纽偏好产业发展

统筹考虑不同运输方式的技术经济特征、枢纽城市资源禀赋条件和发展方向、交通运输与关联产业的耦合关系等，依托高品质、低成本、精准匹配的枢纽服务体系，以及枢纽物流供应链组织能力提升，不断延伸产业链供应链，推动传统产业转型升级，加快交通与现代物流、文化旅游、智能制造等产业的融合发展，推动运输组织、物流组织、供应链管理与产业组织互促发展，形成与现代产业体系适配的产业运行方式。

围绕产业链布局供应链、围绕供应链提升价值链的产业组织模式，提升物流、商贸流通等枢纽经济核心产业竞争力，大力发展空港、港口、商贸服务型枢纽经济，力争在高铁经济、陆港经济、智慧平台枢纽经济、生产服务型枢纽经济等方面取得新突破，打造一批具有规模优势和竞争优势的枢纽偏好型高端制造业和生产性服务业产业链，加快形成现代枢纽产业体系。

（四）突出引领示范效益，打造枢纽经济示范区

在持续提升郑州航空港临空经济引领示范效应的基础上，选择部分支线机场培育发展临空经济区。统筹考虑机场城市区位交通条件、产业布局、辐射区域、临空基础，发挥航空运输高时效、高效附加值和及时响应特征，推进现代商贸物流业、航空偏好型制造业等集聚发展。

围绕郑州、洛阳、商丘、南阳等高铁枢纽，建设高铁经济示范区。结合

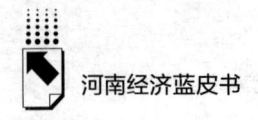

当地产业集聚发展需求,围绕游客、客商、企业的集聚,加快布局高铁商圈,发展旅游服务、法律服务、商旅服务、餐饮娱乐、会展服务等商务服务。通过客流的汇聚,加快站城融合发展。

依托郑州国际陆港等大型铁路货运枢纽,建设陆港经济示范区。充分发挥交通物流枢纽网络平台功能,延伸贸易、保税、供应链等服务,培育陆港枢纽经济区。推进城市传统铁路货运场站转型发展,提升配送、仓储等物流服务以及商品展示、融资保险等增值服务。

围绕周口港、信阳港等内河港口,打造临港经济示范区。统筹产业空间布局,以港口工业、物流业为核心,加快培育港航服务、商贸服务、金融服务、旅游服务等配套服务业,引导和促进产业、技术、人才和资本等高端创新要素聚集,吸引并合理布局港口工业和物流业重大项目,做好港口配套衔接,降低产业发展的综合商务成本,健全区域创新服务体系,做强临港经济。

B.14
河南省建设国家创新高地影响因素研究

——基于河南省2012~2021年科技创新情况分析

贾梁 仇国义*

摘　要： 2021年，河南省委省政府立足新发展阶段，践行新发展理念，抢抓构建新发展格局的战略机遇，以"不进则退、慢进亦退、不创新必退"的历史使命感和责任感、以前瞻30年的格局和视野，提出了建设国家创新高地的宏伟目标，把实施创新驱动、科教兴省、人才强省战略作为"十大战略"之首并写入省第十一次党代会报告。本研究通过分析2012年以来河南省科技创新投入特点和影响因素，力求为加快建设国家创新高地和全国重要人才中心提供有效决策依据，为河南省现代化事业建设提供科技支撑。

关键词： 创新高地　科技创新　科教兴省　人才强省

科技是国家强盛之基，创新是民族进步之魂。推动高质量发展，关键要依靠科技创新转换发展动力。党的十八大以来，以习近平同志为核心的党中央坚持把科技创新摆在国家发展全局的核心位置，把科技自立自强作为国家发展的战略支撑，坚定不移走中国特色自主创新道路，科技与经济社会深度融合，成为各领域实现跨越式发展的关键支撑。习近平总书记多次视察河

---

* 贾梁，河南省统计局社会科技和文化产业统计处副处长；仇国义，河南省统计局社会科技和文化产业统计处四级主任科员。

南，为河南把脉定向、擘画蓝图，寄予河南"在中部地区崛起中奋勇争先，谱写新时代中原更加出彩的绚丽篇章"的殷切期望。河南省委省政府牢记领袖嘱托，坚持把创新摆在发展的逻辑起点、现代化建设的核心位置，实施以创新驱动、科教兴省、人才强省战略为首的"十大战略"，加快构建一流创新生态，全力建设国家创新高地，取得了一批在全国具有重大影响的科技成果，突破了一批面向国家重大需求的关键核心技术，科技创新支撑经济社会发展的能力逐步提升。

一 河南创建国家创新高地的必要性

（一）建设国家创新高地是河南迈向现代化强省的内在要求

习近平总书记指出，科学技术是第一生产力，创新是引领发展的第一动力。河南省经济发展大而不强、大而不优，长期靠传统要素驱动发展，粗放型发展特征明显。进入新时代，要素驱动力明显减弱，新动能还未全面接续，只有加快建设国家创新高地，在经济社会发展的全过程充分践行创新、协调、绿色、开放、共享的发展理念，才能全面增强科技创新能力。在重要科技领域实现跨越发展，加速向主要依靠知识积累、技术进步和劳动力素质提升的内涵式发展转变，使河南省在迈向现代化建设中取得领先地位。

（二）建设国家创新高地是适应新阶段发展的需要

创新是一个民族的灵魂，是一个国家兴旺发达的不竭动力。河南省作为经济总量连续多年排名全国第5、在全国具有一定地位的经济大省，近几年经济增长较快，但全省科技水平与发达地区仍存在较大差距，国民综合素质不高，自主创新能力较低，一定程度上制约了全省经济社会高质量发展。只有依靠创新科技，发展集约型经济，才能实现经济社会的全面协调和可持续发展。建设国家创新高地，提高自主创新能力，不仅是提高全省综合竞争力的客观需要，也是新时代全面贯彻新发展理念的重大举措。

(三) 建设国家创新高地是把握时代契机的正确选择

当前河南省科技创新站在了新的历史起点，全社会R&D经费投入已突破千亿元大关，到了可以大有作为的关键阶段。只有用发展的眼光解决前进中的问题，才能在国家创新生态新一轮重塑中，让"创新创业在河南"成为省内外创新创业者的普遍共识。河南省第十一次党代会以前瞻30年的视野提出加快建设国家创新高地的宏伟目标，是河南省强化创新驱动、补齐发展短板、实现换道领跑的突破口，是全省继续发挥优势，尽快弥补劣势，建设富强民主文明和谐美丽的现代化河南的必然选择。

二 建设国家创新高地的现实基础

近年来随着创新驱动发展战略的持续实施，全省创新体系不断完善，创新环境逐步优化，创新活力持续迸发，科技创新事业取得优异成绩，已具备了由科技大省向科技强省迈进的基础。2021年，全省R&D经费投入突破千亿元大关，步入研发大省行列，R&D经费投入强度（R&D经费与GDP之比）达到1.73%，较2012年提升0.66个百分点。《中国区域科技创新评价报告》显示，河南省综合科技创新水平指数已由2012年的第22位上升至2021年的第19位。在国家构建新发展格局、新时代推动中部地区高质量发展政策以及黄河流域生态保护和高质量发展历史机遇下，全省科技创新事业已迎来新的加速发展契机。

（一）研发投入持续加大，创新能力持续提升

在河南省委省政府的正确领导下，创新驱动发展战略持续实施，全省研究与试验发展（R&D）经费投入总量持续扩大，R&D经费投入强度屡创新高。十年间，全社会R&D经费投入由2012年的310.78亿元增长至2021年的1018.84亿元，增长了2.3倍，年均增速14.1%，高于同期全国平均增速

2.4个百分点，在中部六省中高于湖北（13.1%）和山西（7.4%），近3年年度增量保持在百亿元以上。全省R&D经费投入强度由2012年的1.07%逐年提升至2021年的1.73%，年均提升0.07个百分点（见图1），高于全国同期年均水平0.01个百分点。2012~2021年，全省财政科技经费支出从69.64亿元增长至329.25亿元，增长了3.7倍，占一般公共预算的比重由1.4%增长至3.4%，创历史新高。

图1 2012~2021年全省R&D经费内部支出和投入强度

资料来源：河南省统计局。

（二）科技创新人才队伍建设成效显著

科技创新，一靠投入，二靠人才。近年来，河南省加大招才引智力度，聚集人才资源，释放人才红利，使得人力资源优势正在加速转向人力资本优势，为产业转型升级和经济高质量发展注入新的活力。2021年，新遴选中原学者7名，新增中原科技创新领军人才、科技创业领军人才、产业创新领军人才58名，新增省杰青、省优青100名。全省13名专家入选第17批国家海外高层次人才引进计划，22名专家入选第6批国家高层次人才特殊支持计划，"中原英才计划"确定引才系列支持对象31名，全职引进高端人才17人，海外高端人才37人。十年间，全省R&D人员由2012年的18.51

万人增长到 2021 年的 34.67 万人，年均增速 7.2%，高于全国平均水平 0.9 个百分点。截至 2021 年底，河南省人才资源总量达 1201.2 万人，较 2012 年增长近三成。

（三）创新载体不断壮大，创新布局持续优化

积极搭建高端创新平台载体，重构重建省实验室体系，加速推进郑洛新国家自主创新示范区建设，标准化推广"智慧岛"双创载体，全省创新载体不断壮大。相继挂牌运行嵩山实验室、神农种业实验室、黄河实验室、龙门实验室、中原关键金属实验室、龙湖现代免疫实验室等 6 家省实验室，设立了 12 家省实验室基地，已建成 16 家国家级重点实验室、10 家国家工程技术研究中心、50 家国家工程研究中心。截至 2021 年底，全省共有省级以上企业技术中心 1315 个，其中国家级 99 个，省级以上工程研究中心（工程实验室）1082 个，其中国家级 49 个，省级以上工程技术研究中心 2882 个，省重点实验室 242 家，重大新型研发机构 16 家，创新龙头企业 116 家，"瞪羚"企业 104 家，高新技术企业 8387 家，科技型中小企业 15145 家，总量居中部地区首位。目前，全省国家高新区达到 8 个，数量居全国第 6 位，省级高新区实现了省辖市全覆盖。

（四）郑洛新引领带动作用日益凸显

郑洛新国家自主创新示范区成功获批以来，率先实施"三化三制改革"，开展辐射区遴选、建设共性关键技术创新与转化平台等改革措施，不断释放创新动力，激发创新活力，引领示范带动作用日益凸显，三地已经成为全省创新驱动发展核心增长极。2021 年，郑州、新乡高新区在全国排名比获批前分别提升了 3 个和 24 个位次。从 2021 年全省分地区 R&D 经费投入看，郑州、洛阳和新乡三地 R&D 经费投入分别占全省总量的 30.5%、15.1% 和 7.8%，合计占全省 R&D 经费总投入的 53.4%。郑州、洛阳两地规模以上工业中有 R&D 活动的企业占比均超过 40%，新乡超过 30%，均在全省平均水平之上。2021 年，郑州、新乡 R&D 经费投入强度首次超越全国平

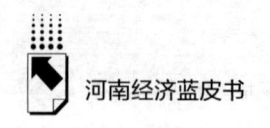

均水平，洛阳市R&D经费投入强度超过全国0.39个百分点，超过全省1.1个百分点，已连续四年领跑全省并超过全国平均水平。

（五）规上工业企业研发活动全覆盖工作成效显著

企业是创新活动开展的主体，规上工业企业是经济发展的"压舱石"和"基本盘"，推动规上工业企业研发活动全覆盖是促进经济转型升级、实现高质量发展的关键所在。全省R&D经费投入中，规上工业企业R&D经费投入占比在80%以上，引育规上工业企业研发活动活跃开展是推动全省研发活动持续提升的主要抓手。从2021年统计数据看，全省有R&D活动的企业数量增长明显，企业技术创新活动更加活跃，规模以上工业企业有R&D活动的数量达到6091个，较上年增长24.6%，占全部规上工业企业数量的28.1%，较上年提升3.4个百分点。2012~2021年十年间，全省规模以上工业企业有R&D活动的企业占比提升21.0个百分点，年均提升2.3个百分点，近五年年均提升3.0个百分点。企业研发活动开展日趋活跃。从企业创新调查情况看，39.6%的规上工业企业开展了技术创新活动，较上年提升6.2个百分点。

（六）科技成果转化量质齐升

全省科技创新成果转化加快，创新成果及产业化实现程度得到较大提升。党的十八大以来，河南省取得了一批在全国具有重大影响的科技成果，共承担国家重点研发计划172项、国家自然科学基金项目9487项，实施省重大科技专项640项、自创区创新引领型产业集群专项47项。2021年，全省技术合同成交数达到17650个，较2012年翻了两番，年均增速达到17.3%；技术合同成交额为608.89亿元，较2012年翻了将近四番，年均增长35.3%。专利是研发成果的最重要体现，近十年全省专利申请数突飞猛进。2021年，全省专利申请数达到16.76万件，年均增量为1.38万件，年均增速16.2%；发明专利3.50万件，年均增量为0.27万件，年均增速13.8%；有效发明专利拥有量5.57万件，是2012年的6.4倍。

三 建设国家创新高地的制约因素

无科创,不发展;无科创,不转型。尽管全省自主创新能力逐步增强,创新能力稳步提升,取得了一定成绩,但目前全省科技创新整体实力不强、引领带动能力不足的基本面没有根本改变,科技创新投入不足,高层次创新平台、重大科技基础设施较少,关键核心技术攻关能力不强,高端创新人才团队匮乏等依然是制约全省科技进步的主要因素。

(一)研发投入水平落后,与发达地区差距明显

近年来,全省科技投入持续加大,呈现出R&D经费投入逐年提升、R&D经费投入强度屡创新高的良好趋势,但与河南省全国第5的经济大省地位相比,仍落后明显。从财政科技支出看,2021年,全省财政科技支出329.25亿元,占一般公共预算支出的3.4%,低于全国平均水平0.6个百分点,较北京相差2.9个百分点,居全国第8位。从R&D经费投入看,全省R&D经费投入仅居全国第10位,仅占全国的3.6%、广东省的1/4,在中部六省中也落后于湖北,R&D经费投入强度低于全国平均水平,仅为全国平均水平的七成左右(见图2),居全国第17位,在中部六省中也仅高于江西

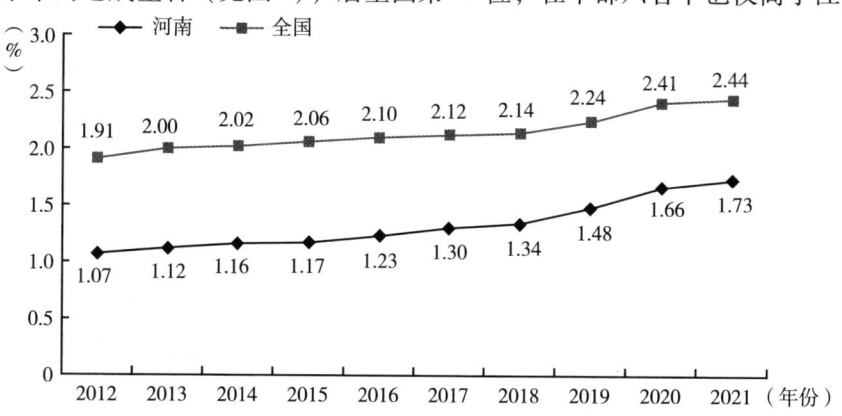

图2 2012~2021年河南省R&D经费投入强度与全国对比

资料来源:河南省统计局。

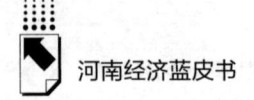

和山西，安徽、湖北和湖南均超过2.0%；与北京（6.53%）、上海（4.21%）、天津（3.66%）、广东（3.22%）、江苏（2.95%）、浙江（2.94%）等研发实力较强地区相比相差更远。

（二）R&D投入结构不优，科教资源匮乏

企业、政府属科研机构、高等院校是全社会R&D活动开展的三大主体。2012~2021年，河南省R&D经费内部投入中企业占比接近九成，保持在87%以上，高于全国平均水平10个百分点以上。2021年，全省政府属科研机构和高等院校R&D经费投入占全社会R&D经费投入比重分别为5.5%和5.6%，分别低于全国平均水平7.8个和2.2个百分点。全省政府属科研机构R&D经费投入占比居中部六省的第5位，仅高于湖南（3.6%），较位于中部地区首位的湖北低5.0个百分点。全省高等院校R&D经费投入占比居中部六省的最末位，较中部地区首位的安徽低3.9个百分点（见图3）。政府属科研机构和高等院校R&D经费投入在全国位次仅为第13和第17。在推动全省经济高质量发展的进程中，科教资源匮乏，严重影响核心技术攻关和核心竞争力的提升，亟须加强科教资源配置，提升高等院校和科研院所研究能力，加大投入力度，不断优化调整研发经费投入结构。

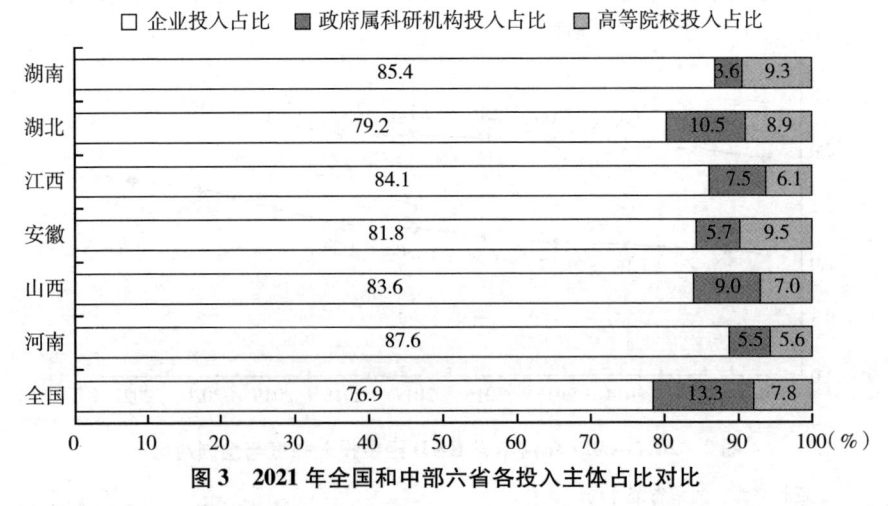

	企业投入占比	政府属科研机构投入占比	高等院校投入占比
湖南	85.4	3.6	9.3
湖北	79.2	10.5	8.9
江西	84.1	7.5	6.1
安徽	81.8	5.7	9.5
山西	83.6	9.0	7.0
河南	87.6	5.5	5.6
全国	76.9	13.3	7.8

图3 2021年全国和中部六省各投入主体占比对比

资料来源：河南省统计局。

（三）R&D 经费投入增速有下滑趋势

2021 年，河南全社会 R&D 经费投入较上年增长 13.0%，为"十三五"以来最低增速，较全国平均增速低 1.6 个百分点，增速在中部六省处于末位，低于山西（19.4%）、江西（16.6%）、湖北（15.4%）、湖南（14.5%）和安徽（13.9%）。从全国范围看，2021 年 R&D 经费投入增速回落的省份仅有 5 个，分别是黑龙江、安徽、四川、河南和贵州，连续两年回落的省份也仅有贵州和河南。目前，河南省 R&D 经费中企业投入占比达到 87.6%，对全社会 R&D 经费增长的贡献率达到 88.5%，是影响全省全社会 R&D 经费增长的关键因素。受宏观经济环境收紧和新冠疫情持续影响，企业开工率不足、效益下滑等现状已直接导致企业 R&D 经费投入增速逐步下滑，规上工业 R&D 经费增速连续三年走低，已由 2019 年的 15.1%下滑到 2021 年的 11.4%，全社会 R&D 经费增速已由 2019 年的 18.1%下滑至 2021 年的 13.0%。预计宏观经济收紧和新冠疫情的持续影响短期内仍将阻碍全省研发活动的开展。

（四）基础研究投入偏低，原始创新能力不足

基础研究是科技创新的源头，代表着原始创新的能力和水平，科教资源匮乏是导致全省基础研究经费投入偏低的主要原因。2012~2021 年，全省基础研究经费从 7.57 亿元增加至 24.55 亿元，年均增长 14.0%，增速低于全国平均水平 1.5 个百分点。目前，全省基础研究经费仅占全国的 1.4%，不足湖北的一半。全社会 R&D 经费投入中基础研究占比长期处于全国 31 个省区市末位，2021 年占比仅为 2.4%，比全国平均水平低 4.1 个百分点，较中部六省中占比最高的安徽低 5.0 个百分点，与北京、上海、江苏、广东等发达地区相比差距更大，这反映出河南省在核心技术方面的研发重视不足，原始创新能力薄弱，长此以往，将阻碍国家创新高地目标的实现。

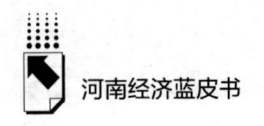

(五）R&D经费投入中政府资金占比有持续下滑的趋势

2012~2021年，全省R&D经费投入中政府资金投入逐年增长，由2012年的42.71亿元增长到2021年的88.13亿元，年均增长8.4%。但在全部R&D经费投入中政府资金占比已由2012年的13.7%下滑到2021年的8.7%，比全国平均水平20%左右少了一半还多，呈现出逐年下滑的趋势（见图4）。这一方面反映出河南省未能有效融入国家战略科技力量，承担的国家重点课题、项目较少，获得的国家专项资金支持不足；另一方面反映出政府对全社会研发活动的引导和支持力度仍然不够，未能有效充分发挥政府资金的引导作用。

图4 2012~2021年河南省R&D经费投入中政府资金及占比情况

资料来源：河南省统计局。

（六）创新制度保障不足

目前全省产学研合作机制主要还是依靠政府作用的发挥来进行，没有随着科技创新和社会经济发展的要求及时完善，政府属科研机构、高等院校和企业之间缺乏足够的积极性和有效的制度保障。另外，科技创新融资机制也阻碍了创新驱动战略的实施。金融机构出于投资风险、自身收益等因素的考虑，并没有对企业的创新投资予以大力支持，对融资对象设定条件过于苛刻，特别是中小型企业面临着创新需求强烈而创新融资难、融资成本高的多重困境，难以跨越"创新成长陷阱"，创新能力和科技成果转化能力难以提高。另外，当前知识产权实体法保护范围窄、知识产权相关程序法规定缺乏、知识产权管理体制分散等问题依然存在，受机构改革影响，基层知识产权行政执法人才流失过多，执法力量削弱明显，知识产权保护工作队伍亟待加强。

四　对策建议

当今世界正经历百年未有之大变局，科技创新是最关键的变量，呈现出爆发性、颠覆性、融合性、竞争性的新特征。我们要胸怀"两个大局"，增强服务国家战略科技力量建设的责任感，立足构建新发展格局，增强"不进则退、慢进亦退、不创新必退"的紧迫感，锚定"两个确保"，增强建设国家创新高地和重要人才中心的使命感，以"咬定青山不放松"的毅力定力耐力，坚定走好创新驱动高质量发展"华山一条路"，向着国家创新高地和全国重要人才中心勇毅前行。

（一）推进科研机制体制改革，优化创新生态环境

采取切实可行的举措继续深化科技体制改革，从科技创新平台、科技创新投入、科技成果转移转化、科技金融结合、科技管理和评价等方面，加快构建分工合理、梯次接续、协同有序的创新体系，积极营造有利于科技创新的制度环境。完善科技管理基础制度，建立科技咨询支撑行政决策的科技决策机制，更好发挥科技智库和专业研究机构作用。落实国家科技报告制度，统筹推进各地科技报告系统建设，推动科技成果完整保存、持续积累、开放共享和转化应用。完善科技领域国家安全工作协调机制，建立健全科技安全风险预警、风险评估化解、信息研判、研发活动安全管理、重点科研机构与设施安全保障等制度。

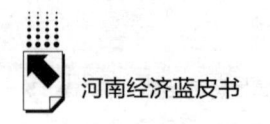

（二）加大政府资金投入和政策引导力度，形成多元化资金投入格局

实施积极的财政政策，加大政府对科技创新的投入力度。争取中央财政加大对河南省科技创新的支持力度，探索省、市级财政科技投入协调联动机制，引导省辖市把科技投入作为重要的公共投入和战略性投入。引导全社会加大创新投入，发挥财政科技投入对全社会创新投入的放大、示范、增效作用，优化无偿资助、贷款贴息、创业投资、融资担保、风险补偿、后补助等多样化财政资金支持方式，引导企业、高校、科研机构等加大研发投入。鼓励科研机构、高校与行业领军企业联合开展研发活动，拓宽资金投入渠道。引导撬动金融资本、社会资本向创新链的各个环节集聚，形成与创新链紧密关联的资金链，完善多元化、多渠道、多层次的科技投入体系。鼓励民间风险投资企业设立、发展，支持风投企业为科技创新提供融资，促成科技创新灵活、便捷的投入机制。

（三）强化企业创新主体地位，持续推进规上工业企业研发活动全覆盖工作

企业是科技与经济紧密结合的主要力量，要完善技术创新市场导向机制，强化企业创新主体地位，促进各类创新要素向企业集聚，形成以企业为主体、以市场为导向、产学研用深度融合的技术创新体系。要推动科研平台、科技报告、科研数据进一步向企业开放，健全科技成果转化机制，充分发挥科技服务业的桥梁纽带作用，促进科技成果加快转化。持续完善"微成长、小升规、高变强"创新型企业梯次培育机制，着力促进创新要素向企业集聚。加快形成以创新龙头企业和"瞪羚"企业为引领、以高新技术企业为支撑、以科技型中小企业为基础的创新型企业集群发展体系。大力推动规上工业企业研发活动全覆盖，鼓励和引导企业加大研发投入，建立研发机构，探索设立企业联合研发基金。

（四）深入实施人才强省战略

全面建设现代化河南，实现新时代中原更加出彩都离不开人才资源的有力支撑。全方位培养引进和用好人才对实现人才强省战略、打造国家创新高地和全面建设现代化河南至关重要。一要以河南省情为基础，以前瞻30年的眼光，坚持普通高等教育与职业教育并行发展的"双轮驱动"模式，两手都要抓，两手都要硬，大力培养支撑现代化河南建设需要的人才。二要面向国家在河南省的重大战略布局以及河南自身的发展战略制定人才引进政策。充分利用国内国外两种资源，坚持本土人才与海外人才并重，全职引才与柔性引才相结合，花大力气重点引进创新领军人才、创业领军人才和杰出青年人才。三要精益用才，最大限度地发挥人才效能，积极为其提供干事业的平台，让其创造性得到最大限度的发挥，充分发挥人才潜能。建立健全人才评价指标体系，进一步激发人才的创新潜能。四要提高人才待遇，彻底破除平均主义，对海外回国人员、高级职称人员、较高学历人才给予高薪政策或灵活增资政策，提高薪资待遇水平。

（五）优化资源配置，促进创新主体资源互补

一是以畅通信息交流、完善供需对接为基础，构建统一开放的产学研信息交流平台，进一步完善技术市场、孵化器和众创空间等中介机构服务产学研合作的能力。二是以改善外部环境、健全体制机制为抓手，强化顶层设计和制度建设，进一步抓好政策落实，切实减轻企业的资金压力和学研方的管理束缚，优化双方合作基础。三是以激发内在动力、扩大潜在需求为目标，将推进产学研合作与提高企业创新能力、促进企业转型升级紧密关联，形成联调联动、互为支撑的良性格局。

B.15 全面落实黄河重大国家战略 积极推进黄河流域生态保护和高质量发展研究

郝占业 王军美*

摘　要： 黄河流域生态保护和高质量发展是习近平总书记亲自谋划、亲自部署、亲自推动的重大国家战略。对标河南省黄河流域生态保护和高质量发展规划及"十四五"规划目标，河南省认真落实黄河重大国家战略，积极推进黄河流域生态保护和高质量发展。本文就黄河流域核心区10个省辖市（示范区）在保护生态环境、确保黄河安澜、优化水资源利用、促进经济高质量发展、传承弘扬黄河文化等方面取得阶段性成效的前提下，指出黄河流域生态保护和高质量发展中仍存在一些突出的问题，并提出了相应的建议：加强顶层设计，协同推进大治理大保护；坚持"四水四定"，推进节水型城市建设；实施创新驱动，推动高质量发展提速增效；守好文化根脉，讲好新时代黄河故事。

关键词： 沿黄核心区　生态保护　高质量发展

2019年9月，习近平总书记提出了黄河流域生态保护和高质量发展的

---

* 郝占业，河南省地方经济社会调查队第二产业调查室三级调研员；王军美，河南省地方经济社会调查队第二产业调查室四级主任科员。

重大国家战略。三年来,河南省沿黄核心区[①]10个省辖市(示范区)紧抓重大历史机遇,深入贯彻实施习近平总书记关于黄河流域生态保护和高质量发展的重要指示和批示精神,牢牢把握"重在保护,要在治理"的重大要求,积极贯彻"绿水青山就是金山银山"的理念,坚持"一盘棋"思想,因地制宜、统筹推进,着力打造黄河流域生态保护和高质量发展示范区。

一 沿黄核心区生态保护和高质量发展取得的主要成效

(一)统筹推进系统保护修复,生态屏障功能提升

1. 加大矿区综合治理,矿山"复绿"成效显著

以自然恢复为主、以人工修复为辅,开展"治旧控新""关小上大"矿山集中整治和专项整治,压实矿山企业主体责任,积极推进绿色矿山建设,统筹推进山水林田湖草沙一体化保护和修复,实现矿坑变绿地、矿山变青山。2021年,沿黄核心区投入17.78亿元用于矿山修复,新增矿山修复面积6943.6公顷,其中历史遗留矿山修复4809.25公顷。截至2021年底,总投资约63亿元的南太行生态保护修复国家试点工程基本完成,共整治矿山地质环境250处,治理河道长度263千米,新增林地面积4356公顷,恢复新增草地1053公顷,新增高标准农田1944公顷。河南小秦岭国家级自然保护区矿山环境生态修复治理案例成为河南省唯一入选联合国案例。

2. 推进"森林河南"建设,国土绿化行动提质增效

加大储备林建设力度,营造农田防护林,实施山区生态屏障"扩绿"、矿山"复绿"、平原沙化土地"添绿",重点建设沿线生态廊道,构筑生态绿网。2021年,沿黄核心区新增造林面积83.56千公顷,新建省级森林城市8个。2021年,沿黄核心区森林覆盖率达到31.4%,其中济源市、三门

---

① 沿黄核心区是指河南省行政区域内黄河干流、支流、湖泊(水库)集水区域所涉及的郑州市、开封市、洛阳市、安阳市、鹤壁市、新乡市、焦作市、濮阳市、三门峡市所辖行政区域及济源示范区。

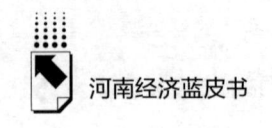

峡市森林覆盖率在40%以上。

水土流失得到有效遏制。开展小流域综合治理，坡耕地改梯田，提高植被覆盖率，有效减少水土流失，沿黄核心区已累计治理水土流失面积1.1万平方公里。2021年河南省开展沿黄核心区生产建设项目水土保持专项整治，查处流域内违法违规项目3233个，治理水土流失面积482平方公里。

复合型生态廊道初具规模。根据中下游不同功能区定位，因地制宜，协同推进，建设生态廊道高标准示范区，突出生态廊道"生态、景观、休闲、文化"等功能，完善提升黄河生态廊道建设质量，构建"堤内绿网、堤外绿廊、城市绿心"的区域生态格局，打造河南样板。2021年底，黄河（河南段）右岸710公里生态廊道实现全线贯通，流域造林10.7万亩。

3.加大湿地保护和修复力度，生物多样性不断增加

贯彻落实《河南省湿地保护条例》等湿地保护法律法规，持续开展以自然保护区、湿地公园为主的湿地保护与修复方式，主要县区均建立了湿地保护区或湿地公园，湿地面积进一步增加，湿地保护率得到明显提高。2021年，沿黄核心区湿地面积261.11千公顷，较2020年增加16.68公顷；湿地保护率达61.6%，比2020年提高1.0个百分点，高出全省8.4个百分点；湿地自然保护区5个，其中，国家级2个、省级3个。

湿地具有复杂的生态系统，蕴含着丰富的动植物资源，为天鹅等珍稀野生动物栖息和繁衍提供了适宜的环境。濮阳金堤河国家湿地公园近两年来新增野生植物500多种，栽种乔木灌木10万株，吸引了一大批濒危珍稀鸟类来此栖息、繁育。"天鹅湖之城"三门峡每年有1.5万多只天鹅在此越冬，此外还有野生鸟类300种左右。

4.打好碧水蓝天净土保卫战，环境质量持续改善

地表水水质稳中向好。坚持目标导向，持续开展黄河"清四乱"专项行动，实行"河长+"工作机制，推进工业废水、农村生活污水治理，实现黑臭水体动态清零。2021年沿黄核心区国考断面Ⅰ~Ⅲ类水质占比72.5%，比2020年提高9.0个百分点。目前从河南省流出的黄河水都是Ⅱ类。

空气质量持续改善。严格实施能耗双控，限制高污染、高能耗项目盲目

发展，关停淘汰落后产能装备，对钢铁、水泥等重点行业进行超低排放工序改造。2021年，沿黄核心区城市空气质量优良天数比率为65.0%，比2020年提高2.7个百分点。

土壤污染防治效果明显。加强源头防治，开展涉镉等重金属行业企业排查整治，对污染地块、疑似污染地块和重点监督企业落实督导。2021年，洛阳市全年共淘汰涉重金属落后产能企业19家，完成1384家重点行业企业用地调查、158家重点监管企业自行监测和984个风险点位土壤和地下水监测。

5. 加快防洪体系建设，黄河安澜作用增强

完善洪水预警监测体系。2021年，沁河发生1982年有实测记录以来最大强降雨洪水，黄河干流先后出现3次编号洪水，黄河花园口站连续24天保持每秒4800立方米大流量行洪状态。通过制定灾情预警机制和紧急处理预案，运用数字智能等手段进行动态监测、联合调度，充分利用干支流削峰拦洪，有力地保障了黄河安澜。此外，还开展了桃花峪水库研究论证，优化"小花间"洪水监测预警系统实施方案，提高防汛预测监测能力。

加强堤防工程建设。2021年，沿黄核心区投资2.37亿元用于黄河干支流河道维护，积极推进温孟滩防护堤加固、标准化堤防提升改造以及北金堤滞洪区综合治理等项目前期工作。2021年防洪堤达标率较2020年提高2.7个百分点。目前，河南省已经建成黄河两岸标准化堤防501公里、98处控导工程，沁河下游防洪治理工程通过竣工验收。

（二）持续实施节水控水管理，水资源利用更高效

1. 推动产业升级，工业节水减排效果明显

严格控制沿黄核心区高耗水、高耗能项目，推进节水重点技术改造项目实施，积极采用节水新技术、新工艺、新设备，淘汰落后用水工艺、设备和器具。2021年，沿黄核心区万元地区生产总值用水量、万元工业增加值用水量分别为19.7立方米、13.5立方米，同比分别下降10.5%、27.2%。

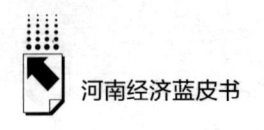

2. 推广节水灌溉，农业用水效率大幅度提高

开展大中型灌区配套设施续建和改造，建设现代农业发展先行区，建设高效节水的高标准农田，加强农业节水设施建设，推广滴灌、微灌、喷灌技术运用，提高农田水利用效率。2021年，沿黄核心区农田灌溉水亩均用水量202.5立方米，同比减少4.8%；农田水有效灌溉利用系数0.638，高于全省平均水平2.9%，比2020年提高0.008。

3. 完善节水设施，城镇节水能力增强

加大对城区老旧供水管网的改造力度，减少水资源浪费。2021年，供水管网漏损率为6.6%，比2020年下降1.7个百分点。人均综合用水264.7立方米，同比下降6.6%。2021年，沿黄核心区新增2个省级节水型城市，共建设国家级节水城市2个、省级节水型城市4个。

4. 压减地下水超采，地下水水位止降回升

划定地下水超采区和禁限采区、地下水岩溶水禁采区和限采区范围，通过水资源置换、引水补源、节水灌溉、地下水超采综合治理活动，严格限制地下水开采。2021年，沿黄核心区浅层地下水水位上升2.1米，存储量增加13.1亿立方米。

（三）全面贯彻新发展理念，高质量发展势头良好

1. 坚持稳中求进，综合实力显著增强

坚持稳字当头、稳中求进，深入推进供给侧结构性改革，不断调整优化产业结构，切实提高经济发展质量和效益。2021年，沿黄核心区地区生产总值达到33680.95亿元（当年价），同比增长5.5%。其中，第一产业增加值1951.30亿元，第二产业增加值14239.02亿元，第三产业增加值17490.63亿元；人均地区生产总值达到68488.64元，是全省平均水平的1.15倍，同比增长5.6%。一二三产业结构由2020年的6.2∶42.4∶51.4变为5.8∶42.3∶51.9，第三产业作为吸收就业的"蓄水池"，仍然是拉动经济增长的主要动力。同时，综合交通服务能力不断增强。构建"米+井+人"综合运输轨道布局，并以"空中丝绸之路"为引领，形成"水陆空港"

四种方式联运互联互通的新模式。2021年，沿黄核心区公路通车里程13389.47公里，比2020年增加285.15公里；邮政行业业务收入293.32亿元，同比增长13.2%。2021年，郑州机场货邮吞吐量首次突破70万吨，连续两年稳居全国第6位；洛阳机场货邮吞吐量923.5吨，同比增长30.7%。

2. 扛稳粮食责任，农业地位巩固增强

河南省每年生产全国1/4的小麦和1/10的粮食，近四成来自沿黄核心区。实施"藏粮于地、藏粮于技"，启动神农种业省级重点实验室，抓好十大全省特色农产品生产基地建设，建立特色农业产业园，推进一二三产业融合，延伸农产品加工链条。截至2021年末，沿黄核心区累计建成高标准农田4941万亩，占全省的65%以上，区域内优质专用小麦种植面积1210万亩，占全省的74.3%。

3. 优化政策环境，对外开放水平不断提高

优化自贸区营商环境，持续深化"放管服"改革，探索制度创新，完善准入、退出机制，激发市场主体活力，建设对外开放新高地。2021年自贸区郑州片区、洛阳片区和开封片区均荣获"河南省2021年度营商环境建设先进国家级功能区"。其中，郑州片区累计形成240项制度创新成果。2021年，沿黄核心区进出口货物总额7392.7亿元，同比增长23.3%，占全省货物进出口总额的90%。

4. 创新科技引领，新旧动能加速转换

推动传统制造业转型升级，使传统制造业由"大而不强"向"高精尖"转变，推动制造业高端化、智能化发展，助力全省由"制造大省"向"制造强省"转变。2021年，沿黄核心区制造业增加值占地区生产总值的比重达27.6%，比2020年提高1.0个百分点。

新兴产业蓬勃发展。布局新兴产业链，培养信息技术、高端装备、生物医药、新材料、新能源等新兴产业和产业集群。郑州信息技术服务和下一代信息网络2个集群入选国家级战略性新兴产业集群。2021年，沿黄核心区高新技术产业增加值占规模以上工业增加值比重53.8%，比2020年上升3.3个百分点，高出全省平均水平6.8个百分点；战略性新兴产业占规上工

业增加值比重25.1%，比2020年上升3.1个百分点，高出全省平均水平1.1个百分点。

创新能力显著增强。增加科技经费投入，加快创新平台建设，加大人才引进力度，增强科研能力。2021年，沿黄核心区科学技术支出183.49亿元，同比增长25.5%；R&D投入经费718.64亿元，同比增长9.1%，占全省的70.5%；R&D投入强度为2.1%，高出全省平均水平0.4个百分点，比2020年提高0.35个百分点；R&D人员24.8万人，同比增长11.3%；万人专利发明拥有量6.52件，同比增长14.2%。

5. 聚焦"双碳"目标，绿色低碳经济加快转型

以"碳达峰、碳中和"为目标，对重点高耗能企业实施节能降碳改造，实现新旧动能转换、低碳转型。大力发展风电、光伏、太阳能、生物质能等清洁能源发电，推进清洁能源在工业、建筑、交通等领域的广泛应用。2021年，沿黄核心区万元地区生产总值能耗比2020年下降2.65%；可再生能源装机容量占比达36.2%，比2020年提高3.66个百分点。

6. 协调区域发展，城镇化率进一步提高

着力推动中心城市"起高峰"、县域经济"成高原"，发挥郑州中心都市圈、洛阳副中心都市圈集聚优势，推动新型城镇化。2021年，沿黄核心区城镇化率为61.3%，比2020年提高0.8个百分点，高出全省平均水平4.8个百分点。其中，郑州城镇化率达79.1%，济源、洛阳城镇化率超过65%。2021年，沿黄核心区城乡居民可支配收入比为1.90，比2020年缩小0.03。

（四）持续织密民生保障网络，民生福祉不断增进

1. 增强财政综合实力，民生支出占比保持高位

坚持财政收入取之于民、用之于民，扩大民生重点领域支出，提升人民群众幸福感。2021年，沿黄核心区一般公共预算收入2755.18亿元，比2020年提高2.2%。民生支出3582.5亿元，民生支出占一般公共预算支出的比重达到73.7%。

2. 稳定就业"基本盘",城乡居民收入持续增加

实施"六稳""六保",推出一系列稳就业保就业措施,鼓励灵活就业、返乡创业,推动建设"人人持证、技能河南"。2021年,沿黄核心区社会保障和就业支出550.59亿元,同比增长1.0%。城乡居民可支配收入29249元,同比增长8.0%。其中,城镇居民增长6.6%,农村居民增长8.7%。2021年,沿黄核心区新增城镇就业人员66万人。

随着收入水平的不断提高,居民消费能力不断增强,消费结构不断优化。2021年,沿黄核心区居民消费支出18495元,同比增长10.7%。其中,教育文化娱乐支出占消费支出的比重为12.1%,比2020年提高1.8个百分点。

3. 夯实公共服务基础,民生保障体系更加完善

医疗卫生保障日趋完善。深化医疗卫生体制改革,完善分级诊疗,推动医共体建设,提升医疗服务能力。2021年,沿黄核心区卫生机构数3.65万个、医疗卫生机构床位数36.33万张、医疗卫生技术人员43.69万人,同比分别增长0.5%、5.0%、5.6%。每千人医疗卫生机构床位数、卫生技术人员分别为7.6张、9.14人,同比分别增长5.2%、5.7%。

社会保障体系提质扩面。2021年,沿黄核心区参加基本养老保险、基本医疗保险人数分别达到3330.47万人、4467.77万人,分别增长3.3%、2.8%。2021年,沿黄核心区城市、农村最低生活保障人数分别为11.18万人、62.63万人。

4. 巩固脱贫攻坚成果,共同富裕步伐更加稳健

沿黄核心区将巩固脱贫成果和乡村振兴进行有效衔接。截至2021年底,河南省黄河滩区居民累计搬迁约30万人。按照"搬得出、稳得住、能发展、可致富"的总体要求,吸引一批劳动密集型企业,增加就业岗位。对脱贫不稳定户、边缘易致贫户开展监测和防治返贫帮扶机制,防止复贫、返贫。

(五)深入挖掘黄河文化底蕴,黄河文化大放异彩

1. 加强文物保护,文保工作硕果累累

沿黄核心区积极推进长城、大运河、黄河国家文化公园建设,推动黄河

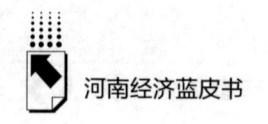

文化大遗产保护。2021年，黄河文化遗产保护取得新进展。郑州大河村遗址、安阳陶家营遗址、隋唐洛阳城正平坊遗址考古挖掘项目入选"2021年河南省五大考古新发现"。洛阳玄奘传说、三门峡陕州锣鼓书、新乡张氏经络收放疗法入选2021年非物质文化保护名录。截至2021年末，沿黄核心区共有省级及以上文物保护单位1044个，占全省的53.8%。

2. 推进文旅融合，流量密码加快激活

文化地标建设步伐加快。充分挖掘黄河文化的时代价值，以黄河文化为主题，打造一系列新的文化地标。郑州市积极推进黄河国家博物馆、大河村国家考古遗址公园、商代王城遗址保护、双槐树"河洛古国"等重大项目建设。洛阳市加快建设隋唐洛阳城国家历史文化公园、二里头国家考古遗址公园。开封市入选了河南省黄河历史文化主地标城市，朱仙古镇保护等纳入大运河国家文化公园标志性工程。

文化品牌更响亮。2021年，河南卫视《唐宫夜宴》《洛神水赋》《龙门金刚》等"精品游"节日系列成功出圈，获得一致好评。"行走河南·读懂中国""老家河南系列"文化品牌深入展现河南文化魅力，提升河南省文化品牌形象。以"只有河南、黄帝千古情、大宋京华梦"为代表的沉浸式旅游体验受到市场和消费者的青睐，《只有河南·戏剧幻城》2021年接待游客50万人次，《大宋·东京梦华》2021年累计演出234场，接待游客32万人次。2021年，沿黄核心区旅游总收入4128.63亿元，同比增长13.4%。

3. 加大有效投资，文化产业快速发展

加大文化产业投入，发展壮大文化企业，打造一批具有示范引领作用的文化产业园，健全文化产业的全产业链条，增加文化产品的有效供给。2021年，建成洛阳天心文化产业园、古灵山文化产业园区2个省级文化产业示范园。

增加文化基础设施投入。加大公共文化服务投入，加强巩固博物馆、图书馆、文化站、文化馆等文化基础阵地，不断完善公共文化服务体系。2021年，沿黄核心区有博物馆233个，同比增长7.7%；有公共图书馆91个，比2020年增加2个。

文化产业呈现新业态。文旅文创、沉浸式旅游、动漫游戏等新兴文化产业发展迅速。科技赋能文化产业，激发出了新场景、新模式、新业态，推动文化产业转型升级。"云旅游""云直播""云讲解"等旅游方式悄然兴起。河南博物院"考古盲盒"文创作品成为"爆品"，数字文创"妇好鸮尊"一上线即售罄。洛阳博物馆"河洛之光"数字馆借助VR技术、幻影投像等数字技术，不仅让文物"活起来"，更带给游客沉浸式的体验。

二 沿黄核心区生态保护和高质量发展存在的问题

（一）生态环境依然较脆弱

一是生态环境形势依然严峻。沿黄核心区拥有丰富的煤炭、铝土矿等矿产资源。多年来，由于不合理的矿山开采和过度开垦等人为活动，植被覆盖率下降、山体裸露、水土流失加剧，生态环境严重破坏。沿黄核心区城市空气质量优良天数比例和地表水国考断面水质优良比例，分别低于全省平均水平4.8个和2.2个百分点。二是环境监管体系有待进一步完善。在顶层设计上缺乏统一系统的黄河保护方面的法律法规，现有环境法律和配套政策之间缺乏有效衔接。三是部分企业和群众环保意识淡薄，存在违规采矿、采砂，乱占、乱排等现象。四是生态补偿效益机制不完善。投资主体单一，以政府为主，社会力量参与不足。环境保护者受益、使用者付费、破坏者赔偿的利益导向机制尚不完善。

（二）防洪体系有待进一步完善

一是"一级悬河""二级悬河"问题没有得到根本性转变。黄河进入下游后，流速变小，河床变宽，最宽处有20多公里，大量泥沙淤积，形成地上河，"一级悬河"最高达到10米。黄河下游从开封附近的夹河滩水文站到入海口的700多公里河段全部是"二级悬河"。"二级悬河"槽高、滩低、堤根洼，容易发生漫滩。二是防洪工程体系仍存在短板。"一线七库"规划

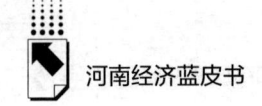

中有3个库还未建设，防洪能力未充分发挥。面对大流量洪水时，小浪底调节能力有限，后续动力不足。小浪底水库至桃花峪有1.8万平方公里无工程控制区，河道存在游荡性风险，降低了防洪功能。三是黄河滩区是重要的行洪滞洪区，也是滩区居民赖以生存的场所，滩区仍有57.25万群众居住在20年一遇防洪水位以下。

（三）水资源矛盾相对突出

一是水资源较匮乏。沿黄核心区承载着河南省近一半的人口，是河南省的人口密集区和产业集聚区。但水资源总量仅占全省的41%，人均水资源占有量仅为全省平均水平的4/5，不足全国平均水平的1/10，属于极度缺水地区。二是黄河水开发利用率偏高。黄河全河多年平均天然径流量为580亿立方米，黄河被过度开发，黄河水开发利用率高达80%，枯水年份甚至超过85%，远远高于国际警戒线40%的标准。

（四）高质量发展不充分

一是"双碳"任务任重道远。从产业布局看，沿黄核心区企业偏向于"高耗能、高污染"的燃煤、冶金、化工等工业企业，产业结构偏重，煤炭排放量较高。从能源消费结构看，沿黄核心区以一次性化石能源消费为主，非化石能源消费偏低，煤炭依然是最主要的消费能源。二是科技创新能力不强。创新人才缺乏、企业自主创新动力不足。2021年，沿黄核心区R&D试验投入强度为2.1%，低于全国平均水平0.31个百分点。三是居民收入水平低于全国平均水平。2021年，沿黄核心区居民可支配收入29249元，仅相当于全国居民可支配收入的83.3%。

（五）黄河文化内涵挖掘不足

2020年，沿黄核心区文化及相关产业增加值占地区生产总值的比重为3.3%，低于全国平均水平1.13个百分点。一是文化遗产保护难度大。黄河文化遗产时间跨度大、空间布局复杂，地下遗址多，对遗址的考古和保护工作提出更高的要求。尤其是非物质文化遗产，大多分布于农村，呈现"后继缺人"的局面。二是对黄河文化自身资源的挖掘还不足，欠缺对黄河文化的主要代表性元素、黄河文化精髓的提炼。虽然近两年河南文化符号、元素出圈，但还没有形成系统的文化IP，国际知名度不高、影响力不强。三是龙头、骨干文化企业较少，文化企业竞争力不强，文化企业整体实力有待提升。

三 有效推进沿黄核心区生态保护和高质量发展的对策

（一）加强顶层设计，协同推进大治理大保护

一是加强顶层设计、科学谋划。主动融入国家黄河流域战略部署，做好"十四五"规划，加快实施本地重大项目，积极争取纳入国家规划的"大盘子"。二是统筹推进山水林田湖草沙修复治理。黄河流经各地市之间要协同推进，打破行政、部门壁垒，在治理保护上算大账、算长远账、算整体账、算综合账，建立流域城市之间补偿机制。三是运用现代科学技术提高环境监测和执法监管水平。推广卫星遥感技术，加强对全流域生态状况的评估。运用大数据建立生态环境监管平台，实现资源共享。四是建立多元化、市场化的补偿机制。建立碳汇补偿和交易机制，鼓励社会各类主体参与生态保护补偿活动。五是全面落实"河长制+"。加大对河湖"四乱"的整治力度，并通过巡回法庭的方式进行普法宣传教育，提高社会公众的环保意识。六是加快滩区国土空间的提升治理，限制滩区无序的生产活动，并推进滩区群众后续迁建工作。

（二）坚持"四水四定"，推进节水型城市建设

一是进一步强化水资源刚性约束，通过用水总量和强度"双控"，倒逼转变用水方式。二是发展节水农业，加快小浪底南岸灌区和北岸灌区的建

设,加大节水灌溉设施配套建设力度,建立高标准节水农业示范区,积极推广旱作农业。三是加大工业节水力度。加大节水设施改造,推动高耗水企业的转型升级,对高耗水重点企业进行监测,减少废水排放,提高工业重复水利用率。四是建立健全水资源动态监测体系,加强对各行业、各领域的用水行为监管,有效控制无序取用水、超量用水、地下采水等行为。五是提升城市供水功能和全社会节水习惯。加大对再生水、雨洪水、矿井水等非常规水的利用力度,增加生态补水,减少不合理用水需求,建设节水型企业、机关、高校、小区等节水载体,推进沿黄城市全部建成节水型城市。六是深化"水权交易"改革。探索建立不同形式的水权交易平台,促进流域、区域、行业间水资源优化配置。

(三)实施创新驱动,推动高质量发展提速增效

一是推动重大创新平台的建设。加快推进省级重点实验室的建设和"智慧岛"双创载体的落地,增强郑洛新国家自主创新示范区的载体功能,整合资金、人才、平台、土地等各个要素,激发创新活力。加大科研机构与企业、高校的合作力度,实现创新要素最大限度的整合,促进科技成果的转化,形成创新高地。二是优化产业布局。以科技创新为引领,推动传统制造业升级转型,改变制造业生产方式由粗放型向绿色集约方向发展。加快布局未来产业、新兴产业、战略性产业,大力发展数字经济,创建省级、国家级新兴产业集群和未来产业集群,形成链式集群新格局。三是升级能源消费方式。通过技术升级、技术改造等措施推进高耗能、高排放企业减耗降碳。积极发展绿色清洁能源,降低一次性化石能源消费占比,倡导绿色低碳的生产和生活方式。四是扩大城市群、都市圈的集聚效应。深入推进中原城市群、郑州"1+8"都市圈人才互通、交通互联、产业协同发展,打造新的增长极。五是持续打造更优营商环境。持续推进"放管服"改革,简化流程,推进跨区域、跨系统、跨层级的"一体化"服务,扎实推进"一网通办""跨省服务"。

（四）守好文化根脉，讲好新时代黄河故事

一是深入推进文化遗产的考古研究和系统性保护。制定黄河文化遗产保护专项规划，加大对文化保护和传承的支持力度和资金投入，重点推进物质文化遗产的考古发掘、保护修复和非物质文化遗产的传承，加大数字技术在文物保护方面的应用。二是建设黄河文化旅游带。推动区域互动，整合流域内古都、黄河、运河等线性文化旅游资源，实现旅游线路延伸、服务升级，打造精品旅游品牌，提升"行走河南·读懂中国"文化旅游品牌形象。三是深入挖掘文化资源。沿黄核心区具有仰韶文化、二里头文化遗址、甲骨文、商周文化、古建筑文化、治河文化等丰富的历史文化。沿黄各地市需要在文化资源上深耕细作，对优秀的人物事迹、经典的文化故事进行提炼，创造出群众喜闻乐见的作品，讲好黄河故事，弘扬黄河精神。四是加强国际国内文化交流。开展文化旅游节、文化节、民俗节等活动，提升世界太极文化旅游节的影响力，积极筹办国际性的文化交流活动，提升黄河文化在国际国内的影响力。

B.16
基本公共服务视角下的乡村振兴重点工作研究

王方略 温素清 潘勇 刘梦媛*

摘　要： 党的十九大报告指出，我国社会主要矛盾已经转化为人民日益增长的美好生活需要和不平衡不充分的发展之间的矛盾。满足人民对美好生活的向往需要保障和改善民生，以标准化高质量推进基本公共服务则是保障和改善民生的重要举措。完善基本公共服务均等化和推进乡村振兴战略，既可以解决我国社会不平衡不充分的发展问题，又可以实现人民对美好生活的向往。本研究从客观数据和主观感受梳理分析农村基本公共服务现状，厘清农村基本公共服务目前存在的问题，最后提出重视农村基本公共服务供给与公众期望间存在不协调不匹配问题；加强医疗队伍建设，提升乡村医疗服务水平；加快促进教育资源优质均衡发展，提升农村教育质量；重视素质提升和技能培训，拓宽农民增收渠道；提升兜底性民生支撑，做好困难群众基本生活保障等对策和建议。

关键词： 基本公共服务　均等化　乡村振兴

习近平总书记在党的十九大报告中强调，中国特色社会主义进入新时代，我国社会主要矛盾已经转化为人民日益增长的美好生活需要和不平衡不

---

* 王方略，河南省社情民意调查中心统计师；温素清，河南省社情民意调查中心主任，正高级统计师；潘勇，河南省社情民意调查中心副主任，高级统计师；刘梦媛，河南省社情民意调查中心。

充分的发展之间的矛盾。解决新时代的主要矛盾要善抓根本——不平衡不充分的发展，提升基本公共服务均等化和推进乡村振兴都可以在一定程度上解决城乡发展不平衡、区域发展不平衡等问题。乡村兴则国家兴，乡村衰则国家衰。基本公共服务均等化和乡村振兴战略，是解决新时代我国社会主要矛盾、实现"两个一百年"奋斗目标和中华民族伟大复兴中国梦的必然要求，具有重大的现实意义和深远的历史意义。

一 河南省农村基本公共服务建设取得显著成就

为全面系统了解目前河南省基本公共服务现状和农村居民对基本公共服务的主观感受，本研究依托 2021 年 12 月发布的《河南省基本公共服务实施标准》搭建框架，从幼有所育、学有所教、劳有所得、病有所医、老有所养、住有所居、弱有所扶、文体服务等 8 个方面进行分析，探索河南省农村基本公共服务的整体状况、城乡差距、居民满意度等基本情况。

客观数据方面参考《中国统计年鉴》《河南统计年鉴》等相关资料。实证调查方面引用河南省社情民意调查中心于 2022 年 5 月通过电话调查针对全省 30840 位城乡居民开展的《河南省基本公共服务满意度调查》（以下简称"基本公共服务调查"）数据。

（一）幼有所育：农村妇幼卫生状况不断改善，城乡差距显著缩小

妇幼健康是全民健康的基础，是衡量社会文明进步的标尺，是人类可持续发展的基础和前提。2020 年，河南省婚前医学检查率为 77.0%，其中农村为 82.0%，比城市（67.8%）高出 14.2 个百分点；孕产妇系统管理率达 84.9%，其中农村孕产妇系统管理率达 84.1%，与 2010 年（75.0%）相比提高了 9.1 个百分点，为降低孕产妇死亡率作出了重要贡献，有效保障了孕产妇和新生儿健康。

2020 年，河南省婴儿死亡率为 3.2‰，其中农村为 3.4‰，比城市（2.0‰）高出 1.4 个千分点；5 岁以下儿童死亡率为 4.7‰，其中城市为 2.9‰，

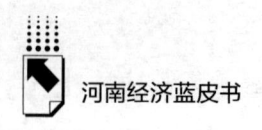

农村为5.0‰；孕产妇死亡率为9.3/10万，其中城市为8.0/10万，农村为10.2/10万。虽然农村指标和城市相比仍有一定差距，但差距逐渐缩小（见表1）。

表1 2016~2020年河南省城市和农村部分妇幼健康指标

指标	2016年	2017年	2018年	2019年	2020年
婴儿死亡率(‰)	4.1	4.0	3.8	3.6	3.2
城市	3.0	2.7	2.1	3.0	2.0
农村	4.4	4.3	4.1	3.7	3.4
5岁以下儿童死亡率(‰)	5.6	5.3	5.3	4.8	4.7
城市	3.8	3.4	2.5	3.7	2.9
农村	6.0	5.8	5.8	5.0	5.0
孕产妇死亡率(1/10万)	10.7	10.4	10.9	9.7	9.3
城市	6.7	12.1	11.6	5.1	8.0
农村	12.2	9.5	10.0	11.7	10.2

资料来源：《河南统计年鉴》。

（二）学有所教：基础教育规模庞大，义务教育阶段农村教育环境逐渐向好

教育公平是社会公平的重要基础，是维护社会公平正义的基石。河南省加大了对农村教育的投入，也加大了城乡基本公共服务均等化工作力度，农村教育质量与之前相比有了很大的提升。

《2021年河南统计年鉴》显示，2020年农村普通小学专职教师人数占全省的43.4%，在校学生占全省的31.8%；农村普通初中专职教师人数占全省的20.3%，在校学生占全省的17.6%；农村留守儿童在校小学生人数为1178659人，在校初中生人数为550844人，在农村上学的学生数量仍然十分庞大。从2020年生师比情况来看，农村普通小学生师比为14.3∶1，城镇为23.5∶1；农村普通初中生师比为10.9∶1，城镇为12.9∶1。农村小学和初中生师比近年来持续下降，义务教育阶段师资短缺问题得到了有效缓解（见表2、表3）。

表2 2016~2020年河南乡村普通小学专职教师、在校生人数

单位：人

年份	普通小学专职教师人数	乡村	普通小学在校生	乡村
2020	523856	227578	10215856	3244660
2019	565248	227585	10124818	3396654
2018	500204	220875	9945951	3576593
2017	488568	224783	9820554	3767157
2016	474179	224976	9655895	3863689

资料来源：《河南统计年鉴》。

表3 2016~2020年河南乡村普通初中专职教师、在校生人数

单位：人

年份	普通初中专职教师人数	乡村	普通初中在校生	乡村
2020	378211	76619	4721421	831798
2019	327211	67857	4684765	858528
2018	314329	67904	4518810	859716
2017	299006	67961	4291617	854903
2016	300810	72314	4158272	844311

资料来源：《河南统计年鉴》。

（三）劳有所得：农村居民收入持续增长，农民工就业形势趋于稳定

农民就业与增收是关键，关系乡村振兴的成色，也关系共同富裕的成效。《2021年河南省国民经济和社会发展统计公报》数据显示，2021年河南省城镇居民人均可支配收入37095元，较上年增长6.7%；农村居民人均可支配收入17533元，较上年增长8.8%。从2012年至2021年，城镇和农

村居民人均可支配收入年均增长分别为6.8%和9.9%（见图1）。党的十八大以来，在河南省政府的大力扶持及政策倾斜下，城乡居民收入比由2012年的2.7缩小至2021年的2.1，农村居民收入增速连续11年快于城镇居民，发展势头良好。

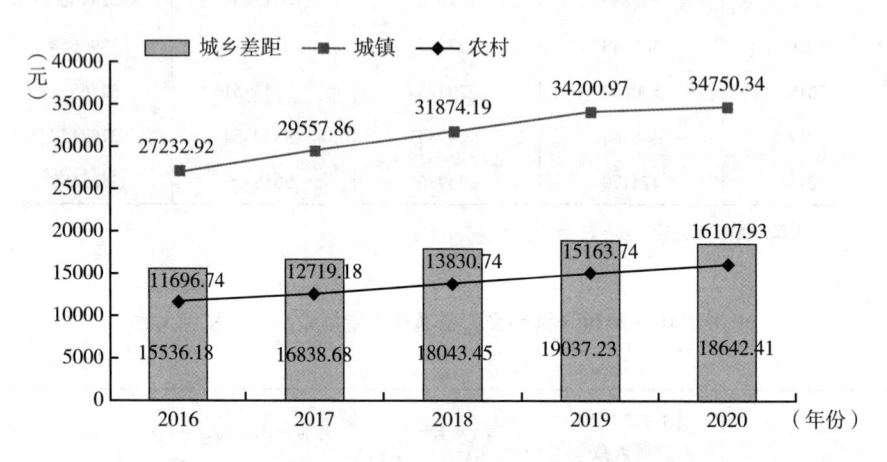

图1 2016~2020年城镇和农村居民家庭可支配收入对比

河南省不断加强劳动者专业技能培训，实施"人人持证、技能河南"建设，通过开展就业技能培训、举办专场招聘等就业创业措施，帮助农民实现就业增收，取得了良好成绩。《河南农民工监测调查报告》显示，2021年河南省农民工总量达2560万人（其中，本地农民工940万人、外出农民工1620万人），比上年增加27.70万人，增长1.1%。

2021年全省新增农村劳动力转移就业47.63万人，农村劳动力转移就业总量为3134.33万人，全年新增农民工返乡创业20.23万人，带动就业76.33万人。农民工人均月收入4414元，较上年的4147元增加267元，增长6.4%。

（四）病有所医：农村医疗覆盖面广，医疗建设成效巨大

加强农村基层医疗体系建设，是实现乡村振兴的关键一环。河南省高度

重视卫生健康事业发展,围绕"健康中原"建设实施一系列利当前、惠长远的重大举措,卫生健康事业大踏步向前发展。

《河南省第三次全国农业普查主要数据公报》显示,2016 年末,100.0%的乡镇有医疗卫生机构,100.0%的乡镇有执业(助理)医师,95.8%的乡镇有社会福利收养性单位,94.1%的村有卫生室。《2020 年河南省乡村社会经济发展报告》显示,2020 年末,河南省农村共有卫生室 5.6 万个,平均每个行政村有 1.2 个;有 7.0 万名执业(助理)医师,与 2019 年相比增长了 6.4%。河南省卫生健康委员会公开资料显示,2021 年,全省 80%左右的乡镇卫生院(社区卫生服务中心)达到服务能力基本标准,2022 年底将力争所有乡镇卫生院(社区卫生服务中心)达到服务能力基本标准。

(五)老有所养:农村老人养老模式依旧偏向传统的居家养老

河南省地方经济社会调查队发布的《2022 年河南农村养老问题调研报告》显示,与配偶同住的老年人比例占 33.8%,与配偶和子女同住的老年人比例占 25.3%,与子女同住的占 22.9%,与其他亲属共同居住的占 1.9%,独居(有保姆)的占 0.6%,独居(无保姆)的占 12.4%,还有 3.2%的老人在养老机构居住或以其他方式居住等。

老人的日常生活由自己照料的占 42.7%,由配偶照料的占 28.0%,由子女(包括女婿、儿媳、孙辈)照料的占 24.5%,由其他亲友照料的占 1.4%,由保姆或者其他人员照料的占 0.6%,由养老院服务的占 2.8%。

(六)住有所居:农村居住条件改善,农民生活质量提升

农村人居环境是农民生活品质的重要标志,改善农村人居环境,对农民安居乐业、农村社会稳定和谐以及生态环境改善均具有重要意义。2020 年 10 月 20 日河南省政府发布的相关数据显示,目前全省所有行政村生活垃圾基本得到有效治理,农村生活污水治理率达到 30%,较 2018 年增长 10 个百

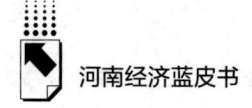

分点，卫生厕所普及率达到85%，农村集中供水率达到93%。《2020年河南省乡村社会经济发展报告》显示，在自然村中，通电、通电话、通公路、安装了有线电视和通宽带互联网的村民小组占比已趋于饱和。市场、50平方米以上超市、图书馆、文化站、影剧院、体育场馆等逐步建成使用。现阶段，农村垃圾污染、脏乱差等现象得到大幅改善，环保意识不断加强，公共基础设施已日渐完善，生活环境干净优美。

（七）弱有所扶：河南省低保标准逐年增加，农村涨幅更大

"弱有所扶"是党的十九大提出的一个全新的民生建设目标，想要实现这一目标，必须加强针对弱势群体的社会救助兜底保障制度建设，以建立与社会主要矛盾转变相适应的新时代中国特色社会主义社会保障体系。河南省不断加大民生保障力度，贯彻落实社会救助标准动态调整机制，保证城乡低保标准同步实现增长。根据民政部公开数据计算，2021年河南省农村低保标准提升至385.2元/（人·月），是2012年的3.5倍。

（八）文体服务：农村居民对教育文化娱乐的消费占比逐渐提高，文化娱乐生活丰富

公共文化和体育服务是丰富农村文体生活的重要手段，是提高乡村社会文明程度的重要抓手，是实施乡村振兴战略的重要组成部分。2020年，河南省农村居民人均生活消费支出提高到12201.10元，农村居民教育文化娱乐消费支出为1285.64元，占居民生活消费构成的10.5%，消费需求从生存型消费向发展型和享受型消费转变，居民精神生活丰富多彩。

随着农村经济和社会的发展以及政府对文化振兴的重视，农村文化事业面貌发生了深刻变化，基本实现了村级文化活动广场的全覆盖，乡村文化站功能逐渐完善。从历年《河南统计年鉴》数据可知，农村各类艺术演出团体演出场次，除近两年受新冠疫情等因素影响整体有所下滑以外，基本都能达到国内总数的半数以上（见表4）。

表4 2016~2020年艺术表演团体演出场次

单位：万场次

项目	2016年 国内	2016年 农村	2017年 国内	2017年 农村	2018年 国内	2018年 农村	2019年 国内	2019年 农村	2020年 国内	2020年 农村
话剧、儿童剧、滑稽剧团	10.17	5.26	25.16	12.68	8.55	7.53	2.89	1.90	0.05	0.02
歌舞、音乐类	0.72	0.48	1.05	0.62	1.22	0.84	0.97	1.09	2.02	0.50
京剧、昆曲类	0.02	0.01	0.02	0.01	0.04	0.02	0.08	0.04	0.01	0.01
地方戏曲类	12.71	10.12	18.58	13.27	16.66	14.93	18.13	17.02	11.58	7.87
杂技、魔术、马戏类	6.17	2.44	4.08	2.10	2.04	1.04	6.03	1.51	6.72	1.48
曲艺类	2.10	1.75	5.99	3.72	2.91	2.35	3.27	2.76	2.70	1.41
综合性艺术表演团体	14.36	5.96	9.77	4.31	7.80	2.18	7.58	2.76	7.49	1.37

资料来源：《河南统计年鉴》。

二 目前河南省农村基本公共服务体系建设面临的主要问题

（一）农村儿童生长发育状况与全国相比仍存在一定差距

从全国数据来看，2020年全国5岁以下儿童低体重率为1.2%，河南省为1.3%，河南省农村为1.4%；全国7岁以下儿童健康管理率为94.3%，河南省为90.9%，河南省农村为90.1%，与全国相比均存在一定差距（见表5）。

表5 2016~2020年河南省7岁以下儿童健康管理率

单位：%

	2016年	2017年	2018年	2019年	2020年
全国	92.4	92.6	92.7	93.6	94.3
河南	87.9	87.7	88.2	89.7	90.9

续表

	2016年	2017年	2018年	2019年	2020年
城市	88.6	88.9	89.6	91.5	92.2
农村	87.6	87.0	87.5	88.6	90.1

资料来源：《河南统计年鉴》《中国统计年鉴》。

（二）农村学前教育虽有设施，但缺少人员

当前，为了加快提升学前教育普及普惠水平和实现普惠性幼儿园全覆盖，河南省扩充普惠资源，健全经费保障，公办园数量逐步提升。2020年河南省乡村公办幼儿园共3283所，远远高出城区和镇区，增长率达到19.6%。但为实现覆盖率要求，数量的快速增加导致了教职工配备不足和办学条件差的双重问题。乡村公办幼儿园教职工数和专任教师数都低于城区和镇区，平均每个农村公办幼儿园约有4.39名专任教师，城区和镇区分别为25.28名和11.07名（见表6、表7）。

表6 2016~2020年河南省公办幼儿园数量

单位：所

地域	2016年	2017年	2018年	2019年	2020年
乡村	1951	2273	2574	2745	3283
城区	636	665	666	682	830
镇区	1365	1492	1595	1693	1933

资料来源：《河南统计年鉴》。

表7 2016~2020年河南省公办幼儿园专任教师数量

单位：人

地域	2016年	2017年	2018年	2019年	2020年
乡村	8339	9349	11034	11770	14418
城区	15288	16407	16224	17474	20984
镇区	15122	16112	17289	18854	21404

资料来源：《河南统计年鉴》。

(三)农村居民对"子女教育"基本公共服务不满意原因是优质教育资源不足

乡村教育的振兴关系着乡村发展的前途,实现乡村人才振兴,需以农村教育基本公共服务短板为抓手。基本公共服务调查数据显示,全省农村居民对"子女教育"基本公共服务选择"基本满意"和"不满意"的分别占22.2%和6.0%。在问及不满意的原因时,有44.5%的受访者认为"优质教育资源不足(教师业务水平低、责任心不强)"(见表8)。

表8 河南省农村居民对"子女教育"不满意的原因

单位:%

不满意原因	农村
优质教育资源不足(教师业务水平低、责任心不强)	44.5
学校收费贵(学费、杂费等)	32.4
公办幼儿园、学校数量不足/入托难、入学难	18.7
辅导班乱象(强制让学生上辅导班、辅导班多、辅导班收费高等)	7.0
学生作业多,学习压力大	6.2
义务教育阶段择校	5.2
学校硬件设施差	3.9
学生膳食不营养/餐费太贵等	3.0
疫情原因无法上学/疫情放假过长	0.6
存在校园霸凌	0.4
其他	12.4

注:本题为多选题,比例合计大于100%。
资料来源:《2022年河南省基本公共服务满意度调查》。

由于"重城轻乡"的教育现状,学校资源、师资力量与学校生源的不均衡成为制约乡村教育发展的瓶颈。一方面,师范教育资源的区位布局越来越远离乡村,集中于大城市;另一方面,城镇重点学校利用资源优势,将优

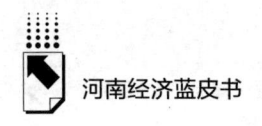

质教师不断地吸纳过去，城市教育资源逐渐在走产业化发展道路，但乡村教育质量始终无法得到提升。

（四）农村卫生技术人员总量不足，乡镇卫生院病床使用率偏低

2018年河南省卫生技术人员为62.13万人，2019年为65.39万人，2020年为70.69万人，2019年和2020年分别比上年增长5.3%和8.1%。其中，2018年村卫生室拥有的卫生技术人员为28709人，2019年为34195人，2020年为38700人，2019年和2020年分别比上年增长19.1%和13.2%，增幅高于平均水平。虽然农村增长幅度较大，但从总量看和全省相比有很大差距，2020年卫生技术人员总人数仅占全省的5.5%，说明医疗资源配置在城乡之间尚不均衡。

从农村乡镇卫生院医疗服务情况来看，一方面乡村患者小病拖、大病扛，另一方面优质医疗资源向城镇倾斜，基层医院资源匮乏，就医条件有限，导致农村乡镇卫生院的病床使用率并不高，2020年只有50%左右，远远低于全省医院病床80%左右的使用率。2018~2020年，农村乡镇卫生院诊疗人次分别为10559万、11626万、11504万，病床使用率分别为63.1%、63.3%、54.8%，远低于全省医院的87.6%、88.1%、78.1%。

（五）"看病就医"基本公共服务面临看病贵、水平低、报销难三大问题亟待解决

相比城镇，河南省农村医疗体系设施功能薄弱、相对落后，难以满足农村居民日益增长的看病就医需求。基本公共服务调查数据显示，2021年河南省农村居民对"看病就医"服务表示"基本满意"的受访者占25.2%，表示"不满意"的占11.8%。调查结果显示，农村居民对"看病就医"不满意的原因提及率最高的是"看病贵"，占比41.4%（见表9）。

表9 河南省农村居民对"看病就医"不满意的原因

单位：%

不满意原因	农村
看病贵	41.4
医院整体医疗水平低,医生能力不足	39.1
医保报销问题（找熟人才能开报销药物、报销少、报销不方便等）	25.9
看病难	9.4
看病检查项目过多/小病大治	8.8
就医不方便	6.6
转诊、转院证明需要找关系	1.6
新农合缴费高/不报销/一年不用就作废不合理等	1.3
手术红包等潜规则	0.7
排队长/服务效率低下	0.5
其他	4.4

注：本题为多选题，比例合计大于100%。
资料来源：《2022年河南省基本公共服务满意度调查》。

造成"看病贵"的原因，首先是医疗资源分配不均衡，乡村医疗卫生服务机构普遍存在着基建薄弱、药品短缺、医疗水平不高的情况，农村居民只能小毛病去大医院，花费自然较高。其次是医疗设备、耗材、药品本身成本不低，尤其是农村居民收入低且年龄偏大，医疗价格背离农民实际收入，看不起病。

（六）地方政府对"求职就业"重视不够影响农村居民满意度水平

促进农村富余劳动力就业是实现农民增收、乡村振兴的重要措施之一，农民工就业稳定，才能更好实现可持续、有实效的农民收入保障。基本公共服务调查数据显示，2021年有21.5%的农村受访者表示"基本满意"当地政府提供的求职就业，还有8.3%的农村受访者表示"不满意"。当问及受访者不满意的原因时，提及比例最高的是"劳动就业部门未提供就业培训及岗位"（50.3%）（见表10）。

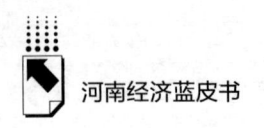

表10　河南省农村居民对"求职就业"不满意的原因

单位：%

不满意原因	农村
劳动就业部门未提供就业培训及岗位	50.3
疫情背景下求职困难	20.0
劳动者权益保护不到位	7.9
劳动就业部门公布就业信息的真实、有用程度低	5.9
工资低，消费高	5.5
社保制度不完善	2.8
失业保障水平低	2.7
走形式/效率低/不作为/政策执行不到位	1.9
劳动就业部门开展的就业培训效果差	1.7
其他	11.8

注：本题为多选题，比例合计大于100%。
资料来源：《2022年河南省基本公共服务满意度调查》。

多数农村居民对于就业培训及岗位的需求度要高于疫情影响下的求职问题，也从侧面说明农村居民并不欠缺从事低端劳动的机会，而是急需补齐技能短板，从从事体力劳动的行业转入对技能、经验和知识要求较高的生产性服务业等行业。

（七）识别精准度低是"困难救助"基本公共服务的主要困境

农村最低生活保障人数远远高于城市，困难救助对于农村社会保稳定、促和谐具有重要的现实意义。基本公共服务调查数据显示，2021年对于农村"困难救助"服务，农村受访者中回答"基本满意"的占18.8%，回答"不满意"的占9.4%。农村居民对"困难救助"不满意的原因提及率最高的是"识别精准度低（真正贫困户得不到救助）"，占比52.5%（见表11）。

表11 河南省农村居民对"困难救助"不满意的原因

单位：%

不满意原因	农村
识别精准度低（真正贫困户得不到救助）	52.5
贫困户分配不公平（需要有关系、送礼）	37.0
救助政策执行不到位	17.8
政府对低收入家庭或其他困难家庭（如疾病致贫家庭）的救助水平低	7.9
救助效率低下	6.7
救助覆盖面低	4.4
残疾人设施（如残疾人专用通道、残疾人公交、盲道等）以及政府针对他们的特殊优惠政策不完善	3.4
其他	3.2

注：本题为多选题，比例合计大于100%。
资料来源：《2022年河南省基本公共服务满意度调查》。

三 对策与建议

（一）重视农村基本公共服务供给与公众期望之间存在不协调不匹配问题

习近平总书记在2022年新年贺词中指出，民之所忧，我必念之；民之所盼，我必行之。保障和改善民生是一项长期工作，更好解决群众的急难愁盼问题，才能保证全体人民在共建共享发展中有更多获得感。基本公共服务调查结果显示，在问及当地最需要加强改善基本公共服务哪些方面时，43.4%的农村受访者表示需加强改善"子女教育"，分别有32.5%和22.9%的农村受访者表示为"看病就医"和"老有所养"。

从公众满意度和改善期望两个维度对11个分项进行象限分析，发现子女教育/升学入学和看病就医2个分项落入修补区，满意度低且改进急迫性高，应重点增加资源投入（见图2）。

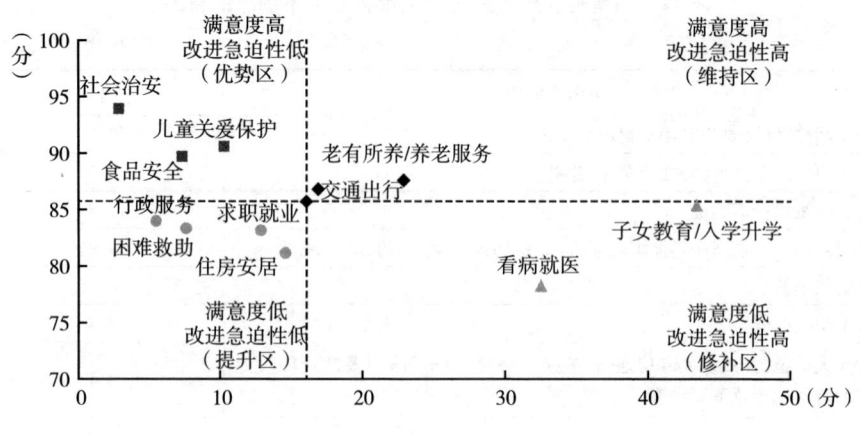

图 2 公众满意度和改进期望四象限分析

（二）加强医疗队伍建设，提升乡村医疗服务水平

乡村医疗卫生事业事关每个农民的切身利益，但基本公共服务调查显示，"病有所医"服务在所有分项中不满意占比最高，达11.8%，说明医疗现状和群众期待相比仍有落差，需进一步深化医改，提升医疗基本公共服务水平。

一是加大财政经费投入力度。结合当地经济发展水平与政府财政收入实际，进一步增加对农村医疗机构的财政补贴，解决农村医疗机构运行经费不足等问题。二是建立人才稳定机制。制定实施鼓励医护人才向农村流动的政策措施，不断充实农村医疗队伍。三是加快优质资源下沉。通过医共体建设，加大医共体牵头单位高级专业技术人才的下派和帮扶力度，提高农村服务能力。

（三）加快促进教育资源优质均衡发展，提升农村教育质量

人才振兴是乡村振兴的重要支撑，教育是人才培养的基本。从已有数据来看，一方面农村学前教育人员缺失现象明显，与城镇相比有一定差距；另一方面农村居民对农村义务教育阶段教师素质提升有较大期盼。

一是建议健全"城乡统一、重在农村、以县为主"的义务教育经费保障机制。充分发挥优质教育资源的引领辐射作用，大力推进乡镇九年一贯制学校整合工作，实现资源利用集约化。二是建议通过一对一结对帮扶，在教育理论、课堂教学、教科研等方面加强指导引领，推动学校质量提升。三是逐步提高高技术人才待遇水平，要注重解除教师的后顾之忧，激发教师从教活力，建立和完善教师有序流动办法。

（四）重视素质提升和技能培训，拓宽农民增收渠道

生活富裕是乡村振兴的落脚点，要让城乡居民的生活在根本上没有差距，才会有人愿意留在乡村。虽然农村居民收入逐渐增加，但城乡收入差距的绝对值仍在拉大，2021年已经达到19562.00元。

一是要下大力气抓好农业经营生产，稳定农业产品产量、价格及经营收益，夯实农村居民增收基础。二是政府相关部门要组织引导农民工通过学习培训，增强就业中的法律意识和维权意识，提升劳动技能和职业素质，增加农民务工劳动附加值，拓展就业途径。三是大力发展新就业形态。结合乡村振兴战略和河南农村劳动力就业特点，主动对接互联网平台，加快农村服务业发展，推进农村非农经营户经营活动扩容、提质、增收。

（五）提升兜底性民生支撑，做好困难群众基本生活保障

基本公共服务聚焦人民基本生存和发展的需求，是政府的兜底责任。弱有所扶对困难群众的精准识别度低不仅影响政府兜底保障的成效，更影响社会公平正义。

一是健全完善城乡社会救助体系，持续深化农村低保专项治理工作。统筹农村低收入群体救助体系，进一步精准认定农村低保对象，实现精准施保。二是加强和改进临时救助工作，切实做好"救急难"工作。加大贫困人口临时救助力度，妥善解决好贫困群众突发性、临时性、紧迫性困难问题。三是继续开展好社会救助领域腐败和作风问题专项治理。严格落实最低生活保障备案管理制度，切实组织开展好农村低保专项整治工作。

B.17 河南省实施制度型开放战略研究及展望

王振利 孙敬林 王卫红 张海波 张力文*

摘　要： 党的二十大报告强调，推进高水平对外开放，稳步扩大规则、规制、管理、标准等制度型开放，推动共建"一带一路"高质量发展。河南省第十一次党代会明确提出实施制度型开放战略，为全省今后一个时期对外开放工作定下了总基调。省委十一届四次全会对深入实施制度型开放战略进一步部署，制度型开放已成为推进河南高水平对外开放的出发点和落脚点。2022年，河南坚持高位推动，实施开放带动，突出改革创新，强化要素保障，各项任务取得阶段性成效。但在推进过程中也面临一些困难和问题，需采取有力措施加以解决。下一步，要全面贯彻党的二十大精神，锚定"两个确保"，聚焦提升全省对外开放凝聚力、驱动力、通达力、循环力、创新力、影响力、竞争力，务实推进"十大工程"，在构建双循环新发展格局中尽快形成更高水平的开放型经济新体制，加快打造内陆开放高地，推动开放强省建设迈出坚实步伐。

关键词： 对外开放　制度型开放战略　十大工程　开放强省

党的二十大报告提出，推进高水平对外开放，稳步扩大规则、规制、管

---

* 王振利，河南省商务厅党组书记、厅长；孙敬林，河南省商务厅党组成员、副厅长；王卫红，河南省商务厅对外开放服务办公室主任；张海波，河南省商务厅对外开放服务办公室三级调研员；张力文，河南省商务厅对外开放服务办公室四级主任科员。

理、标准等制度型开放，推动共建"一带一路"高质量发展。"制度型开放"首次以文件形式被写入党的二十大报告，放到一个新的历史高度，制度型开放的提出是党中央深刻把握人类社会发展的历史规律以及国内外发展环境作出的战略选择。河南在2021年10月第十一次党代会就明确提出实施制度型开放战略，在省委十一届四次全会上对深入实施制度型开放战略进一步部署，为全省今后一个时期对外开放工作定下了总基调。2022年，河南坚持高位推动，实施开放带动，突出改革创新，强化要素保障，加快自贸试验区建设，对标RCEP（《区域全面经济伙伴关系协定》）等国际经贸规则，加快制度创新、破除壁垒，有序推进各项任务落地落实，外向型经济指标增速高于全国，一批重大项目落地投产，实现投资贸易更便利、营商环境更优良，为全省经济社会高质量发展注入了强大动力。

一 2022年制度型开放战略实施情况

面对更趋复杂的发展环境和多发散发的疫情冲击，河南认真贯彻习近平总书记重要指示批示精神和"疫情要防住、经济要稳住、发展要安全"的重大要求，落实稳经济一揽子政策措施，大力推进制度型开放战略，形成省市县联动开放推进机制，各地在体制机制、营商环境、项目质量、产业基础等方面取得成效。2022年，开放型经济保持良好发展态势，全省进出口总值8524.1亿元，增长4.4%，规模居全国第9位；新设外资企业329家，实际使用外资17.8亿美元，增长118.2%，高于全国110.2个百分点；实际到位省外资金11076.9亿元，增长4%；全省社会消费品零售总额2.44万亿元，增长0.1%；对外直接投资13.8亿美元，增长0.8%；对外承包工程及劳务合作完成营业额41.5亿美元，增长1.9%。

（一）聚焦引领示范，增添自贸试验区制度创新优势

完善体制机制，研究形成《河南自贸试验区2.0版实施方案》和多式联运、法律、政务、监管、金融服务体系建设升级版专项方案。出台《河

南自贸试验区郑州片区促进外商投资股权投资类企业发展实施办法》，扩大金融领域利用外资。郑州片区人民法院金融岛人民法庭正式揭牌成立。复制推广创新成果，自贸试验区累计形成515项改革创新成果，160项试点任务基本完成，政务服务、多式联运、商品期货等领域创新走在全国前列。向商务部推荐航空物流电子货运试点等6条创新经验。评选出19项2022年新一批最佳实践案例，拟印发全省复制推广。郑州商品交易所波罗的海巴拿马型船干散货运价指数（BPI）期货获得中国证监会上市立项批准，与波罗的海交易所签署谅解备忘录。加强联动创新，开展开放创新联动区创建，三门峡等12个省辖市完成方案编制。省商务厅会同航空港区研究形成自贸试验区扩区总体方案草案，已起草空港新片区建设方案。创新"自贸试验区+综合保税区"融合发展机制，探索以"区区联动"模式开展保税等业务。抢抓RCEP战略机遇，指导郑州片区积极创建省RCEP示范区，设立省RCEP企业服务中心，为企业提供原产地证书签发、商事证明、出口退税等"一站式"涉外综合服务。

（二）聚焦保稳提质，全力稳住外贸基本盘

强化政策支持，省政府于5月、8月连续两次召开全省稳外贸稳外资扩消费工作电视电话会议，推动宏观政策更好落地见效。省级出台支持外贸稳定发展十条措施，拨付外经贸发展专项资金近5亿元，4000多家企业直接受益。优化金融保险政策支持，9市设立出口退税资金池，6市开展"外贸贷"业务，落地200亿元外贸产业专项信贷，持续扩大出口信保覆盖面，目前已累计为2552家外经贸企业提供风险保障106.60亿美元，同比增长18.2%。积极开拓市场，发布国际性展会推荐名录，支持企业线上线下开拓市场。引导企业用好RCEP关税减免、原产地规则，全省签发RCEP原产地证书5348份，328家企业享受关税减让红利，享惠出口货值逾3.45亿美元。在东盟博览会期间举办中国（河南）—RCEP成员国开放共享经贸合作洽谈会，共签约项目37个，总金额1271.50亿元。全省与RCEP成员国贸易额2552.2亿元，增长15.9%，占进出口的29.9%。加快发展贸易新业态，

印发实施《关于全面提升河南跨境电子商务核心竞争力专项方案》，新认定12家海外仓示范企业，共拨付扶持资金960万元。充分发挥市场采购、加工贸易产业园、汽车平行进口、外贸转型基地示范引领作用，2022年许昌市场采购贸易方式试点自运行以来累计出口5367单，出口额40.56亿元，显现出强劲活力。河南省获批成为第三批开展二手车出口业务地区。创新服务贸易发展，南阳市张仲景博物馆成功获批国家中医药服务出口基地，搭建河南中医药"走出去"新平台。制定关于认定省级数字服务出口基地的工作方案，支持郑州申建国家数字服务出口基地。郑州软件园等13个园区被省政府认定为省级服务外包示范园区。据省外汇局统计，2022年全省服务贸易66.19亿美元，增长7.11%。

（三）聚焦赋能扩权，提升平台载体管理水平

深化郑州航空港区管理体制改革，推动航空港区加快建设区域协同发展核心增长极。航空制造产业园建成投产，首套"河南造"航空仿真模拟设备出口海外。郑州航空港区获批"国家进口贸易促进创新示范区"，进一步激发进口潜力。2022年，全区进出口总值4707.8亿元，占全省的比重为55.2%，利用外资提前完成全年任务。郑洛新国家自创区集聚创新引领型企业、人才、平台数均占全省的50%以上，智能传感器、智能装备、生物医药、作物加速育种等平台取得阶段性成果，自创区体制机制改革获得河南优秀改革成果一等奖。跨境电商综试区建设水平稳居中西部首位，国内唯一的跨境电商零售进口药品试点已初步实现进口药品在跨境电商模式下的全程追溯和多部门协同监管，增添了进口药品新渠道。国务院正式批复焦作、许昌入选跨境电商综试区，河南已有5个跨境电商综试区和7个跨境电商零售进口试点城市。完善口岸和海关特殊监管区域体系，郑州经开综合保税区功能机构完成整合，洛阳综保区正式开展业务，开封综保区通过预验收。郑州获批全国重要国际邮件枢纽口岸并开通运营，已开通39个国家（地区）50个城市的总包直封关系。2022年，全省综保区进出口5149.1亿元，占全省的60.4%。开发区管理体制机制改革加快推进，研究制定开发区整合方案，对全省开发区进行整合

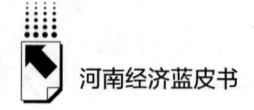

提升，明确184个开发区的名称、主导产业、空间布局、发展目标等。豫东南高新技术产业开发区揭牌成立，信阳、许昌高新技术产业开发区获批为国家级，国家高新区增至9家。

（四）聚焦四路联动，重塑开放通道新优势

郑州—卢森堡"双枢纽"合作不断深入，郑州机场三期工程建设持续推进，北货运区工程完工并投入运营。"郑州—卢森堡'空中丝绸之路'建设探索与实践"项目获评2022年服贸会"全球服务实践案例"并作重点推介。成功举办郑州—卢森堡"空中丝绸之路"国际合作论坛，发布31项重要合作成果。2022年郑州机场累计完成货邮吞吐量62.5万吨，旅客吞吐量922.2万人次。中欧班列集结中心示范工程加快建设，组建河南中豫国际港务集团以及国际物流枢纽建设运营公司等，构建适度有序竞争的班列运行格局。新增布达佩斯、胡志明市、万象、乌兰巴托、乌兰乌德、林查班等线路，已形成直达18个境外直达站点和8个出入境口岸的国际线路网络，2022年，开行中欧班列（中豫号）1572班，占全国总量的10%。成功举办第六届全球跨境电商大会，发布《中国跨境电商发展报告（2022）》等多项成果。2022年，跨境电商进出口2209.2亿元，增长9.5%。开通漯河经钦州港至东南亚的RCEP铁海联运班列、新乡—青岛铁海联运线路。首趟"船边直提"海铁保税货物班列顺利开行，周口港打通连接美国洛杉矶长滩港和非洲外贸集装箱物流通道，开通至印度蒙德拉港集装箱航线。漯河港二期开工建设，临港粮食储运加工基地加快建设；信阳港建成投用，开通蚌埠等5条集装箱航线。研究起草《河南省对接融入海洋经济工作方案》，提升通江达海能力。新乡市中部地区国际物流园集散中心被纳入国际陆海贸易新通道合作规划项目。2022年，全省海铁联运集装箱发运53957标箱，增长86.7%。

（五）聚焦项目建设，提高投资便利化水平

深入贯彻《外商投资法》及其实施条例，落实准入前国民待遇加负面清单管理制度。建立省利用外资联席会议制度，首次组建港资、台资、日韩、

世界500强利用外资专班，大力抓外资招引，超聚变、益海嘉里等一批重大项目落地，香港华润新能源、香港中粮面业、阿联酋G42集团等一批世界知名企业在豫投资、增资扩股。健全"三个一批"工作推进机制，打造全省招商引资项目管理平台，已储备招商项目3588个，发布重点项目1000个，投资总额超1.70万亿元。"签约一批"活动取得显著成效，举办四期"签约一批"活动，签约项目2225个，总投资1.91万亿元。积极参加第二十二届厦洽会，充分利用"云上投洽会"平台发布237个招商项目。组织3000多家企业参加第五届进博会，推动达成83个采购意向，合同金额7.70亿美元，河南交易团荣获中国国际进口博览会五周年突出贡献奖。各地积极开展小线下、大线上、多频次招商，据不完全统计，2022年，各地举办招商活动近600场次，签约3159个项目。

（六）聚焦企业需求，持续优化营商环境

不断优化政务环境，河南省政务服务中心正式揭牌，设置企业、民生等6个服务专区和84个分领域综合办事窗口，提供365天"不打烊"政务服务。启动全省统一"一件事"主题集成服务改革，推动市县"一件事一次办"改革，上线新生儿出生、企业开办等495项多事项、多部门联办一件事。深化"一网通办"，实现网上办事"一次注册、多点互认、全网通行"，全省政务服务事项基本实现网上可办。推行"全程网办"，省本级行政许可事项承诺时限平均压减超过70%，不见面审批事项比例达到95%以上。推动"指尖易办"，"豫事办"注册用户达到7459万，5569个事项实现"掌上办"。深化行政审批制度改革，深入推进526项涉企经营许可事项"证照分离"改革全覆盖，助力"照后减证"、简化审批。开通河南省企业开办"一网通办"平台，企业开办"一网通办、一次办妥、一日办结"。建设电子营业执照和电子印章同步发放应用管理系统，推动实现电子营业执照和企业电子印章同步发放、跨地区跨部门互信互认。个体工商户智能审批上线，登记全程"零见面、零跑腿、零干预、零收费"，电子营业执照实时自动发放。持续开展营商环境评价，开展营商环境"118"优化提升行动，出台

261项具体措施，推动重点领域、关键环节实现突破。实施《河南省优化县域营商环境实施方案》，打造特色鲜明的县域营商环境品牌。推进省级优化营商环境示范创建工作，推出121条改革创新事项，确定郑州、洛阳、鹤壁、驻马店4个省级优化营商环境创新示范市。

（七）聚焦要素保障，提高项目落地便利

深化投资审批制度改革，重塑再造审批流程，一般性企业投资项目全流程审批时间压减至60个工作日以内，实行承诺制的一般性备案类企业投资项目开工前全流程审批时间压减至40个工作日以内，其中开发区内一般性备案类企业投资项目实现"全承诺、拿地即开工"。环评审批流程进一步优化，省生态环境厅采取环评豁免、告知承诺审批、总量豁免、并联审批等方式，进一步提高审批效率。2022年以来，对近2000个重大项目免于开展环评，971个项目实施告知承诺审批，251个水利、交通、风光水电项目豁免污染物排放总量管理，涉及投资3568亿元，占全省审批项目总投资的37.9%。加大土地要素保障力度，实行"绿色通道"服务，对纳入省重点建设项目和"三个一批"项目用地计划指标应标尽保，单独组卷。推进"标准地+承诺制"改革，开展"地等项目"平台建设，2022年，全省累计出让"标准地"487宗4.13万亩。营造良好的招才引智环境，建立健全以《关于加快建设全国重要人才中心的实施方案》为引领的"1+20"人才政策体系，加快培育建设河南国际联合实验室，已建成省级国际联合实验室280家。实施高端人才引进专项行动，向科技部提交国家海外高层次人才项目22人，申报2022年度高端外国专家引进计划项目73项。强化资金要素保障，组织金融机构主动对接项目融资需求，开展重大项目融资对接，截至目前，已授信4988.90亿元、投放1518.70亿元。出台《河南省推进企业上市五年倍增行动实施方案》，加快推进企业上市步伐，2022年以来，新增A股上市公司11家，新增境外上市企业1家。打造河南常态化银企对接品牌，依托省金融服务共享平台每周固定时间进行金融产品直播和银企线上对接，各金融机构累计放款33426笔、金额301.50亿元。

二 存在的问题

（一）思想解放不够

思想观念方面，一些地方和部门缺乏开明的开放理念，保守求稳。对制度型开放战略理解不深、站位不高、重视不够，特别是对其内涵、特点与路径理解不透彻，存在把规则、规制、管理等同于促进政策的片面认识。在支持企业开拓国际市场、招引更多项目方面招数不多、效果不理想。对RCEP等国际经贸新规则没有深入了解，导致工作思路不清晰，对数字经济伙伴关系协定（DEPA）、中欧投资协定、全面与进步跨太平洋伙伴关系协定（CPTPP）等国际经贸规则前瞻性研究还不够，仍需加强研究。

（二）开放平台主阵地作用发挥不充分

一是开发区数量少，创新发展不够，能级亟须提升。如河南现有省级经开区数量远少于山东（152个）、安徽（109个）、湖北（93个）。部分开发区不同程度存在产业层次不高、龙头企业少、体制机制不活等问题。新产业新业态"从1到N"尚未形成。

二是自贸试验区发展引领不强。外贸、外资占全省比重较小，在全国排名靠后，示范引领作用不明显；自贸试验区制度创新溢出效应不足，首创性改革、集成式创新能力有待加强。

三是联动发展不够。航空港区作为全省最大的开放平台，之前未能纳入自贸试验区范围，国家战略叠加效应不能有效发挥。虽然郑州、洛阳、南阳等地已经拥有国家级开放平台，但集聚优势尚未充分显现。

（三）开放型经济的整体实力不强

开放循环力方面，河南对外贸易体量在中西部重点省份中位居前列，但存在过于依赖富士康单一龙头、支撑性外贸龙头较少、外贸结构有待优化等

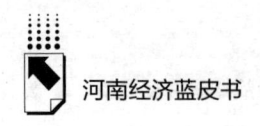

发展挑战，仍以加工贸易为主，更高附加值的一般贸易和服务贸易占比相对不高。对日韩、港澳台地区及世界500强企业招商引资研究不足、力度不够，利用外资规模不大。在跨省产业投资合作体量与增速上仍落后于四川、安徽等中西部省份。开放创新力方面，仅有超聚变数字技术和致欧家居获独角兽企业授牌，数量远低于北京（90家）、上海（69家）、深圳（33家）、杭州（21家）、广州（19家）等领先城市。开放通达力方面，郑州国际陆港功能完善，但对比西安、成都、重庆等陆港，郑州国际陆港中欧班列开行数量和货品价值有待进一步提升。

（四）要素保障还不完善

突出表现在人才留住难、土地指标供给不足、融资难等方面。本地人才获取困难，留不住高水平外经贸人才，如外贸报关专业人员、跨境电商专业人员、小语种人员缺乏，招商懂项目、懂"风口"产业、通法律、善服务的复合型人才缺乏。用地保障方面，存在审批时间长、指标受占补平衡限制、落地难等问题。中小微企业获得银行贷款明显比大企业难，都希望降低融资门槛。

三 推进制度型开放战略的对策和打算

全省上下将以习近平新时代中国特色社会主义思想为指导，全面贯彻落实党的二十大精神，锚定"两个确保"，全面实施制度型开放战略，进一步解放思想、守正创新，稳步扩大规则、规制、管理、标准等制度型开放，聚焦提升全省对外开放凝聚力、驱动力、通达力、循环力、创新力、影响力、竞争力，务实推进"十大工程"，加快打造要素高度集聚、平台高度集成、通道高度便捷、体制高度完善、环境高度便利的内陆开放高地，推动开放强省建设迈出坚实步伐。

（一）营造浓厚氛围，提升开放凝聚力

在思想观念上先行一步，在工作机制上再完善，在工作氛围上再加力。

解放思想，提高认识。实施顶层设计优化工程，筹备召开全省高规格对外开放大会，进一步凝心聚力、提振信心。深入学习领会习近平总书记关于制度型开放的重要论述，组织专题调研，向沿海省份、兄弟省市学习，强化顶层设计，深化改革创新。完善机制，形成合力。完善省、市、县三级联动机制，省对外开放工作领导小组发挥牵头抓总、综合协调作用；省直有关部门发挥协调联动作用，承担对外开放任务部门和对外开放服务部门按职责积极做好本领域对外开放工作；各市县承担主体责任，主要负责同志做到重要客商亲自拜访、重大活动亲自带队、重大项目亲自洽谈、重大问题亲自协调。强化宣传，营造氛围。实施人才培育工程，赴境内外发达地区举办河南对外开放高级研修班，进一步提升全省领导干部驾驭开放的能力和水平。加大市县工作人员专题培训力度，建设国际化人才队伍。探索从开放的驱动力、竞争力、通达力、创新力、循环力、影响力等维度探索研究编制河南对外开放指数，全方位测评河南对外开放水平。

（二）创新平台发展，提升开放驱动力

加快国家战略平台建设，增强各类开放平台集聚、辐射功能，形成完备的开放平台支撑体系。实施自贸区2.0发展工程，以河南自贸试验区建设为引领推进制度创新，依托郑州片区建设河南省RCEP示范区，开展复制推广提升行动；认定建设一批开放创新联动区，实现功能叠加、创新协同、联动发展。实施平台能级提升工程，推进郑州、洛阳、南阳、焦作、许昌跨境电商综合试验区发展，积极引入供应链龙头企业在河南设立总部，推动全球汇数字经济平台加快建设，增强"买全球、卖全球"发展能力和效益。深化郑州航空港区体制机制改革，围绕发展枢纽偏好型产业、战略新兴产业，巩固提升空港型国家物流枢纽功能，加快航空大都市建设，培育高质量发展新优势。加快郑洛新自创区提质发展，将自创区发展与省科学院重建重振、中原农谷建设等相结合，加速释放政策叠加优势，构建完善技术创新体系。以国家大数据综试区建设为牵引，充分发挥海量数据和丰富应用场景优势，推动数字产业化、产业数字化、数字化治理、数据价值化互促共进。推动开发

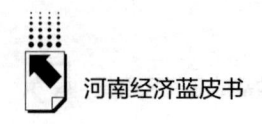

区创新发展,设立一批省级经开区、高新区,积极推荐晋升国家级开发区;集约节约高效用地,优化生产力布局;坚持"项目为王",加快产业转型升级;坚持深化改革,增强开发区活力动力;探索"两国双园"合作,建设一批高水平国际合作园区。推进海关特殊监管区域、口岸建设,加快综保区、保税监管场所升级改造,推动保税物流中心差异化、特色化发展。

(三)夯实通道优势,提升开放通达力

加快完善航空、铁路、公路和水运立体发展的综合国际物流网络体系,大力发展通道经济、枢纽经济,打造具有国际竞争力的枢纽经济先行区。实施丝路通道扩容工程。打造空中经济廊道,以"空中丝绸之路"建设为引领,深化"郑州—卢森堡"双枢纽建设,建成"全球航空货运枢纽"和"现代国际综合交通枢纽"。加快中原龙浩航空与卢森堡货航"双基地"一体化运作平台建设,完善航空电子货运信息服务平台,推进海外货站建设,探索"空空中转"创新业务模式。贯通陆上经济走廊,加快中欧班列郑州集结中心建设,强化中欧班列(中豫号)国际物流通道枢纽作用,开展扩量提质三年行动计划,打造河南班列品牌。规划建设郑州国际陆港航空港新片区。支持新乡市积极融入"国际陆海贸易新通道",建设中部集散中心。织密网上丝绸之路,高标准办好第七届全球跨境电商大会,推动E贸易核心功能集聚区创新发展,保持跨境电商包机稳定运营。对标RCEP及CPTPP和DEPA高标准经贸规则,在跨境电商、移动支付等前沿数字服务领域创新发展,巩固河南网上连接世界新优势。扩宽出海大通道,积极融入海洋经济发展,做强河南港口集团,促进周口、信阳等地河港运力和航线网络建设,打造河港投建管运贸"一体化"产业链,加快构建高效多式联运体系,发展服务海洋经济产业,不断提高河南海洋经济产业、通道、设施、平台链接度。

(四)稳住外贸基本盘,提升开放循环力

强化重点外贸企业服务,丰富促进政策工具箱,加强政策引导、梯队培

训、金融支持，壮大外贸企业主体规模。优化贸易结构，提高加工贸易质量，提升一般贸易比重。巩固美国、欧洲、RCEP 成员国等重点市场。实施外贸新动能培育工程。突出创新驱动，扩大许昌市场采购贸易方式试点集聚和辐射效应，实现"一顶帽子大家戴、一个平台大家用"。推动文化贸易和数字贸易实现新突破，支持自贸试验区开封片区发挥文化资源优势，扩大同吉尔吉斯斯坦等周边国家文化贸易规模，畅通文旅等合作渠道，出口更多优质文化产品。突出政策推动，与跨境电商零售进口药企合作，尽快上线所有试点药品，逐步扩大药品跨境试点规模。支持济源加工贸易产业园建设全国领先的国家加工贸易产业园，完善加工贸易产业体系。突出服务带动，加快建设航空港区进口贸易促进创新示范区，聚焦贸易促进和贸易创新，在促进进口、服务产业、提升消费等方面发挥示范引领作用。支持豫企出海拓展海外营销网络，规范企业海外经营行为，带动外贸进出口。

（五）完善产业体系，提升开放创新力

突出招大引强，滚动开展"三个一批"活动，通过招商引资引来优质项目和龙头企业，提质发展传统产业、培育壮大新兴产业、前瞻布局未来产业，建设现代化产业体系，着力提升产业链供应链韧性和安全水平。大力实施产业招商。动态完善重点产业链图谱和招商路线图，实施产业链"链长制""盟长制"招商。推广"带地招商"，强化资本招商，探索"产业园区+创新孵化器+产业基金+产业联盟"一体化推进的引资模式。鼓励采取异地孵化、"飞地"经济、要素合作等模式，与东部沿海地区共建产业转移合作园区。加大精准招商力度。实施对欧招商引资专项行动，差异化招引承接欧洲产业转移，建立在卢森堡等地举办经贸活动长效定期机制。用好省级招商引资专项资金、跨国公司地区总部和功能性机构等支持政策，力争实现外资研发中心零突破。建设发展好中德（许昌）、中日（开封）等国际合作园区。务实办好重大经贸活动。赴京津冀、长三角、粤港澳大湾区等重点地区开展专项招商引资活动。高水平举办中国河南国际投资贸易投洽会、世界传感器大会等国际性大型活动。发挥国家进博会、服贸会、厦洽会等重大展会

活动的投资促进功能，开展精准专题对接。支持各地、各部门举办务实管用的节会招商活动。完善境内外招商网络。强化驻外办事机构招引职能，加快在重点国家（地区）谋划布局经贸联络处。支持各地在重点招商引资区域设立招商联络处，积极开展驻地招商。实施外资百企招引工程。发挥好利用外资联席会议作用，高效推动"四个专班"。筛选100家重大外资企业锚定优势产业，引进100个先进制造业项目、代表性企业落户。建立重点在谈项目、签约项目台账，重大签约项目纳入省利用外资联席会议督办事项。

（六）加强人文交流，提升开放影响力

筑强文旅资源大省优势，补齐教育、医疗、科技等领域短板，深化国际友城合作交流，推动全方位、宽领域开放。实施科技合作深化工程。加强省国际联合实验室等合作平台建设，支持省内创新主体主动对接国内外创新资源。加快推动高层次人才国际化培养资助项目和外国专家项目，吸引集聚高层次创新人才和团队。办好开放创新暨跨国技术转移大会，深化与国家部委、科研院所和知名高校的科技合作，持续推进创新创业孵化载体和优秀科技成果向河南转移。提升文旅开放水平。以文化创新科技引领为驱动，创新整合以太极拳、少林功夫为代表的中国功夫国际推广体系，面向国内外深度展现传播河南文化价值。以国际节会品牌活动为载体，塑造郑汴洛国际文化旅游目的地新形象。推进"行走河南·读懂中国"品牌体系国际化提升与推广，构建"线上+线下"的海外宣传格局。以国际研学基地营地建设为抓手，加强中外青少年交流互动，促进河南国际游学市场高质量发展。深化教育、医疗卫生等领域开放交流。选派高校领军人才、青年学科带头人赴国（境）外知名高校和科研机构研修。打造"留学河南"品牌，推进来豫留学生教育规模质量双提升。推动国内双一流高校设立分校，大力引进国外合作办学项目，鼓励外商投资设立外籍人员子女学校（非义务教育）。加强中医、康复、疫苗研发等领域国际交流合作。鼓励境外资本来豫投资国际医院、康复中心、养老院等机构。大力引进和创办有国际影响力的重大体育赛事。实施友城交流拓展工程。深化国际友城建设，深耕友城资源，争取新缔

结一批友好城市。推进国际交往便利化，争取外事机构、国际组织分支机构、签证中心落地，积极争取 144 小时过境免签政策。

（七）打造"六最"环境，提升开放竞争力

打造市场化、法治化、国际化营商环境，让审批最少、流程最优、体制最顺、机制最活、效率最高、服务最好的"六最"营商环境成为河南发展的最新形象。以中原城市群、郑州都市圈为依托，加快郑州国家中心城市和洛阳、南阳省域副中心城市建设，提升全球影响力、区域带动力。实施营商环境提质工程。实施"专家门诊"模式，强化对各地营商环境建设的"把脉问诊"。研究谋划全省营商环境系统性改革"1+N"政策体系，支持具备条件的地区争创国家营商环境创新试点城市，开展县级营商环境示范创建。提升政务服务能力。加强"信用政府"建设，推进"数字政府"建设。不断增加"企业开办+N项服务"覆盖面，实现企业登记、社保登记、公章刻制、发票申领等环节信息互联互通，全省企业开办"一网通办、一次办妥、一日办结"。实行新投资企业"服务官"制度，实现企业即登记、服务即上门。建立重点企业参与涉企政策制定常态化机制，研究重点领域产业发展规划或推进方案。大力营造法治环境。推进法治政府建设，保证市场主体平等参与、平等发展权利。促进司法审判与国际仲裁、外商投诉权益保护多种机制互补、衔接，完善国际商事纠纷解决机制。研究探索涉外领域立法，推进外商投资权益保护地方性立法。

B.18
扎实推进以人为核心的
新型城镇化战略研究

田凯 张博 乔治洋 谷永翔*

摘　要： 2022年，河南省锚定"两个确保"奋斗目标，大力实施以人为核心的新型城镇化战略，重塑区域发展格局，打造现代化高能级郑州都市圈，培育洛阳、南阳副中心城市，建设宜居韧性智慧城市，促进城乡融合发展。2023年将重点做好五个方面工作：一是抓好统筹协调，持续提升新型城镇化发展质量；二是强化中心带动，塑强区域竞争新优势；三是突出示范引领，打造城乡融合发展新载体；四是抓好民生实事，提升城镇综合承载能力；五是深化改革创新，激发区域协调发展新活力。

关键词： 新型城镇化　郑州都市圈　城乡融合

城镇化是现代化的必由之路和重要标志。① 习近平总书记在党的二十大报告中明确提出："推进以人为核心的新型城镇化，加快农业转移人口市民化。以城市群、都市圈为依托构建大中小城市协调发展格局，推进以县城为重要载体的城镇化建设。"河南省深入贯彻中央决策部署，锚定"两个确保"，深入实施以人为核心的新型城镇化战略，推动城镇化进程不断提速、

---

* 田凯，河南省发展和改革委员会城市发展处处长；张博，河南省发展和改革委员会城市发展处副处长；乔治洋，河南省发展和改革委员会城市发展处一级主任科员；谷永翔，河南省统计局人口和就业统计处三级调研员。
① 胡祖才：《完善新型城镇化战略　提升城镇化发展质量》，《宏观经济管理》2021年第11期。

质量持续提升，预计2022年常住人口城镇化率将达到57.5%。展望2023年及未来更长一个时期，新型城镇化仍是河南省最大的内需潜力和发展动能所在，是支撑现代化强省建设的重要抓手。2012~2021年河南省和全国常住人口城镇化率变化情况如图1所示。

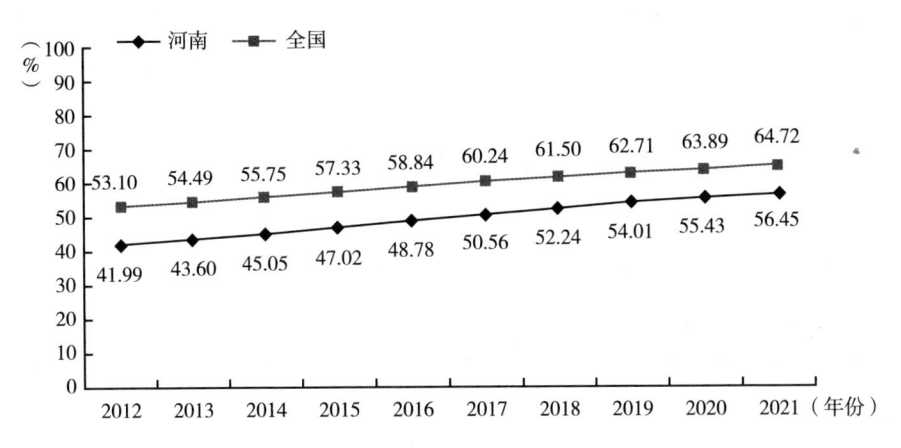

图1　2012~2021年河南省和全国常住人口城镇化率变化情况

资料来源：河南省统计局。

一　2022年新型城镇化建设进展情况

2022年河南省锚定"两个确保"奋斗目标，大力实施以人为核心的新型城镇化战略，全面落实《河南省新型城镇化规划（2021~2035年）》和《实施以人为核心的城镇化战略工作方案》，制定实施《2022年河南省新型城镇化和城乡融合发展重点任务》，推动城镇化建设取得显著成效。

（一）加快推动农业转移人口市民化

紧紧围绕农业转移人口市民化这个首要任务，统筹推进户籍制度改革和城镇基本公共服务均等化，促进农业转移人口全面融入城市。

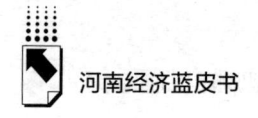

1. 深化户籍制度改革

郑州市进一步放宽中心城区落户条件，凡在中心城区具有合法稳定就业或合法稳定住所（含租赁）的人员，落户不受社保缴费年限和居住年限限制。畅通返乡落户渠道，打通城乡人员流动的制度性障碍。提高户籍登记和迁移的便利度，改革户籍审批流程，"一站式"户口迁移超过10万笔。提高居住证的含金量和发放量，制发居住证41万张。争取国家农业转移人口市民化奖励资金32.27亿元，金额连续多年位居全国第1。

2. 推进"人人持证、技能河南"建设

落实《高质量推进"人人持证、技能河南"建设工作方案》，聚焦"十大战略"加大高技能人才"金蓝领"培训和企业新型学徒制培训，促进产业、行业、企业、职业、专业"五业"联动。大规模开展职业技能培训，组织各类职业技能培训328.57万人次。强化以赛促训工作，举办河南省第一届职业技能大赛，1412名选手同台竞技，着力打造"人人持证、技能河南"建设的靓丽名片。

3. 扩大基本公共服务覆盖面

实施学前教育普惠扩容工程，积极扩充普惠资源、改善办园条件，开工建设235所新建公办幼儿园，改扩建357所公办幼儿园，新增公办学位近10万个。全面提升医疗服务能力，加快推动国家区域医疗中心和省级医疗中心建设，持续提升疑难危重疾病救治能力。深入开展"春风行动"等系列公共就业服务专项活动，扩大失业和工伤保险参保范围，支持新业态从业人员随单位参加职工基本医保。

（二）推进新型城镇化空间格局优化

坚持规模和质量双提升，推动中心城市"起高峰"，推进区域协调联动发展，加快构建一主两副、一圈四区、多点支撑的发展格局。

1. 加快推进郑州国家中心城市建设

郑州成立以市委书记、市长为双组长的郑州国家中心城市建设领导小组，强力推进郑州国家中心城市建设，加快打造创新、先进制造业、开放、人才"四个高地"。引进支持中科院过程所等12家大院名所等在郑设立新型研发机构，超聚变数字技术有限公司等上榜独角兽企业名单，实现独角兽企业零的突破。引进比亚迪新能源乘用车二期、超聚变产业基地等87个亿元以上新兴产业项目，签约重塑科技等一批未来产业项目。郑州出台10条"青年人才新政"，引进了院士领衔的200余人高水平研发队伍。

2. 高标准规划建设郑州都市圈

按照通盘谋划、一次编成的思路，加快构建郑州都市圈"1+1+3+N+X"规划体系，即以郑州都市圈发展规划为统领，以郑州都市圈国土空间规划为基础，以纳入国家战略部署的郑州市市域一体化发展、新阶段郑州航空港经济综合实验区高质量发展、郑开同城化发展3个区域规划为重点，以都市圈各专项规划、都市圈其他城市市域一体化发展规划为支撑的规划体系。推动"1+8郑州都市圈"住房公积金实现互认互贷，对符合条件的小型客车行驶郑开兰、郑港间高速实行免费通行，郑许市域铁路开始空载试运行、郑开城际延长线开工重启，郑开大道快速化改造等启动研究，兰考县与郑州高新区签约战略合作协议。

3. 加强副中心城市和城镇协同区建设

加快洛阳中原城市群副中心城市提级扩能，布局建设东旭氢能汽车等一批重大项目，龙门实验室挂牌运营，累计建成博物馆纪念馆102家。以洛济深度融合发展为引领建设豫西转型创新发展示范区，研究编制《洛阳济源深度融合发展规划》，常态化推进住房公积金一体化、建立应急用血调配机制等43项合作。南阳省域副中心城市建设开局起步，省委省政府印发《关于支持南阳以高效生态经济为引领建设省域副中心城市的若干意见》，12个省直部门出台配套支持政策。强化与驻马店、信阳联动发展，加快推进南信合高铁等工程建设。推动城镇协同区联动发展。安阳、濮阳、鹤壁共同签订共建豫北跨区域协同发展示范区战略合作协议，围绕产业、科创、交通、能源等领域推进重点合作项目建设。推动商丘、周口建设豫东承接产业转移示范区，开工建设引江济淮工程，谋划实施豫东天然气储备基地、豫东煤炭储备基地等重大项目。

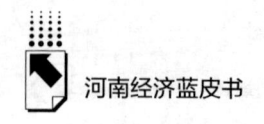

4. 提质推进县域城镇化建设

全面落实中办国办《关于推进以县城为重要载体的城镇化建设的意见》，以兰考、鄢陵、新安、南乐、新郑5个国家级县城新型城镇化建设示范县为引领，推动县城重点围绕公共服务、环境卫生、市政公用、产业培育等方面提升综合承载能力。在国家发展改革委全国县城建设专题视频会上，兰考县作为县域发展优秀代表介绍先进经验。围绕"一县一省级开发区"建设，积极谋划争取县城产业园区基础设施领域政策性金融工具项目42个，总投资418.5亿元。大力支持永城等10个城市加快发展成为中等城市。

（三）扎实推进高品质新型城市建设

坚持人民城市人民建、人民城市为人民，顺应城市发展新趋势，统筹发展与安全，加快转变城市发展方式，全面提升城市综合承载能力。

1. 实施城市更新行动

持续推进城镇老旧小区改造，新开工老旧小区改造3809个，惠及居民38.86万户。稳步实施棚户区改造，新开工建设棚改安置房9.66万套，基本建成16.97万套。制定实施《关于加快发展保障性租赁住房的实施意见》，重点解决新市民、青年人等群体的住房困难问题，新筹集保障性租赁住房7.31万套。坚持一城一策、因城施策，促进房地产市场平稳健康发展，开展"保交楼、稳民生"工作，争取政策性银行专项借款200亿元，总额度居全国第1位，推动项目实现全面复工建设。

2. 开展燃气管道等老化更新改造

大力推进燃气集中整治，健全燃气安全管理工作会商研判、部门协同、联合执法、应急处置等机制，落实《国务院办公厅关于印发城市燃气管道等老化更新改造实施方案（2022~2025年）的通知》要求，制定燃气管道老化更新改造和供水排水供热管道老化更新改造实施方案。印发城市防洪排涝能力提升方案，实施一批城市和县城排水防涝设施建设补短板项目，争取中央预算内资金2.89亿元，支持28个项目建设，争取鄢陵等15个县城纳入排水设施建设国家支持名单。

3. 建设好城镇环境基础设施

印发实施《河南省"十四五"城镇污水和生活垃圾处理及利用发展规划》，研究制定《河南省加快推进城镇环境基础设施建设实施方案》，加快推进生活垃圾焚烧发电项目建设。纳入规划的71座生活垃圾焚烧处理设施已建成59座、在建7座，建成率为83.10%，开工率为93.0%；焚烧处理能力达到6.44万吨/日，焚烧处理率达76.8%。制定实施《河南省关于城市停车设施加快发展的实施意见》，加快补齐城市停车设施供给短板，推动各地编制完善城市停车设施专项规划，分年度谋划储备停车设施建设项目。

（四）持续健全城乡融合发展体制机制

促进城乡要素自由流动和公共资源合理配置，逐步缩小城乡发展差距，巩固拓展脱贫攻坚成果同乡村振兴有效衔接，加快构建新型工农城乡关系。

1. 加强许昌国家城乡融合发展试验区建设

省委省政府印发《关于支持许昌高质量建设城乡融合共同富裕先行试验区的意见》，支持许昌为河南省城乡融合和共同富裕探索路径。省政府印发实施《国家城乡融合发展试验区（河南许昌）实施方案》，着力在"人、地、钱、技"等重要领域和关键环节改革取得实质性突破。长葛市引入中国农科院等科研机构和种业企业，着力破解种业"卡脖子"难题，经验做法被国家发展改革委在全国推广。

2. 推进城镇基础设施和公共服务向乡村覆盖

加快推进"四好农村路"示范创建提质扩面，组织开展2022年"四好农村路"省级示范县创建工作，加快建立覆盖县、乡、村三级的农村公路"路长"组织管理体系。印发2022年河南省重点民生实事学前教育普惠扩容工程实施方案，加大公办幼儿园建设力度。推进紧密型县域医共体建设，103个县（市）共组建190个医共体，覆盖365个县级公立医疗机构、1755个乡镇卫生院。

3. 扎实推动城乡共同富裕

深入推进农村一二三产业融合发展试点示范活动，累计获得国家农村产

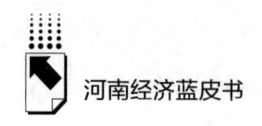

业融合发展示范园认定17家，居全国前列，示范园涉农产业总产值552.4亿元，带动园区内农业全产业链就业87万人。推动黄河滩居民迁建区全面收官，30万群众搬出了"穷窝子"、走出了"新路子"。开展农村供水"大排查、大整改、大提升"活动，加强对脱贫地区和供水薄弱地区饮水情况的动态监测，健全农村供水问题快速发现和响应机制。

二 新型城镇化发展趋势特征分析

城镇化既是市场主导、自然发展的过程，也是政府引导、科学发展的过程。[1] 进入新发展阶段，随着国家重大区域战略的深入实施，河南省叠加构建新发展格局战略机遇、新时代推动中部地区高质量发展政策机遇、黄河流域生态保护和高质量发展历史机遇等多重国家战略"红利"，同时也面临多方面问题与挑战。

从城镇化的发展阶段来看，回望过去30年河南省城镇化率变化情况，2000年"五人普"较1990年"四人普"提升7.65个百分点，2010年"六人普"较2000年"五人普"提升15.35个百分点，2020年"七人普"较2010年"六人普"提升16.91个百分点，年均增速不断加快。根据诺瑟姆曲线，城镇化率处于30%~70%为快速发展阶段。2017年河南省城镇化率突破50%，由农村型社会进入城市型社会。但迈过50%的关口后，根据国家统计局最新数据，2022年我国人口总量比2021年减少85万人，人口负增长将从供需两侧冲击经济增长，城镇化率增速将随之放缓。

从区域协调发展格局来看，产业和人口向中心城市、都市圈等发展优势区域集中已成为客观规律，特别是年轻的高学历人口将持续向中心城市、都市圈和城市群转移。[2] 在国家新型城镇化规划中，郑州被纳入全国重点培育的18个都市圈。河南省第十一次党代会召开以来，郑州都市圈扩容提质、

---

[1] 韩云、陈迪宇等：《改革开放40年城镇化的历程、经验与展望》，《宏观经济管理》2019年第2期。

[2] 倪鹏飞、徐海东：《面向2035年的中国城镇化》，《改革》2022年第8期。

南阳副中心城市建设等一系列重塑性决策相继落地，标志着新型城镇化建设迈入新的发展阶段。但也存在郑州龙头带动效应不够突出的问题，特别是2021年以来郑州受"7·20"水灾和疫情延宕，经济增长受到一定程度的影响，副中心城市总体实力还不够强，跨区域对接协商机制不够健全。

从城市建设发展来看，部分城市建设忽视城市精细化管理和广大居民需求，存在"重面子、轻里子"现象。[1] 由粗放型外延式扩张向集约型内涵式发展转变成为各地的必然选择。河南城镇化过去更多基于经济考量、发展模式以土地扩张为主，城镇建成区面积年均增速比城镇常住人口增速高出近3个百分点，土地城镇化速度明显高于人口城镇化。城区存在大量20年及以上老旧管网，部分城市新城区管道燃气普及率不足50%。城市基础设施设防标准不统一、防灾减灾能力不足。

从城乡融合发展趋势来看，我国省内人口流动增速连年高于跨省流动，省内人口迁移规模已达省际2倍以上，大部分增加的农民工在本县，就近就地城镇化成为城镇化的重要方向。同时，城市发展不平衡、乡村发展不充分、要素流动不顺畅、资源配置不合理等问题仍然存在，特别是城乡二元结构问题更为突出。目前，县城作为城镇体系的重要一环，已成为推进城乡融合发展的主战场。未来需要顺应城乡关系深刻转型的大势，抓住县城这个关键点，破除城乡融合发展体制机制障碍，加快补齐短板弱项。

三 2023年工作重点任务

2023年，推进以人为核心的新型城镇化战略，要坚持以习近平新时代中国特色社会主义思想为指导，全面贯彻党的二十大精神，深入落实习近平总书记视察河南重要讲话和重要指示精神，落实省第十一次党代会精神，锚定"两个确保"，坚持以人民为中心，以推动高质量发展为主题，以改革创

---

[1] 魏后凯、李矍、年猛：《"十四五"时期中国城镇化战略与政策》，《中共中央党校（国家行政学院）学报》2020年第4期。

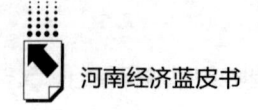

新为根本动力,深入实施以人为核心的新型城镇化战略,以中原城市群和郑州都市圈为依托构建大中小城市协调发展格局,提升郑州国家中心城市能级,推动中心城市"起高峰"、县域经济"成高原",推进以县城为重要载体的城镇化建设,打造宜居韧性智慧城市,推动城乡深度融合发展,为中原更加出彩提供坚实支撑。

（一）强化统筹协调,持续提升新型城镇化发展质量

深化户籍制度改革,加快城镇基本公共服务常住人口全覆盖,健全配套政策体系,促进农业转移人口全面融入城市。

1. 制定实施2023年新型城镇化年度工作要点

深入落实《河南省新型城镇化规划（2021~2035年）》和《实施以人为核心的新型城镇化战略工作方案》,制定《2023年河南省新型城镇化暨城乡融合发展重点任务》,建立重点任务工作台账和责任分工清单,定期调度落实情况,督促各类政策加快落地见效。

2. 加快农业转移人口市民化

进一步深化户籍制度改革,促进在城镇稳定就业和生活的农业转移人口举家进城落户。完善实施居住证制度,提高居住证持有人享有的基本公共服务水平。健全农业转移人口市民化财政奖励机制,推动中央预算内投资安排向吸纳农业转移人口落户多的城市倾斜。在编制国土空间规划时,充分考虑进城落户人口数量,合理安排城镇新增建设用地规模。

3. 提升城市基本公共服务水平

健全基本公共服务同常住人口挂钩、由常住地供给的机制。深入推进"人人持证、技能河南"建设,聚焦智能制造、养老托育等用工矛盾突出的行业和网约配送、直播销售等新业态开展大规模技能培训。保障随迁子女在流入地受教育的权利,加大人口集中流入城市义务教育阶段学位供给。探索推进基本医疗保险省级统筹,加强医保关系转移接续服务。

（二）强化中心带动,塑强区域竞争新优势

提升中原城市群一体化发展和郑州都市圈同城化发展水平,促进大

中小城市协调发展，构建疏密有致、分工协作、功能完善的城镇化空间格局。

1. 推进郑州国家中心城市提质进位

强化郑州国家中心城市建设要素保障，加快国土空间规划编制，确保重点园区、重大项目建设用地需求。加强省级层面统筹协调，指导郑州聚焦城市核心功能定位、围绕"四个高地"建设，编制市域一体化发展规划，制定实施2023年国家中心城市建设重点任务，建立重大项目库。

2. 加快郑州都市圈一体化高质量发展

加快构建郑州都市圈规划体系，制定2023年郑州都市圈一体化发展工作要点，加快郑开、郑洛、郑新、郑焦等都市圈交界地区融合发展试点建设，以郑开科学大道、平安大道贯通等跨区域民生项目和兰考特别合作区产业协同合作项目为重点，谋划都市圈重大项目库。

3. 建强副中心城市和城镇协同区

锚定万亿级推进洛阳副中心城市建设，开展洛阳副中心城市建设支持政策落实情况总结评估，印发实施洛阳济源深度融合发展规划，加快建设洛济、洛渑等重点产业带。完善南阳副中心城市建设规划政策体系，制定实施南阳建设省域副中心城市发展规划。推动豫西、豫南、豫东和豫北城镇协同区交通对接、功能衔接、产业链接。

（三）突出示范引领，打造城乡融合发展新载体

以国家城乡融合发展试验区为突破口、以县域为基本单元，促进城乡要素自由流动和资源合理配置，构建新型工农城乡关系。

1. 抓好城乡融合发展试验区建设

擦亮许昌国家城乡融合发展试验区"国字招牌"，提标扩容推进"5+1"项改革任务，总结提炼一批可复制的典型经验进行推广。按照因地制宜、布局均衡、重点突出的原则，选择一批与中心城市基础设施通达性较强、产业发展基础良好、政府债务风险较低的市、县设立省级城乡融合发展试验区，在更大范围内释放改革带动效应。

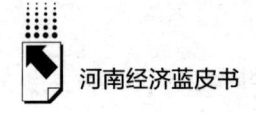

2. 加快县域城镇化建设

制定出台《河南省关于推进以县城为重要载体的城镇化建设的实施意见》，重点推进县城产业配套设施提质增效、市政公用设施提档升级、公共服务设施提标扩面、环境基础设施提级扩能。完成兰考等5个国家新型城镇化建设示范县的示范任务，创建一批省级新型城镇化示范县。推动县域内撤乡设镇（街道）、村改社，培育一批3万~5万人的中心镇。

（四）抓好民生实事，提升城镇综合承载能力

顺应城市发展新趋势，统筹城市有机更新和精明增长，科学有效配置公共资源，加快补齐防灾减灾能力短板，突出抓好"里子工程"建设，打造宜居韧性智慧城市。

1. 加快提升城市安全韧性水平

加快燃气、供水、排水、供热等生命线工程建设改造力度，绘制管网数字地图，力争全年完成各类管网改造3000公里以上。全面开展城市内涝治理，加快推进海绵城市建设，新增海绵城市达标面积120平方公里。推进城市公共供水管网漏损治理，争取更多符合条件的城市纳入国家试点。因地制宜建设综合管廊，完善入廊收费保障机制和实施政策。

2. 推动城市绿色低碳发展

印发推进城镇环境基础设施建设实施方案，推动规划内的生活垃圾焚烧发电项目全部开工建设。加快推进污水处理设施提质增效，统筹推进雨污分流改造和污水管网建设，力争设市城市污水集中收集率达到68%。优化整合现有完整社区、低碳社区、绿色社区、智慧社区、未来社区等建设标准，推动绿色社区等占比持续提升。

3. 持续完善住房保障体系

加快城镇老旧小区改造，聚焦中心城区脏乱差棚户区和城中村改造，实施精准化棚改。支持郑州等人口流入明显城市加快发展保障性租赁住房，加大青年人才公寓建设支持力度。加强房地产平稳健康发展长效机制政策工具的研究和储备，推进保交楼项目建设，推动保交楼项目配套融资及时足额到位，谋划设立省级财政专项借款资金和省级纾困基金。

4. 加大城市基础设施投入力度

加强本领域国家优惠政策宣传推介和项目谋划储备，统筹经营性和非经营性城市基础设施建设项目，提升项目综合收益水平，撬动社会资本参与城市建设运营，力争全年争取更多中央预算内投资和地方政府专项债券，争取开发性政策性及商业性金融机构信贷、国家中长期贷款、部分领域设备购置与更新改造贷款贴息政策等支持。

（五）深化改革创新，激发区域协调发展新活力

着眼重点领域和关键环节，加大改革探索力度，以更深层次、更广领域的体制机制创新，最大限度激发内生动力，不断提高发展质量、治理效能。

1. 发展壮大市本级经济

推动各地市将中心城区"龙头"扬得更高，下大气力发展城市经济，按照"因地制宜、一市一策"的原则，推动各市做强做优市本级经济，重点抓好格局优化空间整合、科技创新策源突破、一流人才集聚引育、新型基建抢滩发力、产业补链延链强链、扩大开放提质赋能、现代金融做优做强、安全韧性短板提升、文化保护传承弘扬等方面工作。

2. 创新区域一体化发展机制

围绕破解一体化发展的难点堵点，研究提出政策措施和具体举措，推动都市圈和城镇协同区加强重大规划、重大事项、重大项目等定期沟通交流，研究建立区域利益协调和要素保障联动机制，提高都市圈和城镇协同区一体化发展水平。依托郑州都市圈规划建设领导小组，探索成立市级层面实体化办公室，推进都市圈协商机制常态化实体化，推动都市圈建设取得实实在在的成效。

B.19 河南加快实施数字化转型战略路径研究

洪波 仝宝琛 冶伟平 任静雯*

摘 要： 在数字化转型的浪潮下，大数据正深刻地影响并改变着各行各业，数据作为一种重要资产，开始受到越来越多的企业和个人的重视。如何实施转型、如何加快进程、成为如今时代的大课题。本研究立足河南资源禀赋及产业发展实际，通过阐述河南数字产业基本现状、挖掘产业深层存在的瓶颈问题，最后从加强数字新型基建、壮大数字产业内核、加快数字赋能、提升数字治理能力、构建良好数字生态等方面提出针对性建议，助力河南数字化转型战略深入实施。

关键词： 数字化转型 数字产业 数字经济 河南

数字经济成为国民经济各行业转型升级、实现高质量发展的重要推动力，成为拉动国民经济增长的关键引擎。以习近平同志为核心的党中央历来重视数字化发展，明确提出"数字中国"战略，我们必须紧跟世界产业变革潮流，加快技术迭代、产业升级，加快"数字河南"建设，在复杂激烈的科技竞争和产业变革中赢得河南机遇。

---

* 洪波，河南省工业和信息化厅运行监测协调局局长；仝宝琛，河南省工业和信息化厅运行监测协调局副局长、三级调研员；冶伟平，河南省工业和信息化厅运行监测协调局主任科员；任静雯，河南省工业和信息化厅运行监测协调局主任科员。

一 数字化转型总体情况

（一）数字经济规模靠前

"十三五"期间，河南省数字经济年均增速超14%，对GDP增长的年均贡献率超过50%。"十四五"开局之年，在疫情散发、洪涝突发等多方面的压力下，全省数字经济发展实现了平稳良好开局。2021年河南数字经济规模突破1.7万亿元，同比增长14.6%，连续6年稳居全国前10。河南各地市数字经济发展呈现出"先发引领、后发快进"的积极态势。其中，郑州数字经济总量突破5000亿元，发挥"主核"作用引领全省数字经济发展，洛阳数字经济总量近2000亿元，发挥"副核"作用推进全省数字经济发展；南阳、许昌、新乡、信阳、驻马店等11地市数字经济发展"多点"发力，南阳、许昌数字经济规模首次突破900亿元，新乡、漯河、三门峡产业数字化占GDP比重超过全省平均水平，南阳、驻马店产业数字化节奏明显加快，增速超过全国平均增速。

（二）数字化转型态势喜人

近年来，河南省抢抓数字经济发展机遇，大力推进"数字产业化、产业数字化"，相继出台人工智能、大数据、5G、智能显示终端、智能传感器、鲲鹏计算等数字经济专项规划和配套政策，推动数字产业集群强势崛起。在疫情倒逼下，在线配送、在线办公等数字化新业态加速涌现。河南省以UU跑腿、中钢网为代表的互联网平台蓬勃发展，"十三五"期间，全省培育重点平台企业超过100家，2020年实现交易额2990亿元，带动就业656万人。通过5G技术和矿山行业有效融合，焦作千业水泥公司实现露天矿区"铲、装、运"全程无人操作，"5G+远程挖掘""5G+矿卡自动运输""5G+北斗定位""5G+车辆协同"四个场景成熟应用，每年可为企业节约人工成本1500万元，增加整体效益4800万元，提高生产效率达80%以上。

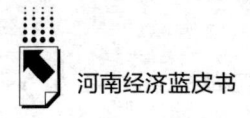

2021年,河南省产业数字化规模突破1.45万亿元,同比增长15.4%,较上年回升8.5个百分点;占GDP比重提升至24.8%(上年为23%),占数字经济的比重提升至83.6%(上年为83%),高于全国同期平均水平近2个百分点。

(三)数字核心产业持续提升

2021年,河南数字产业化规模突破2800亿元,同比增长10.9%,其中电子信息制造业增速超过全国平均水平9.3个百分点。从区域看,第一梯队郑州2021年数字产业化规模近1300亿元,占全省的比重超过45%;第二梯队开封、南阳首次跻身百亿阵营,与洛阳、许昌、安阳一同居于第二梯队,占全省数字产业化的近三成;第三梯队驻马店、商丘、漯河增速位居全省前3。

二 数字化转型问题瓶颈

(一)数字经济成效尚浅

当前,数字经济发展速度之快、辐射范围之广、影响程度之深前所未有,正在成为重组全球要素资源、重塑全球经济结构、改变全球竞争格局的关键力量。一个企业如果延误转型"战机",即使没有被对手干掉,迟早也会被新业态新模式淘汰。而2021年河南省数字经济增加值为1.73万亿元,远低于广东的5.9万亿元、江苏的5.1万亿元、浙江的3.57万亿元、山东的3.5万亿元;2021年河南省数字经济增速为14.6%,低于全国平均水平1.6个百分点;数字经济占GDP比重为29.6%,仍旧低于国家平均水平10个百分点。[①] 河南省数字化转型成效尚浅,实现网络化协同企业比例、工业云平台应用率位居全国中后序列。

---

① 中国信通院:《河南省数字经济发展报告(2022)》。

（二）数字化转型不均衡

产业数字化是河南省数字经济发展的主战场，但三次产业数字经济区域发展情况有所差异。从三次产业渗透率来看，2021年，河南省第一、第二、第三产业数字经济渗透率分别为5.6%、17.9%和34.5%。从区域发展看，全省农业和服务业数字经济发展水平较为均衡，但工业数字经济渗透率差异较大。

（三）数字治理进度缓慢

数字治理是社会转型的重中之重，其关键在建设数字政府。目前，河南省各地各部门信息化项目较多，各自为政，信息孤岛现象严重。必须要统管起来、整合起来，打破"数据孤岛"和"数据烟囱"，严防重复建设，共用一个云上平台、一套软件系统、一个安全体系，形成全省"一朵云""一张网""一堵墙"。此外，全省数字安全基础设施不足，部分领域无序发展，缺乏监管，数字生态营造不足。

（四）数字基建支撑不足

河南地处中部核心区，工业门类齐全、区位优势明显，完全符合基础电信企业布局核心网络枢纽节点的各种要求，但未被纳入国家"东数西算"主战略中，需要建设强有力的算力基础设施，奋力争取其中的战略机遇。而算力基础设施的建设复杂程度高、贯穿环节多、涉及方面广，需要政策、产业、企业、标准多层面共同推进。尤其是对用电的要求很高，不仅耗电量巨大，而且要求电价较低，这正是以火力发电为主的河南一个大的软肋，很难满足数字基建需求。

（五）转型瓶颈亟待破局

尽管近年来河南省加快产业结构优化步伐，但是整体上结构调整相对缓慢，2022年规模以上工业增加值中战略性新兴产业、高技术制造业占比分别为25.9%、12.9%，传统产业和高耗能产业占比分别为49.5%、38.6%，新兴产业支撑明显不足。产业转型缓慢，一方面，在于河南省整体上产业发展理念相对滞后，多数地区重稳定轻转型、重效益轻创新，转型发展的勇气不够、魄力不足；另一方面，部分企业家对创新、智能化、数字经济、生态环保等新理念、新概念认识不够，满足于在传统领域、周边市场低层次竞争，不敢开辟新产品新市场，难以适应新的市场竞争。

三 数字化转型战略途径探索

高质量发展要在产业变革，重在数字化转型。数字化转型将从根本上改变经济增长模式，重塑社会发展范式，是未来很长时期全局性、战略性、牵引性的工作。

（一）加强数字新型基建

新基建是事关现代化建设的重大战略性基础工程。要紧抓抢抓窗口期机遇，加速布局数字新基建，坚持云、端、网一体推进，加快构建高水平新型基础设施体系，提升工业基础设施数字化、网络化、智能化、安全化水平。加强数字新型基建顶层设计，加紧编制、领先出台前瞻性、操作性、项目化强的新基建专项规划，集中开工一批数字基建项目，快速形成全省上下共同推进的氛围。新一轮5G建设正进入加速期，要大规模新建5G基站，加快室内场景、地下空间、重要交通枢纽及干线沿线5G网络覆盖，提升典型场景网络服务质量，推进新一代移动通信网络商业化规模化应用，加快发展基于5G技术的智能终端、感应设备、控制系统。推动"5G+工业互联网"融合创新，培育细分行业、特定领域和产业集群工业互联网平台，打造一批"5G+工业互联网"融合应用场景。要以新基建拓展大数据产业空间，在加快5G基站、大数据中心、超算中心、数据平台等建设进度的基础上，统筹布局建设物联网、云计算、区块链、新能源汽车充电桩、人工智能等新型基础设施，为大数据产业腾飞夯实根基、拓展空间。同时，加快构建配套研发生产体系建设，着力培育"新基建"产业，形成河南制造业发展的新增量。

（二）强化数字产业内核

未来是一个数字化的时代，要加力培育壮大数字经济核心产业，全力打造河南数字经济核心产业的全国领先地位。进一步壮大新一代信息技术产业规模，提高数字核心产业比重，打造全国重要的智能终端、智能传感器、信息安全产业集群和人工智能创新应用发展高地。从新兴、电子、服务三大维度分块推进数字核心产业发展，围绕软件服务、人工智能、区块链、卫星产业等深度应用，培育壮大新兴数字产业；围绕新型显示和智能终端、智能传感器、半导体等产业突破提升电子核心产业；围绕整合数据资源、挖掘数据价值、探索数据交易服务加快发展数据服务产业。要大力提升数据算力算法，搭建公共算力服务平台，从本质上提高数字化水平。深度挖掘数据价值，推进数据作为生产要素参与分配，实现政务、工业、农业、物流、文旅等行业和领域数据有序汇聚、安全调用，最大限度实现数字资源化利用，并探索重点行业和领域数据价值化应用。建立省级数据要素市场配置中心，探索发展数据采集、存储、清洗、开发、应用等全流程市场化服务，广泛开展数字要素交易活动。鼓励企业加大研发投入，突破集成电路、高端工业软件等产业链"卡脖子"环节。引进和培育互联网龙头企业、头部企业和独角兽企业，科学布局产业生态，快速壮大产业集群。

（三）深化数字产业赋能

在数字化时代，经济活动各领域面临着全面、深刻的数字化转型，不转型就要遭淘汰。要深化新一代信息技术与制造业融合发展，大力发展智能制造、强化数智赋能，打造多层次工业互联网平台，实施企业上云上平台提升行动，发展普惠性"上云用数赋智"，开展数字化转型"揭榜挂帅"活动，全面推进中小企业数字化赋能，建设全国智能制造先行区。支持制造业企业发展平台化设计、智能化制造、网络化协同、个性化定制、服务化延伸、数字化管理等新模式新业态，加快生产方式、企业形态、商业模式变革。坚持分行业推进和分梯次培育相结合，以生产装备数字化改造和信息系统综合集成为重点，推动企业数字化、网络化、智能化升级；以省级先进制造业开发区为重点，培育一批数字化转型示范区。实施工业互联网创新发展行动，以国家工业互联网示范区建设为引领，坚持网络、平台、应用三位一体协同推进，加快制造企业内外网升级改造，构建大企业建平台、中小企业用平台的融通发展格局。利用互联网新技术对传统产业进行全方位、全链条的改造，通过技术创新、模式创新，创新经济形态，提高生产效率，打造上档次、成规模的新型实体经济新业态。加快多场景应用的广度深度，一个领域应用一个场景，一个方案解决一个系统，要从"点"上发力，做好"点"、带动"面"。加快"人工智能+""区块链+"等新场景的建设，丰富场景应用领域，赋能产业倍增发展。

（四）推动数字服务融合

发展数字生活新服务。围绕居民日常消费全生态链，运用大数据、移动支付等数字化手段，加快发展"网上菜场""网上餐厅""网上超市""网上家政""网上商场"等新模式新业态，实现"线上+线下""到店+到家"双向融合，挖掘培育一批新零售企业。推进物流行业数字化转型。鼓励有条件的地市建设5G智能物流园区，培育一批智能无人仓储和无人分拣应用试点，推广应用标准化物流运输载具，新建、改造提升一批物流公共服务信息平台，争创国家智能化仓储物流示范基地，持续推进电商与物流快递协同发展工作。健全"互联网+医疗健康"服务体系。加快建成统一权威、互联互通的省、市、县三级全民健康信息平台，整合医疗服务、公共卫生服务和健康管理服务。建设全省统一的远程医疗服务信息系统，积极开展远程会诊、远程病理诊断、远程影像诊断、远程心电诊断等业务，推动构建有序的分级诊疗格局。依托省互联网医院监管平台，支持引导实体医疗机构合理合规开展线上互联网诊疗服务。

（五）提升数字治理能力

突出数字化引领、撬动、赋能作用，着力推进数字经济与实体经济、民生服务深度融合，鼓励支持各类新业态创新发展。结合推进新型城镇化，系统研究推进数字政府、数字城市、数字乡村等建设，推动交通、物流、能源、市政等基础设施智慧化改造。加快数字经济创新要素高效配置，加强数据开放、安全、交易在技术和制度层面的规范管理，推进数据资源化资产化资本化价值转化，全面提升数字化治理能力。探索数字融合发展新模式，加快发展平台经济，聚焦先进制造、现代物流、医疗健康、信息消费等重点领域，推动行业骨干企业搭建数字化平台。培育共享经济，推动制造业企业探索共享制造的商业模式和适用场景，加快共享出行、餐饮外卖、团购、共享住宿、文化旅游等领域产品智能化升级和商业模式创新。要加强高可靠、高性能的电子政务内外网建设，构建1个省级主节点、17个省辖市和济源示范区的云平台架构，实现全省政务云资源的集中调度和综合服务；加强政务服务移动端"豫事办"等特色政务品牌建设。推进"一证通办""全程网办""全程通办""无感智办"，优化"互联网+监管"模式，推进安全生产、公共卫生、自然灾害等重大事件快速响应和联动处置。加快以省辖市为主体的新型智慧城市统一中枢平台建设，整合公共领域信息系统和数据资源，重点提升交通、医疗、教育、公共安全、城市管理等领域信息服务水平。建设数字乡村，健全全省巩固脱贫攻坚成果数据共享协调机制，加大防返贫监测帮扶数字化，提升农村电商应用水平，开展省级数字乡村示范县建设。在平台经济培育方面，要积极培育平台经济新业态，大力支持开展在线教育、在线办公、互联网医疗等线上服务试点，在智慧物流、智慧教育、智慧农业、智慧医疗等领域积极引进培育一批平台企业和龙头企业，打造河南平台经济竞争新优势。

（六）构建数字产业生态

打造大数据产业的核心竞争力必须培育一流的创新生态。要抢抓数字经济快速发展的机遇，突出数据价值驱动、产业融合创新、应用示范带动、要素协同保障。加强上下游产业集聚，以创新生态壮大大数据产业，着力培育数据要素市场。坚持外部引进与本土培育相结合，加强数字化转型多元服务体系建设，打造立足中部、辐射全国的服务高地。引导国内外知名数字化服务商在豫设立区域总部、分支机构；鼓励本土智能装备生产企业、信息服务企业、系统集成企业向数字化服务商转型。开展智能计算中心布局，搭建公共算力服务平台，推进人工智能、区块链基础设施建设和集成应用，加快构建智能计算中心应用生态。不断打造完善技术创新平台、中试平台、企业上云平台，引进和培育数字化服务商，加强数据安全保护，完善网络安全机制，构建高端、高效、安全的数字生态体系。要强化金融支持，通过政府设立母基金撬动社会基金投资进入形成资本集聚，为数字经济提供源源不断的活水。

（七）面向未来超前布局

未来已来，5G还在路上，6G已经出发。目前世界主要国家和地区均已启动了6G研究，必须要加快探索、前瞻布局6G网络技术，统筹组织研发、组建团队，积极部署相关工作，力争实现弯道超车。6G商用后将带来更多的智能应用及远超5G的市场规模，也将从深层次助力数字化转型战略向高层级跃升。尤其是最近持续火爆的"元宇宙"，它其实就是一个映射现实世界的在线虚拟世界，平行于现实世界又独立于现实世界。支撑"元宇宙"的底层逻辑还是区块链、人工智能及交互、网络运算、物联网等数字技术。我们借助5G领先和6G先发的优势，在元宇宙领域超前谋划，力争抢占先机、跨越发展。加大元宇宙核心技术攻关力度，引育具有较强竞争力的优势企业，推动元宇宙与经济社会深度融合，争创国家元宇宙创新应用先导区。建设元宇宙技术研究和创新平台；建设元宇宙核心园区和特色园区，培育具有核心竞争力的元宇宙骨干企业；建设全省元宇宙数字空间，打造各领域元宇宙示范应用场景，建立元宇宙生态体系。实施元宇宙产业集聚发展行动，打造省级元宇宙数字空间基础平台和元宇宙区块链公共服务平台，高标准举办河南省元宇宙产业发展和场景应用高峰论坛，推动郑州市申报国家元宇宙建设先导区。

B.20 以碳达峰碳中和为引领加快推动绿色低碳发展研究

薛东峰 张志祥 高志东 董巨威*

摘 要： 2022年以来，河南省认真贯彻落实党中央关于实现碳达峰碳中和的重大战略决策，实施绿色低碳转型战略，在顶层设计、政策体系构建、重点领域绿色发展等方面取得明显成效。本研究在对推进碳达峰碳中和工作中面临的突出问题和挑战进行梳理分析的基础上，提出了下一步重点工作举措和抓手：强化系统观念，积极稳妥推进碳达峰碳中和；坚持节约优先，持续提升能源资源利用效率；聚焦关键环节，加快重点领域绿色低碳发展；持续加大力度，全面构建绿色生态屏障；加大投入力度，持续推动绿色科技创新；夯实制度基础，完善绿色低碳发展政策体系；开展示范创建，加快形成绿色低碳生活方式。

关键词： 碳达峰 碳中和 节能降碳 绿色低碳转型 绿色科技创新

实现碳达峰碳中和是以习近平同志为核心的党中央统筹国内国际两个大局作出的重大战略决策，事关中华民族伟大复兴事业，是实现可持续发展的迫切需要，是促进人与自然和谐共生的迫切需要。河南省委省政府落实党中央决策部署，在河南省第十一次党代会上明确提出实施绿色低碳转型战略，

---

* 薛东峰，河南省发展和改革委员会资源节约和环境保护处处长；张志祥，河南省发展和改革委员会资源节约和环境保护处副处长；高志东，河南省发展和改革委员会资源节约和环境保护处二级主任科员；董巨威，河南省节能和能源中心高级工程师。

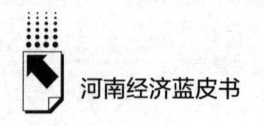

抓住碳达峰窗口期、攻坚期、机遇期，在经济发展中促进绿色转型、在绿色转型中实现更高水平、更高质量的发展，绿色低碳转型战略工作实现了良好开局。

一 绿色低碳发展工作成效

一是全面加强组织领导。成立以河南省委省政府主要负责同志为组长、省直27个部门为成员单位的河南省碳达峰碳中和工作领导小组，全面加强对碳达峰碳中和工作的统一领导。2021年以来，先后召开2次省碳达峰碳中和工作领导小组会议，统筹安排部署碳达峰碳中和重点工作。加快构建省碳达峰"1+N"政策体系，印发实施《河南省碳达峰实施方案》，聚焦重点领域，突出"先立后破"，明确实施碳达峰十大行动；《河南省能源低碳转型发展行动方案》等6个方案已印发实施，其他专项方案将陆续出台。

二是推动重点领域任务落实。推进能源绿色低碳发展，组织开展66个整县屋顶分布式光伏发电试点建设，推动实施地热、生物质等可再生能源供暖项目，2022年前10个月，全省新增可再生能源发电装机657万千瓦，风电、光伏等新能源装机首次突破4000万千瓦。实施煤电机组"三改联动"，预计全年完成改造规模389万千瓦。发展壮大绿色产业，加快发展资源循环利用产业，组织实施"十四五"园区循环化改造，印发"十四五"再生金属产业发展规划，出台支持长葛循环经济产业园区高质量发展若干举措。培育壮大节能环保产业，发布首批绿色技术创新4家示范基地和30家示范企业名单，遴选发布第三批节能环保示范企业38家，建立节能环保产业链重大项目清单，预计全年节能环保产业主营业务收入超过5200亿元。推动交通运输低碳化，持续实施铁路专用线进企入园工程，滑县铁路专用线已完工。稳步推进内河航运建设，淮滨公铁水一体化港建成投入运营，沙河航运工程平顶山段、淮河淮滨段进入建成验收环节。促进建筑领域节能降碳，全省新建绿色建筑6021万平方米，占新建建筑比例的85%，提前完成70%以上的年度目标。提升建筑节能水平，开展超低能耗建筑试点示范工作，目前全省新开建超低能耗试点4个，合计13.1万平方米。强化国土空间规划，河南省"三区三线"成果已率先通过自然资源部审批，现已正式启用，在全国处于领先。推进国土绿化行动，加强生态保护修复，完成造林219.23万亩、森林抚育168万亩，完成湿地修复6195亩。

　　三是深入推进节能降碳协同增效。完善能耗"双控"管理，增加能耗"双控"管理弹性，制定印发《河南省"十四五"节能减排综合工作方案》，合理分解下达能耗强度降低目标，组织以"年度评价、中期评估、五年考核"为重点的节能目标责任评价考核。强化重大项目能耗要素保障，出台新增可再生能源和原料用能不纳入能源消费总量控制、煤炭指标随产能跨区转移、重大项目能耗和煤炭指标省级统筹等政策，为一批重大项目落地创造了有利条件。深化用能权有偿使用和交易试点建设，实行新建"两高"项目有偿购买新增能耗指标，推行能效标杆管理，鼓励存量企业节能改造形成的节能量优先入市交易。推动重点领域节能降碳改造，发布行业能效对标情况，推广节能降碳典型案例，组织实施重点节能项目135个，为新建项目腾挪能耗空间。以某企业实施节能降碳改造为例，该企业依托电力装备、节能设备生产、电力技术服务等主营业务，对企业厂区实施绿色低碳改造升级，通过能源供给侧"开源"、能源消费侧"节流"、能源管理侧"增效"，实现年节约电量45.3万千瓦时、天然气量1.52万立方米，减排二氧化碳1666吨。坚决遏制"两高一低"项目盲目发展，严把"两高"项目准入关口，从产业政策、能耗和碳排放强度、环境准入、规划布局等方面实行会商联审。加强节能事中事后管理，推动全省835家重点用能单位全部纳入省能耗在线监测系统，组织对59家企业开展年度节能监察，有效治理违规用能行为。

　　四是营造绿色低碳发展氛围。开展绿色低碳专题培训，组织开展"十大战略进党校"活动，将绿色低碳转型战略纳入各级党校党政领导干部培训课程。举办绿色低碳转型战略专题讲座，邀请省内外专家赴各地各部门开展"双碳"培训和政策宣讲。组织开展年度节能宣传月活动，开设宣传专栏网站，开展云启动仪式、节能热点政策面对面、节能云课堂、节能成果展示等系列活动，累计发放宣传材料3万余份、组织专题讲座15期，线上参

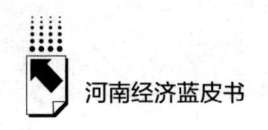

与860万人次。常态化开展能耗"双控"管理、重大项目能耗要素保障、重点领域节能降碳改造、用能权有偿使用和交易等节能降碳政策线上培训，取得良好效果。

二 面临的形势和挑战

一是能源安全保供与统筹经济社会发展任务艰巨。当前，河南省经济发展和民生改善任务重，能源消费有刚性增长需求，风电、光伏等可再生能源资源条件并不优越，短期内以煤为主的能源结构难以从根本上改变。

二是产业结构绿色升级任务繁重。全省六大高耗能行业以近九成的能耗产生了四成的工业增加值，能源产出率偏低，需加快实施节能降碳改造，降低单位产品能耗和碳排放强度。全省战略性新兴产业增加值仅占规模以上工业的24%左右，对经济社会发展的支撑作用不足。

三是交通运输偏公路问题突出。全省公路货运量占比88.9%，高于上海（34.1%）、江苏（60.8%）、浙江（65.3%）、湖北（75.1%）、广东（54.2%）等，较全国平均水平高15个百分点，还有较大节能降碳挖潜空间。

三 绿色低碳发展工作考虑

习近平总书记在党的二十大报告中提出，尊重自然、顺应自然、保护自然，是全面建设社会主义现代化国家的内在要求，必须牢固树立和践行绿水青山就是金山银山的理念，站在人与自然和谐共生的高度谋划发展。2023年是推动实施绿色低碳转型战略关键之年，河南省将坚持以习近平新时代中国特色社会主义思想为指导，深入贯彻党的二十大精神，全面贯彻习近平生态文明思想，准确把握新发展阶段，深入贯彻新发展理念，加快构建新发展格局，推动高质量发展，加快推动产业结构、能源结构、交通运输结构等调整优化，全面推进生产生活方式绿色转型，实施全面节约战略，推进各类资源节约集约利用,处理好发展与减碳关系,统筹有序推进碳达峰碳中和工作,全面推动形成绿色低碳的生产方式和生活方式,让绿色越来越成为全面建设现代化河南的鲜明底色。

一是强化系统观念,积极稳妥推进碳达峰碳中和。习近平总书记就"双碳"工作发表了一系列重要讲话重要指示,强调实现"双碳"目标既是一场广泛而深刻的变革,也是一项长期任务,目标要坚定不移,但不可能毕其功于一役,要坚持稳中求进,逐步实现;必须坚持全国统筹、节约优先、双轮驱动、内外畅通、防范风险的原则,加快形成节约资源和保护环境的产业结构、生产方式、生活方式、空间格局。河南省要以习近平总书记的重要论述和重要思想为根本遵循,强化系统观念,加强统筹衔接,积极稳妥推进碳达峰碳中和。要坚持全省一盘棋、一体推进,综合考虑各地区战略定位、发展水平、资源禀赋和各行业发展需求、产业链关系、产业结构特点等因素制定碳达峰专项方案,加快构建完善碳达峰"1+N"政策体系。要统筹经济发展和安全降碳,坚持先立后破、稳中求进,有计划有步骤实施碳达峰十大行动,把握好节奏和力度,在降碳的同时确保能源供给安全。组织开展碳达峰试点,建设一批碳达峰试点县(市)、园区和企业,积极探索符合省情的绿色低碳发展模式。

二是坚持节约优先,持续提升能源资源利用效率。习近平总书记强调,要完善能源消耗总量和强度调控,重点控制化石能源消费,逐步转向碳排放总量和强度"双控"制度。河南省能源结构偏煤、产业结构偏重特征明显,经济增长还未与能源消费特别是化石能源消费脱钩,要坚持节约优先基本国策,把节能降碳放在更加重要的位置,努力提升能源利用水平,实现以较低能源消费增长支撑经济社会可持续发展。优化能耗"双控"管理,增加能源消费总量管理弹性,落实新增可再生能源电力消费量和原料用能将不纳入能源消费总量考核等政策。按照国家安排部署,适时启动"十四五"能耗"双控"目标完成情况中期评估,分析影响全省能耗强度降低目标完成的制约因素,科学研判趋势,提出合理化政策建议和工作措施。加快实施区域节能评估,推行节能审查承诺备案制,形成"区域能评+分类管理+能效标准"

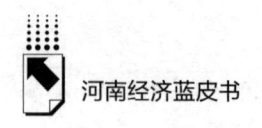

的节能管理模式。深入开展重点领域节能降碳改造工程，实施能效标杆管理，充分挖掘节能潜力，推进钢铁、化工、有色、建材等传统产业绿色化升级改造，力争2023年全省规上工业企业增加值能耗降低4%左右，为新建重大项目腾挪用能空间。持续推进煤电机组节能降耗改造、供热改造和灵活性改造，提高煤炭清洁高效利用水平。

三是聚焦关键环节，加快重点领域绿色低碳发展。习近平总书记强调，要走生态优先、绿色低碳发展道路，在经济发展中促进绿色转型、在绿色转型中实现更大发展。要切实把实施绿色低碳转型战略作为推进碳达峰碳中和关键措施和主要抓手，坚持工程引领、示范带动，促进重点领域绿色低碳发展。有序推进能源绿色转型，立足河南省能源资源禀赋，推进中原大型煤炭储备基地建设，加快800万千瓦以上高效清洁煤电项目建设，实施煤电机组"三改联动"，力争全年完成改造规模300万千瓦，增强能源安全保障能力。加快风电、光伏等可再生能源项目建设，力争全年新增可再生能源发电装机500万千瓦以上。加大清洁外电引入力度，充分发挥疆电、青电通道作用，推动陕西—河南工程开工建设，全年吸纳外电650亿千瓦时。提高电力系统调节能力，推动1120万千瓦抽水蓄能电站项目建设，加快推动新型储能建设，力争全年新建独立共享储能设施100万千瓦。提升油气供应水平，力争天然气管道里程突破7000公里。加快推动产业结构优化，大力发展低碳高效产业，加快培育氢能、全钒液流电池、碳基新材料等产业。遏制"两高一低"项目盲目发展，严格新建项目准入把关，加强在建项目事中事后监管，实施存量项目能效提标改造工程，加快传统产业转型升级。大力发展循环经济，培育壮大再生金属产业，实施一批再生钢、再生有色金属产业延链补链强链项目。加快构建废弃物循环利用体系，加强传统及新兴产业大宗固废、城乡低值废弃物资源化利用能力建设。推动交通和建筑领域绿色发展，推进"公转铁""公转水"，实施内河水运"通江达海"工程，加快建设唐河省界至社旗航运工程，开工建设沙颍河周口至省界航道四级升三级和淮河息县段航道；持续推动实施进企入园"653"工程，推进直达周口中心港、淮滨港、平顶山港码头的疏港铁路专用线建设，实现公铁水联程联运。大力发展绿色建筑，加强绿色建筑设计审查，严格执行绿色建筑设计标准，力争2023年城镇新建绿色建筑面积占新建建筑面积的比例达到95%以上。发展装配式建筑产业，完善装配式建筑设计、生产、施工标准化体系，创建省级装配式建筑产业基地2个以上。

四是持续加大力度，全面构建绿色生态屏障。习近平总书记要求，要坚持精准治污、科学治污、依法治污，持续深入打好蓝天、碧水、净土保卫战。提升生态系统多样性、稳定性、持续性，加快实施重要生态系统保护和修复重大工程。要坚持源头治理，深入推进环境污染防治，加快建设生态强省，不断提升生态系统碳汇能力。精准科学推进环境污染防治，持续深入打好蓝天、碧水、净土保卫战，强化多污染物协同控制和区域协同治理，提升环境基础设施建设水平，推进城乡人居环境整治，打好重污染天气消除和城市黑臭水体消除攻坚战，加强土壤污染源头防控，持续开展好农业面源污染治理、农作物秸秆还田与综合利用、畜禽粪污资源化利用与有机肥替代、化肥农药减量和农膜回收治理等工作。全面构建绿色生态屏障，加快推进秦岭东段洛河流域山水林田湖草沙一体化保护和修复工程项目，严格时间节点，高质量推进项目实施。统筹耕地保护与国土绿化，全面提升森林生态功能和碳汇能力，2023年新增造林165万亩，完成森林抚育205万亩。加强黄河流域生态保护治理，加快推进黄河干流及重要支流生态廊道建设，实施黄河湿地生态环境整治与修复工程，加大自然保护地体系建设力度和野生动物栖息地保护恢复力度。深入推进南水北调后续工程高质量发展，加强水源地石漠化和水土流失治理，推进总干渠两侧生态保育带建设，完善左右岸防洪体系，切实维护工程安全、供水安全、水质安全，确保一泓清水永续北送。

五是加大投入力度，持续推动绿色科技创新。习近平总书记指出，要加快节能降碳先进技术研发和推广应用。河南省将深入贯彻习近平总书记绿色发展的新发展理念，走好绿色低碳转型发展之路，向"两个确保"奋斗目标奋勇迈进，为河南省碳达峰碳中和暨绿色低碳转型战略实施提供强有力的科技支撑。加强关键核心技术攻关，推广绿色先进技术成果。支持围绕新能源、资源循环利用等领域开展绿色低碳技术创新。编制绿色低碳先进技术成果目录，举办绿色低碳先进技术成果推广活动，推广一批先进技术成果，打通技术产业化"最后一公里"。加大创新型企业培育力度，培育一批省绿色技术创新示范企业（基地），进一步强化企业创新主体地位，提升高校院所绿色技术创新能力，不断完善河南省绿色技术创新体系。发挥好现有重大创新平台作用，布局建设一批省技术创新中心、中试基地、工程技术研究中心等创新平台，加快科技创新成果中试熟化与产业化，贯通"基础研究—技术攻关—技术应用—成果产业化"全过程，支撑服务新能源产业发展升级。

六是夯实制度基础，完善绿色低碳发展政策体系。习近平总书记指出，要加快构建"双碳"政策体系，构建统一规范的碳排放统计核算体系，完善财税、价格、投资、金融政策，充分发挥市场机制作用。面对新形势新要求，要以治理体系变革为保障，加快建立完善促进绿色低碳发展政策体系和体制机制，推动形成政府主导、市场调节、各方参与、全民行动的绿色低碳转型发展新格局。全面落实国家统一规范的碳排放统计核算体系，健全重点领域、重点耗能行业和企业的能耗和碳排放统计监测制度，提升信息化监测水平。完善多元化、多层次绿色金融产品体系，进一步用好用足碳减排支持工具等货币政策工具，深入推进"险资入豫"，为绿色低碳重点项目提供长期资金支持；鼓励有条件的企业发行绿色公司债、企业债，支持地方法人金融机构发行绿色金融债券，推动金融机构全面提高绿色金融服务供给能级。建立健全市场化机制，加强用能权与碳排放权交易统筹衔接，推进用能权有偿使用和交易试点建设，以增量调控为主，鼓励企业节能量进入市场交易，优化能源资源配置。落实碳排放权市场交易制度，组织省内相关企业积极参与全国碳排放权交易。

七是开展示范创建，加快形成绿色低碳生活方式。深入开展绿色生活创建行动，发展绿色消费，倡导绿色出行，推动形成浓厚社会氛围。大力倡导绿色消费，弘扬勤俭节约的中华民族优秀传统，强化宣传教育，增强全民节约意识、环保意识、生态意识，推动生活方式和消费模式向简约适度、绿色低碳、文明健康的方向转变。落实全面节约战略，大力推广绿色有机食品、农产品，引导消费者合理、适度采购、储存、制作食品和用餐。积极践行

"光盘行动",坚决制止餐饮浪费行为,促进绿色低碳产品推广使用,努力使厉行节约、环保选购、重复使用、适度消费在全社会蔚然成风。广泛开展绿色低碳社会行动,创建一批节约型机关、绿色家庭、绿色学校、绿色社区、绿色商场、绿色建筑等,倡导公共交通工具、自行车、步行等绿色出行方式,合理引导消费者购买轻量化、小型化、低排放乘用车。

B.21
从河南经济内外格局演变看实现"两个确保"的发力点

耿明斋 徐涛[*]

摘 要： 本文通过梳理河南省2008~2022年前三季度主要经济发展数据，通过上下、左右、内外对比分析，探究河南实现"两个确保"任务有多重、压力有多大、问题在哪儿、从哪儿发力等基本问题，提出河南要处理好投资、基础设施建设与财富创造的关系，真正在制造业上发力；重视传统重化工业创新，拉长其产业链、价值链；在保护民营企业家人身和财产安全上动真格，让民营企业家对未来有信心，有创新创业激情；引入市场化民营机制，推动国企改革；针对各市问题和短板，明确不同工作任务和重点，限期考核，务求问题解决有实质性进展等政策建议。

关键词： 河南经济 省辖市 国企改革 "两个确保"

为贯彻落实党的十九大和十九届五中全会分两步推进现代化的战略部署，2021年10月召开的河南省第十一次党代会明确提出"两个确保"的战略目标，谋划了十大战略举措，并且雷厉风行，各个方面都很快找到了可靠抓手，迅速落地见效，极大地提振了全省人民的信心。然而，考虑到现有基础的薄弱和未来面临环境的极大不确定性，对于实现"两个确保"任务有多重、压力有多大、问题在哪儿、从哪儿发力等基本问题，大多数人未必有清晰的认识。据

---

[*] 耿明斋，河南大学资深教授，河南中原经济发展研究院院长、首席专家，中共河南省委咨询组研究员，河南省政府专家咨询委员；徐涛，河南中原经济发展研究院研究部副主任、助理研究员。

此，本文梳理了2008~2022年前三季度的统计数据，通过上下、左右、内外比较，尝试对这些问题做出回答，以期能够对凝聚共识、找准发力点有所帮助。

一 河南实现"两个确保"任务有多重

（一）河南省GDP年均增速必须大幅度高于全国平均水平

"两个确保"即"确保高质量建设现代化河南，确保高水平实现现代化河南"。具体量化指标为，到2035年，全省"人均生产总值、城镇化率、研发经费投入强度、全员劳动生产率、人均可支配收入"等"达到或超过全国平均水平"。不考虑后面四项较为具体的指标，单就综合程度最高的人均生产总值一项来说，以现在的水平，河南省与全国平均值存在比较大的缺口，要在未来15年把这个缺口补上，GDP年均增速必须大幅度高于全国平均水平。2020年河南人均GDP为54691元，是全国平均水平的76.1%，与全国平均值的缺口为23.9%。这意味着，在未来15年要把23.9%的缺口补上，缺口每年至少缩小1.6%，在人口增速与全国持平的前提下，这也是河南省GDP增速每年要高于全国平均值的幅度。如果倒推10年甚至15年，河南省GDP增速高于全国均值1.5%以上似乎不成问题，但考虑到经济进入新发展阶段以后增速向下演化的趋势，要完成这样的增幅，任务依然繁重。

（二）区域发展不平衡及南北差距持续拉大格局下，河南追赶的难度叠加一层

2016年之前，河南省GDP增速几乎每年都高于全国平均值1.4个百分点以上（2013年高出1.2个百分点），2011年甚至高出全国平均值2.4个百分点，2017年以后幅度开始收窄，2019年仅高出全国平均值0.8个百分点，2020年降至负值，2021年差距扩大到1.8个百分点，2022年前三季度增速虽然重回全国均值以上，但却双双降至5.0%以下（分别为3.7%和3.0%），尚不能满足实现"两个确保"对持续保持较高增速的期待（见图1）。实际上，无论是河南还是全国，2010年以来，经济增速都处于持续下降的趋势，2021

年的较高增速，只是对2020年由疫情造成的低基数缺口的回补，并不会改变继续下降的基本趋势，这已成为经济学家乃至国家经济决策层的共识，2022年前三季度的增长态势也一定程度上验证了此一趋势性结论。中国人民大学刘元春（现任上海财经大学校长）团队预测至2035年年均增速为4.75%，多数经济学家预测未来增速都在5.0%左右。在整体压力不减的情况下，河南与全国增速差距缩小的难度也会增大。数据显示，从2008年至2020年，中国南北地区差距已经从各自占全国总量比重58∶42演变为65∶35，13年间进一步拉大了7个百分点。考虑到十多年来区域发展不平衡及南北差距持续拉大的格局，在北方省市普遍承压的背景下，河南追赶的难度又会叠加一层。因此，未来15年实现"两个确保"注定不会是轻而易举的。

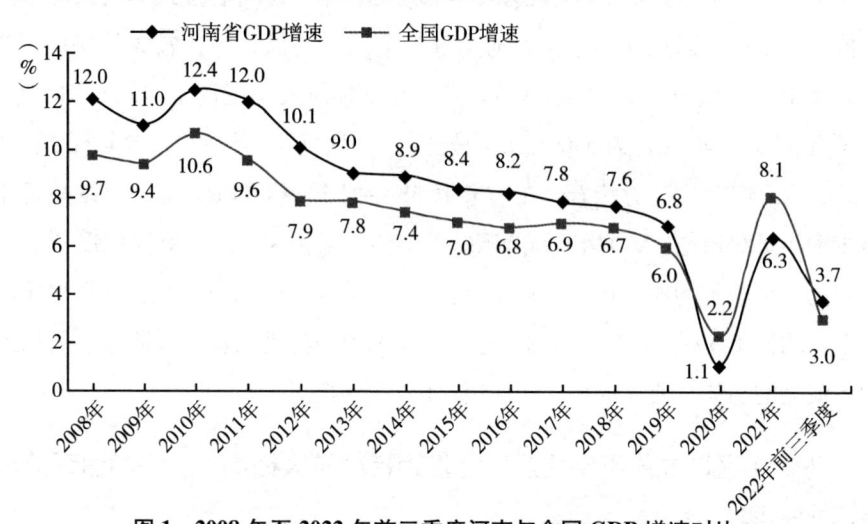

图1　2008年至2022年前三季度河南与全国GDP增速对比

资料来源：国家统计局。

二　河南未来增长的压力有多大

（一）金融危机以后，相对于兄弟省份，河南经济降速更快、降幅更大

收窄差距的压力不仅来自河南与全国均值的比较，更来自省际比较。20

从河南经济内外格局演变看实现"两个确保"的发力点

世纪90年代中期至2008年全球金融危机之前是河南经济增长态势最好的时期,速度长期位居全国前列,是中西部地区的龙头,经济总量因此迅速跃升并长期稳居全国第5。但是,2008年金融危机以后,全国经济整体进入下降通道,但相对于兄弟省份,河南的降速更快、降幅更大。

2008~2021年,中部六省中,河南与山西的GDP增速轮流垫后,除2020年湖北因疫情GDP增速异常之外,其余年份湖南、湖北、江西、安徽4省增速几乎全部高于河南(除2016年河南GDP增速分别高于湖北、湖南0.1个、0.2个百分点,2017年与湖北GDP增速持平),且大多数年份高出的幅度都大于1.0个百分点,虽然河南省2022年前三季度增速大幅回升至全国均值以上,但是在中部六省中依然居倒数第2位,仅比近年来一直处在强劲增长状态中偶尔下滑的安徽省高出0.4个百分点。东部除河北之外,经济总量排在全国前四的广东、江苏、山东、浙江4省,大多数年份经济增速都逼近河南水平,个别年份甚至高于河南增速,2020年和2021年更是普遍高于河南。西部的四川、重庆、贵州、陕西4省市则是绝大多数年份增速高于河南(见表1)。

表1 相关省份经济增长速度比较

单位:%

	中部六省						东部					西部				东北部	
	河南	湖北	湖南	安徽	山西	江西	河北	山东	江苏	浙江	广东	重庆	四川	贵州	陕西	辽宁	吉林
2008年	12.0	13.4	14.1	12.6	8.3	13.3	8.0	9.7	12.7	10.1	10.5	14.6	11.0	11.3	14.7	10.7	12.0
2009年	11.0	13.7	13.9	13.1	5.5	13.2	8.1	9.8	12.4	9.0	9.9	15.1	14.5	11.4	12.2	10.4	10.3
2010年	12.4	14.7	14.6	14.3	10.8	14.0	9.2	10.4	12.7	11.9	12.5	17.2	15.1	12.8	13.9	10.3	10.4
2011年	12.0	14.1	12.8	13.4	10.0	12.4	10.3	10.7	11.0	9.0	10.2	16.4	15.0	15.4	13.1	10.2	10.5
2012年	10.1	11.2	11.4	11.2	9.2	11.0	8.7	9.7	10.2	8.3	8.5	13.6	11.7	13.0	12.2	8.9	8.9
2013年	9.0	10.2	10.1	10.3	9.0	10.1	8.2	9.7	9.6	8.3	8.5	12.3	10.0	12.4	10.5	8.7	8.5
2014年	8.9	9.7	9.5	9.2	4.9	9.7	6.5	8.5	8.6	7.7	7.8	10.9	8.5	10.8	9.6	5.7	6.3
2015年	8.4	8.6	8.5	8.7	3.0	9.1	6.8	8.0	8.6	8.0	8.0	11.0	7.9	10.7	7.7	2.8	6.1
2016年	8.2	8.1	8.0	8.8	4.1	9.0	6.7	7.4	7.8	7.5	7.5	10.7	7.4	10.5	7.5	0.5	6.5
2017年	7.8	7.8	8.0	8.8	7.0	8.9	6.6	7.2	7.2	7.5	7.5	9.3	8.1	10.2	7.8	4.2	5.2
2018年	7.6	7.8	7.8	8.0	6.6	8.7	6.5	6.4	6.7	7.1	6.8	6.0	8.0	9.1	8.1	5.6	4.4
2019年	6.8	7.3	7.6	7.3	6.1	7.9	6.7	5.3	5.9	6.8	6.2	6.3	7.4	8.3	6.0	5.4	3.0
2020年	1.1	-5.4	3.8	3.7	3.6	3.8	3.8	3.5	3.7	3.6	2.3	3.9	3.8	4.5	2.1	0.6	2.3

续表

	中部六省						东部					西部				东北部	
	河南	湖北	湖南	安徽	山西	江西	河北	山东	江苏	浙江	广东	重庆	四川	贵州	陕西	辽宁	吉林
2021年	6.3	12.9	7.7	8.3	9.1	8.8	6.5	8.3	8.6	8.5	8.0	8.3	8.2	8.1	6.5	5.8	6.6
2022年前三季度	3.7	4.7	4.8	3.3	5.3	5.0	3.7	4.0	2.3	3.1	2.3	3.1	1.5	2.8	4.8	2.1	-1.6
2021年增速排名	19	1	11	7	3	4	18	7	5	6	10	7	8	9	18	21	17

资料来源：国家统计局。

（二）总量排在前面的省份甩开河南越来越远，排在后面的省份与河南的差距越来越小

这个特点和趋势长期累积的效应是，总量排在前面的省份甩开河南越来越远，标兵越来越远；排在后面的省份与河南的差距越来越小，追兵越来越近。

从图2可以看出，2008年以来，广东、江苏、山东、浙江4省GDP总量变化的趋势线相对于河南走势越来越陡，斜率越来越大，喇叭口越来越宽，绝对量的差距越来越大。以排名第1的广东和排名第4的浙江为例，2008年广东GDP总量为3.67万亿元，河南为1.77万亿元，差值是1.90万亿元；到2021年，广东为12.44万亿元，河南为5.89万亿元，差值扩大到6.55万亿元，扩大了2.4倍；2008年浙江GDP总量为2.13万亿元，比河南多0.36万亿元；到2021年，浙江为7.35万亿元，比河南多1.46万亿元，差值扩大了3.1倍。绝对量相对比例也明显下降，2008年，河南GDP总量是广东的48.3%，2021年变成了47.3%，降低了1.0个百分点；2008年，河南GDP总量是浙江的83.3%，2021年变成了80.1%，下降了3.2个百分点。

排在河南后面的四川和湖北两省，与河南的差距则呈反向变化趋势。2008年，四川GDP总量为1.28万亿元，比河南少0.5万亿元，2021年，四川为5.39万亿元，比河南少0.5万亿元，差值无变化，但占河南的比重却由71.9%提升至91.4%，提高了19.5个百分点。2008年，湖北GDP总量为1.15万亿元，比河南少0.62万亿元，2021年，湖北为5万亿元，比河南少0.89万亿元，增幅不大，

但占河南的比重却由64.8%提升至84.9%，提高了20.1个百分点。这也是四川、湖北等省底气十足，想要在"十四五"时期赶超河南的原因。

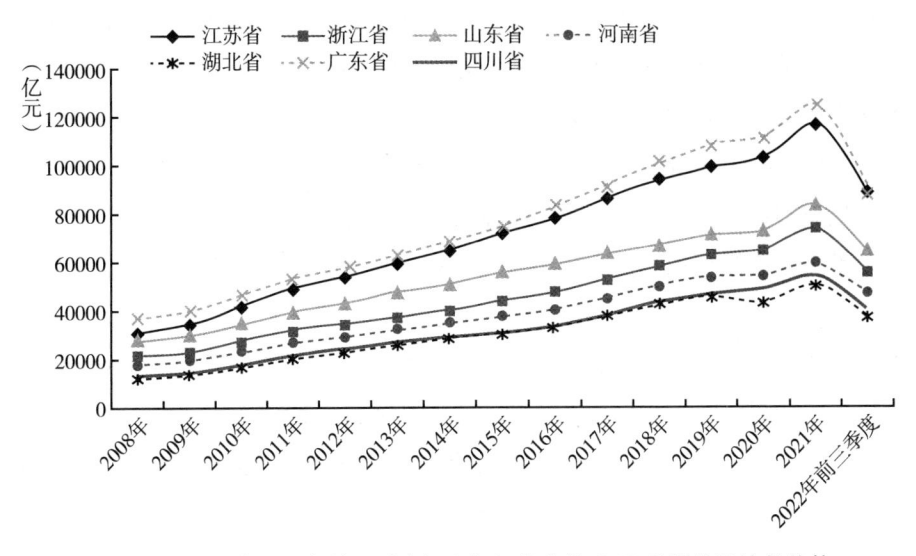

图2 2008年至2022年前三季度河南与相关省份GDP总量差异演化趋势

资料来源：国家统计局。

三 河南经济发展问题出在哪儿

2008年以来短短的14年间，河南经济增速从高于全国均值1.0~2.0个百分点到优势逐渐收窄，再到降至负值，与前面的省份差距明显拉大，后面的省份大幅逼近，主要是由于没能及时跟上发展阶段转换的步伐，没有能够较快适应新阶段结构调整和发展方式转变的需要。

2008年是全球金融危机爆发年，也是中国发展阶段转换的重要时间节点。在此之前，改革开放以来30年在资源依赖基础上经济高速增长并积累了巨大财富，也累积了诸多结构性问题，这些问题随金融危机爆发一并暴露，经济发展随之进入新阶段，即由高速增长转向高质量发展。该阶段经济发展最突出的特点有两个：一是环境约束趋紧和资源依赖弱化，二是技术依

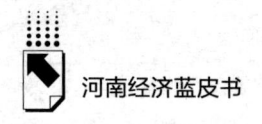

赖增强和创新引领凸显。而这偏偏是河南的两大短板：资源依赖产业占比高，至今仍接近40%；创新能力严重不足，高水平大学和高端研究机构等创新人才集聚平台数量少、层次低。产业多处在产品链、价值链末端，层次不高，技术含量低。这两大客观因素已基本形成共识，此处不再过多赘述。本文主要强调的是主观原因，即认知和行动问题。

2010年前后河南刚受到金融危机冲击时，全省上下反应及时，反思深刻，认识到位，措施得力，行动迅速，效果良好。具体来看，2009年初河南省委省政府就认识到河南因为经济结构问题受到的冲击可能更大，认识到传统的依赖资源消耗实现的高速增长将无法持续，必须找到新抓手，打造新动能。借国家投放4万亿元的契机，河南省迅速启动郑州机场二期和"米"字形高铁项目，放大交通区位优势，设立航空港经济综合实验区，加大中原城市群建设力度，为经济增长提供新支撑。虽然并未因此继续保持在中西部地区的领跑地位，但还是保证了新阶段初期河南经济增长的良好态势。问题是，当以2016年郑州机场二期投入使用为重要时间节点，这一系列举措蕴含的能量差不多释放完毕，国家整体经济结构向创新和技术引领的更深层次迅速延伸之后，河南省没有再做出及时反应，没有能够在提升创新能力和推动制造业升级两个关键领域谋划大举措，推出大项目。

当新常态响彻大江南北，沿海地区互联网新经济似潮涌般冲击到区域发展方方面面的时候，河南仍偏重于基础设施和城市建设传统套路，关注房地产带来的短期效应，忙于对传统资源型产业的修修补补，而对创新经济行动迟缓，以至于基建债务和房地产收缩及土地财政无以为继，整个经济运行面临断崖状态时再来转弯，不仅失去的已经很难补回，转型的难度也会增加几级。

得益于新一届河南省委省政府高瞻远瞩，把握大势，紧紧抓住创新能力提升和制造业升级两大核心，果断出手，多措并举，河南经济迅速扭转了下滑势头，从谷底跃起，开始呈现出良好的发展势头。但"冰冻三尺非一日之寒"，要走上高质量发展正常轨道，如期实现"两个确保"也非"一日之功"，必须聚焦核心，持久发力。

从河南经济内外格局演变看实现"两个确保"的发力点

表2 2008年至2022年前三季度河南省17个省辖市和济源示范区GDP总量变化情况

单位：亿元

	郑州	开封	洛阳	平顶山	安阳	鹤壁	新乡	焦作	濮阳	许昌	漯河	三门峡	南阳	商丘	信阳	周口	驻马店	济源
2008年	3003.99	689.37	1919.64	1067.70	1036.05	342.35	949.49	1031.59	657.28	1062.05	550.26	654.21	1636.43	931.39	866.79	984.13	812.98	288.35
2009年	3012.86	702.33	1825.76	1048.33	1053.08	328.16	902.96	990.36	632.69	1028.71	541.68	647.48	1596.77	891.88	835.29	951.63	806.13	274.55
2010年	4040.89	927.16	2320.25	1310.84	1315.59	429.12	1189.94	1245.93	775.40	1316.49	680.49	874.42	1953.36	1143.79	1091.30	1228.30	1053.71	343.38
2011年	4979.85	1072.42	2702.76	1484.61	1486.61	500.52	1489.41	1442.62	897.34	1588.74	751.70	1030.45	2202.31	1308.37	1257.68	1407.49	1244.77	373.36
2012年	5549.79	1207.05	2981.12	1495.80	1566.90	545.78	1619.77	1551.35	989.70	1716.19	797.12	1127.32	2340.73	1397.28	1397.32	1574.72	1373.55	430.86
2013年	6201.85	1363.54	3140.76	1556.88	1683.65	622.12	1766.10	1707.36	1130.48	1903.31	861.54	1204.68	2498.66	1538.22	1581.16	1790.65	1542.02	460.13
2014年	6776.99	1492.06	3284.57	1637.17	1791.81	682.20	1917.81	1844.31	1253.61	2087.23	941.16	1240.06	2675.57	1697.64	1757.34	1989.75	1691.30	480.46
2015年	7311.52	1605.84	3469.03	1686.01	1872.35	715.65	1975.03	1926.08	1328.34	2171.16	992.59	1251.04	2866.83	1812.16	1879.67	2089.70	1807.69	492.54
2016年	8113.97	1755.10	3820.11	1825.14	2029.85	771.79	2166.97	2095.08	1449.56	2377.71	1081.93	1325.86	3114.97	1989.15	2037.80	2263.86	1972.99	538.91
2017年	9193.77	1887.55	4290.19	1994.66	2249.85	827.65	2357.76	2280.10	1585.47	2632.92	1165.04	1447.42	3345.30	2195.55	2194.51	2459.70	2175.04	600.12
2018年	10143.32	2002.23	4640.78	2135.23	2393.22	861.90	2526.55	2371.50	1654.47	2830.62	1236.66	1528.12	3566.77	2389.04	2387.22	2687.22	2370.32	641.84
2019年	11589.72	2364.14	5034.85	2372.64	2229.29	988.69	2918.18	2761.11	1581.49	3395.68	1578.44	1443.82	3814.98	2911.20	2758.47	3198.49	2742.06	686.96
2020年	12003.04	2371.83	5128.36	2455.84	2300.48	980.97	3014.51	2123.60	1649.99	3449.23	1573.88	1450.71	3925.86	2925.33	2805.68	3267.19	2859.27	703.16
2021年	12691.02	2557.03	5447.12	2694.16	2435.47	1064.64	3232.53	2136.84	1771.54	3655.42	1721.08	1582.54	4342.22	3083.32	3064.96	3496.23	3082.82	762.23
2022年前三季度	9968.41	2042.54	4340.64	2214.77	1929.19	875.63	2575.99	1740.38	1432.21	2888.63	1411.37	1255.30	3460.79	2526.16	2437.40	2750.23	2558.04	614.82

资料来源：《河南省统计年鉴》。

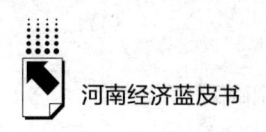

四 河南的区域短板在哪里

（一）14年间，17个省辖市和济源示范区GDP总量都有大幅度提升

自己跟自己比，都有较大幅度上涨。从表2可以看到，2008~2021年14年间，17个省辖市和济源示范区GDP总量都有大幅度提升。其中表现最突出的是郑州，涨了3倍多；其次是许昌、周口、新乡、商丘、驻马店、信阳、开封、漯河，涨了2倍多，再次是洛阳、南阳、平顶山、安阳、濮阳、三门峡、济源，涨了1倍多。

从表3、表4可以看出，增长态势总体较好的是郑州、许昌、新乡、商丘、驻马店、开封、漯河、鹤壁、济源，增长态势表现一般的有南阳、平顶山、安阳、焦作。不同时段各省辖市表现的状态也不一样，比如洛阳、新乡、济源、三门峡明显是两头好，许昌则明显是中间好；开封、鹤壁明显是前段好，驻马店、平顶山则明显是后段好，郑州、漯河、济源则是各个时段相对均衡。

表3 2008年至2022年前三季度河南省17个省辖市和济源示范区GDP增速差异变化情况

单位：%

	郑州	开封	洛阳	平顶山	安阳	鹤壁	新乡	焦作	濮阳	许昌	漯河	三门峡	南阳	商丘	信阳	周口	驻马店	济源
2008年	12.2	13.1	14.4	13.6	13.1	13.5	13.9	12.6	13.0	12.6	13.4	15.1	12.1	11.4	12.2	12.3	11.8	14.8
2009年	11.4	12.1	13.3	10.0	11.4	12.8	12.4	11.3	11.0	12.5	11.3	12.1	10.0	10.8	12.0	10.8	11.5	14.1
2010年	13.0	12.2	13.3	11.2	13.5	13.4	14.6	19.0	11.4	14.7	15.2	11.6	11.1	11.6	11.1	11.6	12.2	
2011年	13.8	12.9	12.5	11.1	12.2	12.9	14.7	13.4	12.4	15.2	13.2	13.1	11.2	10.7	11.1	11.2	11.3	14.7
2012年	12.2	11.1	10.0	6.8	7.4	10.9	11.4	10.2	8.4	12.0	10.1	10.8	10.5	10.6	10.4	11.5		
2013年	10.0	10.8	7.2	6.6	8.5	12.5	9.5	12.0	9.4	9.1	8.7	10.5	9.1	9.3	9.5	12.0		
2014年	9.4	9.6	9.0	7.3	8.7	10.1	9.3	8.8	10.0	9.3	9.1	9.0	8.5	9.2	8.9	9.1	8.5	9.8
2015年	10.0	9.4	9.1	6.5	7.3	9.1	8.7	8.6	8.7	8.9	8.9	6.0						
2016年	8.5	8.5	8.6	7.7	8.0	7.9	8.3	8.3	8.7	8.9	8.1	7.5	8.4	8.7	8.3	8.5	8.0	

续表

	郑州	开封	洛阳	平顶山	安阳	鹤壁	新乡	焦作	濮阳	许昌	漯河	三门峡	南阳	商丘	信阳	周口	驻马店	济源
2017年	8.2	7.8	8.7	8.0	7.2	8.2	8.1	7.4	8.0	8.7	8.2	8.2	6.8	8.7	6.7	7.7	8.4	8.0
2018年	8.1	7.0	7.9	7.5	6.7	5.9	7.1	6.3	5.8	8.6	7.7	8.0	7.2	8.7	8.3	8.2	8.5	8.3
2019年	6.5	7.2	7.8	7.5	2.7	7.1	7.0	8.0	6.8	7.1	7.5	7.5	7.0	7.4	6.3	7.5	7.4	7.8
2020年	3.0	2.0	3.0	3.2	3.3	2.0	3.2	−20.6	3.0	2.7	1.5	3.1	2.2	−0.8	2.1	1.7	3.6	3.4
2021年	4.7	7.2	4.8	7.1	5.0	6.7	6.6	4.4	8.4	5.5	9.1	7.5	9.0	4.0	6.5	6.3	7.2	6.1
2022年前三季度	3.0	3.9	3.7	4.8	2.1	5.3	5.6	3.3	5.2	2.2	5.0	4.0	5.0	5.1	3.0	2.4	5.4	4.4

资料来源：《河南省统计年鉴》。

表4 2008年至2022年前三季度河南省17个省辖市和济源示范区GDP增速排序变化情况

	郑州	开封	洛阳	平顶山	安阳	鹤壁	新乡	焦作	濮阳	许昌	漯河	三门峡	南阳	商丘	信阳	周口	驻马店	济源
2008年	14	8	3	5	8	6	4	11	10	11	7	3	16	18	14	13	17	2
2009年	10	6	2	17	10	3	5	12	14	4	12	6	17	15	8	15	9	1
2010年	8	9	7	16	5	6	3	11	15	4	2	1	12	17	12	17	12	9
2011年	4	8	10	16	12	8	3	11	1	6	7	15	18	16	14	13	5
2012年	1	9	16	18	17	10	7	3	1	3	5	15	11	13	12	14	6
2013年	8	4	17	18	16	1	9	3	2	6	13	15	7	13	12	9	2
2014年	5	4	11	18	15	1	6	14	2	6	9	11	16	8	13	9	16	3
2015年	1	2	4	15	14	13	16	12	5	2	5	18	5	11	9	5	9	17
2016年	5	5	4	17	14	16	10	10	2	1	13	18	9	2	10	5	5	14
2017年	5	13	1	10	16	2	15	10	5	1	5	17	2	1	18	14	4	10
2018年	7	14	9	11	15	17	13	16	18	2	10	8	12	1	4	6	3	4
2019年	16	10	2	4	18	11	13	1	15	11	4	4	13	8	17	4	8	2
2020年	7	13	7	6	3	14	4	18	6	11	17	12	15	1	2
2021年	16	5	15	7	14	9	11	17	3	13	1	9	2	18	10	15	5	12
2022年前三季度	14	11	12	8	18	3	1	13	4	17	6	10	6	5	14	16	2	9

资料来源：《河南省统计年鉴》。

增速差异演化累积的结果是总量排序变化和在全省总量中占比变化（见表5、表6）。

从表5可以看到，2008~2021年，郑州、洛阳、南阳GDP总量始终居全省前3位，而鹤壁和济源始终居全省后2位，这在很大程度上是由人口总量、地域广度和经济基础等客观因素所决定的。在其余13个地位变化的城市中，地位上升的是新乡、驻马店、周口、商丘、信阳、开封、漯河和许昌等8个城市。其中升幅最大的是驻马店，由第12位升至第8位，上升4位。其次是周口、新乡、商丘，分别从第8位、第9位、第10位升至第5位、第6位、第7位，分别上升3个位次。再次是信阳和开封，分别由第11位、第13位升至第9位、第11位，分别上升2个位次。最后是许昌和漯河，分别由第5位、第16位升至第4位、第15位，分别上升1个位次。地位下降的是平顶山、焦作、安阳、三门峡4个城市。其中平顶山、安阳、焦作降幅最大，分别从第4位、第6位、第7位降至第10位、第12位、第13位，分别下降6个位次。其次是三门峡，从第15位降至第16位，下降1个位次。濮阳是中间略有升降，最终仍保住了第14的位次，实现了稳定平衡。

从表6可以看到，2008~2021年，17个省辖市和济源示范区GDP在全省总量中的占比演化结果是7升11降，升幅最大的是郑州，从16.9%升至21.6%，升幅达4.7个百分点。其他6个依次是驻马店、开封、周口、信阳、许昌、新乡，分别上升0.6个、0.4个、0.4个、0.3个、0.2个、0.1个百分点。降幅最大的依次是焦作、南阳、安阳、洛阳、平顶山、三门峡，分别下降2.2个、1.8个、1.7个、1.5个、1.4个、1.0个百分点，下降均超过1.0个百分点。濮阳下降0.7个百分点，超过0.5个百分点。济源、漯河、鹤壁、商丘分别下降0.3个、0.2个、0.1个、0.1个百分点，下降幅度不明显。

表5　2008年至2022年前三季度河南省17个省辖市和济源示范区GDP总量排序变化情况

	郑州	洛阳	南阳	许昌	周口	新乡	商丘	驻马店	信阳	平顶山	开封	安阳	焦作	濮阳	漯河	三门峡	鹤壁	济源
2008年	1	2	3	5	8	9	10	12	11	4	13	6	7	14	16	15	17	18
2009年	1	2	3	6	8	9	10	12	11	5	13	4	7	15	16	14	17	18
2010年	1	2	3	4	8	9	10	12	11	6	13	5	7	15	16	14	17	18
2011年	1	2	3	4	9	8	10	12	11	7	13	6	5	15	16	14	17	18
2012年	1	2	3	4	6	5	10	12	11	9	13	7	8	15	16	14	17	18

续表

	郑州	洛阳	南阳	许昌	周口	新乡	商丘	驻马店	信阳	平顶山	开封	安阳	焦作	濮阳	漯河	三门峡	鹤壁	济源
2013年	1	2	3	4	5	6	12	11	9	10	13	8	7	15	16	14	17	18
2014年	1	2	3	4	5	6	10	11	9	12	13	8	7	14	16	15	17	18
2015年	1	2	3	4	5	6	10	11	8	12	13	9	7	14	16	15	17	18
2016年	1	2	3	4	5	6	10	11	8	12	13	9	7	14	16	15	17	18
2017年	1	2	3	4	5	6	9	11	10	12	13	8	7	14	16	15	17	18
2018年	1	2	3	4	5	6	8	11	9	12	13	7	10	14	16	15	17	18
2019年	1	2	3	4	5	6	7	10	9	11	12	13	8	14	15	16	17	18
2020年	1	2	3	4	5	6	7	9	8	10	11	12	13	14	15	16	17	18
2021年	1	2	3	4	5	6	7	8	9	10	11	12	13	14	15	16	17	18
2022年前三季度	1	2	3	4	5	6	8	7	9	10	11	12	13	14	15	16	17	18

资料来源：《河南省统计年鉴》。

表6　2008年至2022年前三季度河南省17个省辖市和济源示范区GDP占全省比重变化情况

单位：%

	郑州	开封	洛阳	平顶山	安阳	鹤壁	新乡	焦作	濮阳	许昌	漯河	三门峡	南阳	商丘	信阳	周口	驻马店	济源
2008年	16.9	3.9	10.8	6.0	5.8	1.9	5.4	5.8	3.7	6.0	3.1	3.7	9.2	5.3	4.9	5.5	4.6	1.6
2009年	15.7	3.7	9.5	5.5	5.5	1.7	4.7	5.2	3.5	5.4	2.8	3.4	8.3	5.0	4.4	5.0	4.2	1.4
2010年	17.8	4.1	10.2	5.8	5.8	1.9	5.3	5.4	3.4	5.8	3.0	3.9	8.6	5.0	4.8	5.4	4.7	1.5
2011年	18.9	4.1	10.3	5.6	5.6	1.9	5.7	5.3	3.4	6.0	2.9	3.9	8.4	5.0	4.8	5.4	4.7	1.4
2012年	19.2	4.2	10.3	5.2	5.4	1.9	5.6	5.4	3.4	5.9	2.8	3.9	8.1	4.8	4.8	5.4	4.7	1.5
2013年	19.6	4.3	9.9	4.9	5.3	2.0	5.6	5.4	3.6	6.0	2.7	3.8	7.9	4.9	5.0	5.7	4.9	1.5
2014年	19.6	4.3	9.5	4.7	5.2	2.0	5.5	5.3	3.6	6.0	2.7	3.6	7.7	4.9	5.1	5.8	4.9	1.4
2015年	19.7	4.3	9.4	4.5	5.0	1.9	5.5	5.2	3.4	6.0	2.7	3.4	7.7	4.9	5.2	5.6	4.9	1.3
2016年	20.2	4.4	9.5	4.5	4.9	1.9	5.5	5.2	3.3	5.9	2.7	3.3	7.3	4.9	5.2	5.6	4.9	1.3
2017年	20.5	4.2	9.6	4.4	5.0	1.8	5.3	5.2	3.2	5.9	2.5	3.2	7.2	4.8	5.3	5.8	4.9	1.3
2018年	20.3	4.0	9.3	4.3	4.8	1.7	5.1	4.7	3.3	5.7	2.5	3.1	7.1	4.8	4.8	5.4	4.7	1.3
2019年	21.6	4.4	9.4	4.4	4.2	1.9	5.4	5.1	2.9	6.3	2.9	2.7	7.1	5.4	5.1	6.0	5.1	1.3
2020年	22.1	4.4	9.5	4.3	4.2	1.8	5.6	3.9	2.9	6.4	2.9	2.7	7.2	5.2	5.2	6.0	5.3	1.3
2021年	21.6	4.3	9.3	4.6	4.1	1.8	5.5	3.9	2.9	6.2	2.9	2.7	7.4	5.2	5.2	5.9	5.2	1.3
2022年前三季度	21.2	4.3	9.2	4.7	4.1	1.9	5.5	3.7	3.0	6.1	3.0	2.7	7.4	5.4	5.2	5.8	5.4	1.3

资料来源：《河南省统计年鉴》。

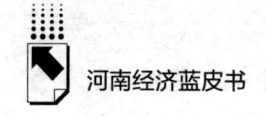

（二）区域经济格局变化明显

从图3可以看出，总量最大的6个省辖市GDP随时间轴演化的趋势是郑州一枝独秀，与洛阳之间的开口越来越大；南阳与洛阳之间的开口也有扩大的趋势；而许昌与南阳之间的开口则有缩小的趋势，后面的周口、新乡也紧追不舍，都呈现出良好的发展态势。洛阳被郑州越甩越远，南阳被许昌等越追越近，以及南阳、洛阳占比较大幅度下降显露无遗。

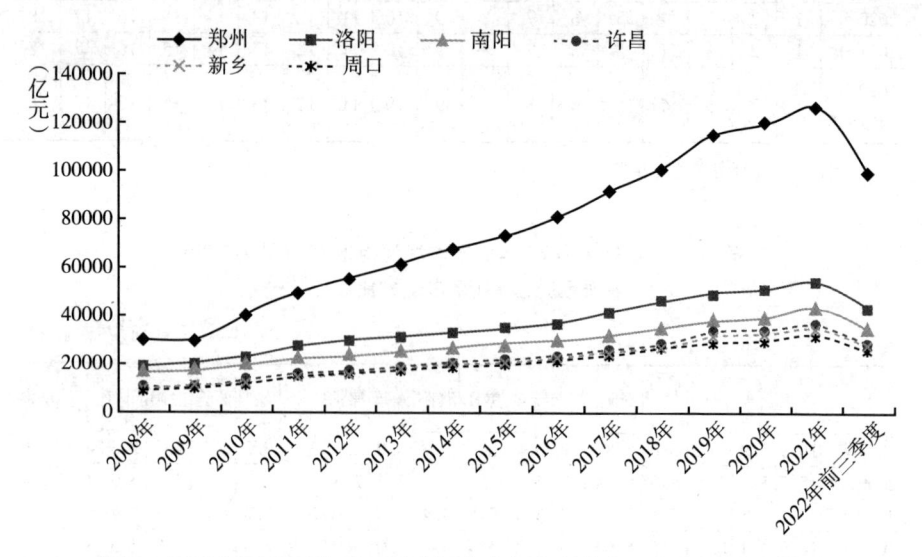

图3 2008年至2022年前三季度河南省部分省辖市GDP总量变化情况

资料来源：《河南省统计年鉴》。

图4涵盖12个城市，而且城市之间升降关系相互交叉，显得较为复杂紊乱，但仍能从中看出最显著的特点：一是漯河对三门峡的超越和开封对安阳和焦作的超越，二是商丘、驻马店、信阳对平顶山、安阳和焦作的超越。

总之，过去14年河南省17个省辖市和济源示范区经济格局变化明显，主要表现为郑州异军突起，黄淮四市明显上升，平顶山、安阳、焦作、三门峡四市深幅下挫，许昌、新乡、开封、漯河、鹤壁、济源可圈可点，洛阳、南阳活力不足。

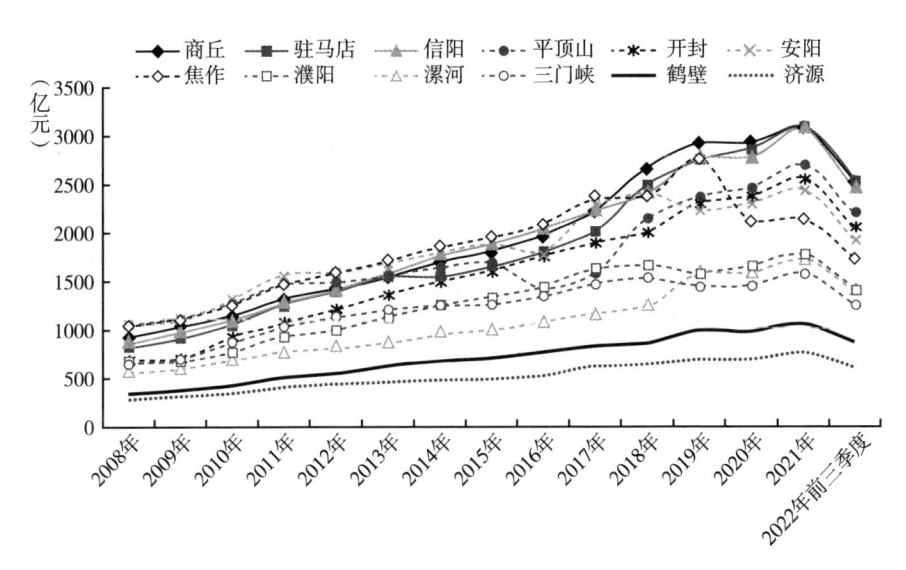

图 4　2008 年至 2022 年前三季度河南省部分省辖市和济源示范区 GDP 总量变化情况
资料来源：《河南省统计年鉴》。

由此可以看出，郑州都市圈核心区活力十足，面向长三角的豫东南腹地显现出良好的发展势头，深加工制造业和民营经济基础好的区域发展较为稳健并呈现出较高的发展质量，资源型区域拖累严重，传统积淀深厚和开放程度相对低的区域活力不足。

五　未来河南实现高质量发展从哪儿发力

河南在经历 14 年相对地位持续下滑，省域经济落入凹陷，省内格局变化显著，亟须找到新通途，焕发新活力之际，又恰逢疫情、国际市场环境变化和俄乌冲突三重冲击，整个国家经济面临巨大压力，可谓屋漏偏逢连阴雨。在这种情况下，河南经济到底应该从哪儿发力？如何走上高质量可持续发展的新轨道？

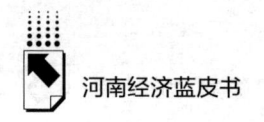

（一）处理好投资、基础设施建设与财富创造的关系，真正在制造业上发力

过去很长时期内，各地比较善于利用投资驱动经济增长，而投资总是最容易落到基础设施建设项目上，因此，基础设施超前布局是常态。最近几年，由于各种各样的原因，民间投资动力不足，为弥补缺口，政府成为投资的主角，在基础设施项目上找投资对象更是得心应手。尤其是"百城提质"工程，市县政府谋划的生态、城建类基础设施项目撬动的投资巨大。可以说，现在基层政府对可能的基础设施投资项目已经挖掘净尽，并且因为基建投资，各级地方政府都背上了沉重的债务，动辄就是数百亿元，已经无力再投。

投资本身确实能带来增加值、就业、财政收入和经济增长，但这些效应都是短期的，投资的长期效应是为实体经济活动尤其是制造业提供支撑。实体经济活动特别是制造业才是财富创造的主体，只有制造业规模大了、竞争力强了，才能提供越来越多的增加值、就业、财政收入，实现可持续的经济增长。

近年来，河南经济增长持续承压，说到底还是制造业没有跟上来。不仅没有像深圳、杭州、贵州那样培育出世界级的互联网信息产业，也没有像重庆、四川、陕西那样培育出具有举足轻重地位的品牌汽车和电子产品产业，还没有像长沙、徐州那样成为某些传统制造业领域中的巨无霸，更没有像以武汉光谷、合肥新型显示—集成电路—人工智能等为代表的高科技产业集群，甚至缺乏像长三角、珠三角一样遍地开花，作为就业和经济底盘的劳动密集型终端消费品产业集群。

河南确实需要高度聚焦、全心全意抓工业，资源配置果断、大规模向工业倾斜，真正到了要在制造业上发力的时候了。要创造自己的具有全国乃至世界影响力的品牌，培育自己的前沿支柱产业，铺宽铺厚自己的劳动密集型终端消费品制造业底盘支撑。

（二）传统重化工业出路在于创新和拉长产业链、价值链

钢铁、水泥、电解铝、煤化工等传统资源型重化工业长期是河南省工业

的支柱,进入新阶段以后也是受冲击最重、波动最大的产业,但它们并非夕阳产业,仍有相当的生命力,重要的是提升竞争力,出路在于创新和延伸产业链价值链。在这方面,平煤神马集团做得最好,集团在襄城县、叶县和开封市的项目最为典型。襄城县的首山化工,引进上海交大的技术,从焦炉煤气延伸出硅烷气,形成太阳能和高纯度电子级多晶硅两个分支链条。叶县化工产业园依托神马帘子布项目上下延伸,上对接煤化工,下对接纺织服装,形成千亿级产业集群。开封碳素则通过创新延伸出了液钒锂电池储能系统,并掌握氢能电池技术。都是老树发新枝,让整个传统产业体系充满生机与活力。但省内仍有很多传统资源类产业比重大的省辖市和此类企业尚未找到新出路,也严重拖累了本地和全省经济的发展。这些省辖市和企业需要抓紧学习借鉴平煤神马集团的经验,尽快走出困境。

(三)支持民营经济的重点在于保护其人身和财产安全动真格,让民营企业家对未来有信心,有创新创业激情

民营经济是天然的市场经济主体,是效率和活力的集中体现,不管是沿海发达地区还是河南省发展活力比较强的市县经验,都无可辩驳地证明了这一点。因此,对民营经济的创新创业热情,应该鼓励再鼓励,对其可能的违规动作应该建立容错机制,对其税负应该能降尽降,在全国区域中保持最有竞争力的低水平,对其扶持政策应用尽用,在全国区域经济中保持有竞争力的高水平。大力推广长垣、长葛发展民营经济的经验。

(四)国企改革的重点是引入市场化民营机制

省内国有企业经过多年改革,总量已经所剩不多,但在经济活动领域的重要性并未减少。就国有企业存在形态和领域来看,大体上可以分为三种类型:一是功能类,如省投资集团和各基层政府所属投融资平台等;二是资源类,如河南能源化工集团、平煤神马集团等;三是竞争性制造类,如洛阳一拖、郑煤机等。除了作为实现政府意图杠杆的功能类国有企业外,资源类和制造类实际上都是依靠市场竞争生存的企业,都需要进行市场化和民营机制

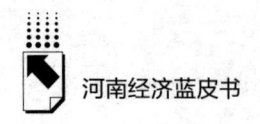

化改革改造。捷径是引入民间战略投资者，实行混合所有制。做得好，双方可以各施所长，各得其所，实现共赢，做大企业和产业。在这方面，平煤神马集团首山化工是个典范。该企业原是纯民营，后来折股加入平煤神马集团，民企保留经营权，国企掌控战略决策和财务，现已发展成为能够支撑千亿产业集群的基础企业。分布在洛阳、三门峡、安阳、焦作、鹤壁、濮阳等地的上述两类国有企业，应该借鉴平煤神马集团混合所有制模式，尽快深化改革，加速实现机制转换。

（五）针对问题和短板，对各市提出不同的工作任务和重点，加强考核，务求问题解决有实质性进展

郑州要提升创新能力和打造全国有影响力的先进制造业集群。制造业重点在航空港区，方向是电子信息和生物医药，路径是像引进超聚变服务器生产线一样，下大力气引进龙头企业和相关配套企业，填补产业链空白，形成完整的电子信息产业体系。生物医药产业亦如是。

洛阳要激活制造业企业体制机制。洛阳作为国内著名的工业城市、郑洛西经济带重要支点、中原城市群核心城市之一、两大都市圈之一、中原城市群副中心城市，14年间地位竟然持续下滑，让人深感意外。原因可能很多，本文认为最主要的原因还是制造业企业的国有体制机制没有真正被触动和改造。建议洛阳市未来几年集中精力解决传统国有企业体制机制问题，学习平煤神马集团经验，引入战略性民营企业和市场化机制，实行混合所有制，使其重新释放活力。

南阳发展滞后也是观念和体制机制问题。其民营制造业既有基础，也有亮点，但适合于它的劳动密集型制造业产业集群发育不好，改革开放初期形成的良好基础没有能够像许昌、新乡那样逐步升级壮大，反而逐步凋零，因此，经济缺乏基础支撑。南阳的重点任务应该是解放思想，营造良好的民营企业发展环境，学习许昌、新乡甚至商丘、驻马店经验，大力发展劳动密集型制造业集群。

安阳、焦作、三门峡、平顶山、濮阳、鹤壁、济源等资源型产业支撑的城市，重点可借鉴身边平顶山和平煤神马集团的成功经验，通过创新拉伸产业链、价值链，尽快实现传统资源型产业向现代制造业体系转型。

许昌、新乡、漯河等市在现有优势基础上尽快做大制造业规模，提升产业层次和竞争力。黄淮四市应在"十三五"时期已经取得进展的基础上，继续对接长三角和珠三角，加大承接产业转移规模，培育更多劳动密集型产业集群，加速工业化城市化进程。

专题研究篇

Monographic Study Part

B.22
河南"保交楼"推进情况及房地产发展态势研究

顾俊龙　朱丽玲　贾云静*

摘　要： 2021年下半年以来，房地产市场面临严峻挑战，各地问题楼盘多发频发，引发广泛舆论关注和诸多社会问题。"保交楼"是有效化解房地产领域风险、提振市场信心、稳定预期的重要抓手之一。全省因城施策用好政策工具箱，攻坚化解问题楼盘，扛稳扛牢"保交楼、稳民生"政治责任，各项政策措施取得初步效果。尽管如此，全省房地产市场低迷、供销两端观望的态势仍未改变。初步预判，随着已出台政策的持续发力，政府、金融、企业形成合力，发展环境继续改善，2023年房地产市场资金压力有望得到缓解，投资有望止跌趋稳，商品房销售或将好转。

---

* 顾俊龙，河南省统计局固定资产投资统计处处长；朱丽玲，河南省统计局固定资产投资统计处副处长；贾云静，河南省统计局固定资产投资统计处。

河南"保交楼"推进情况及房地产发展态势研究

关键词： 房地产　市场调控　问题楼盘　保交楼

房子是群众最主要的家庭财产，是重要的民生。2022年，在"房住不炒、因城施策"的房地产政策主基调下，河南全省认真贯彻落实中央和省委省政府工作部署，陆续出台一揽子政策促进房地产市场平稳健康发展，全力以赴"保交楼、保民生、保稳定"。截至12月底，全省"保交楼"政策频出，调控政策初见效果，绝大多数停工烂尾项目复工，市场信心有所恢复。但受多重因素影响，房地产市场整体仍处于低迷状态，短期下行压力仍然突出、稳健发展压力仍存。

一　河南"保交楼"政策陆续推出，调控效果初显

在持续的疫情、严格的调控政策等多重因素影响下，房地产市场遇冷，风险显现。2022年7月，中央政治局会议明确指出要稳定房地产市场，压实地方政府责任，保交楼、稳民生。"保交楼"是有效化解房地产领域风险、提振市场信心、稳定预期的重要抓手之一。全省各地认真贯彻落实中央和省委省政府工作部署，扛稳扛牢"保交楼、稳民生"政治责任，用好政策工具箱，多措并举"保交楼"，效果初显。

（一）上下联动强化政策供给，破解堵点难点

2022年7月以来，全省各地陆续出台"保交楼"措施，郑州市、开封市、洛阳市、平顶山市、安阳市、新乡市、驻马店市等多地接连召开问题楼盘化解处置相关会议，根据具体情况制定"一楼一策一方案"，以多种形式盘活项目并推动项目建设交付。其中，郑州作为省会城市和因问题楼盘受到舆论关注最多的城市，在"保交楼"专项行动中采取了诸多措施，"保交楼"做法最具典型代表性。下面以郑州市为例介绍全省"保交楼"政策情况。

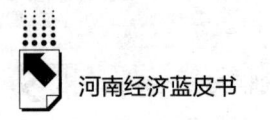

2022年7月，郑州市出台《郑州市房地产良性循环发展相关模式和建议》，创造性地提出了"棚改统贷统还、收并购、破产重组、保障性租赁住房模式"四种纾困方案。7月29日，郑州市发布《郑州市房地产纾困基金设立运作方案》，缓解当前房地产项目停工停贷造成的突出社会问题和可能引发的金融风险，提振市场信心，这也是自断供风波以来首个落地的地方性房地产纾困基金。基金按照"政府引导、多层级参与、市场化运作"原则设立，总规模100亿元，重点通过引导鼓励央国企、社会资本以及市、区两级AA以上的国有投融资公司等主体，以市场化、法治化方式参与盘活市域内存量房地产项目，旨在实现"盘活一个、救活一批"的杠杆撬动效应，逐步化解潜在风险。截至9月22日，基金纾困项目达到7个，资金投入超过33亿元，纾困项目已陆续实现复工。

2022年9月6日，郑州市召开"保交楼"专项行动动员会，印发《郑州市"大干30天，确保全市停工楼盘全面复工"保交楼专项行动实施方案》，指出用好"4+1"模式（即统贷统还、政府回购、项目并购、破产重组及设立地产纾困基金等问题楼盘化解模式），明确10月6日前所有停工问题楼盘全面持续实质性复工。30天后，郑州市已排查出的147个已售停工、半停工商品住宅项目中，有145个实现全面、实质性复工，两个未复工项目已确定化解路径，郑州市"保交楼、稳民生、促发展"专项行动取得重要阶段性成果。为进一步攻坚化解问题楼盘，郑州市全面实施"保交楼"项目"交房即发证"工作，此举既体现了"保交楼"的决心、信心和力度，真正做到维护广大购房者的切身利益，又有利于提振市场信心，促进房地产市场良性循环和健康发展。

2022年12月初，郑州银行先后与正弘置业、正商集团、美盛集团、鸿宝集团、瀚宇集团签订战略合作协议，郑州银行拟提供意向性融资总额175亿元，在房地产项目开发贷、并购、金融市场、内保外贷、保函置换预售监管资金、产业链供应链上下游、个人住房按揭等多方面、多层次为上述5家房企提供综合化金融服务。12月中旬，郑州市又出台适度调整住房限购、支持团购在售商品住房、购房税收优惠、执行"认贷不认房"、加大住房公积金支持等政策，进一步满足居民合理的住房需求，促进郑州市房地产业良性循环和健康发展。

（二）压实各方责任，加大处置化解力度

一是压实企业主体责任，严肃查处违法违规问题。省级有关部门指导各地建立问题楼盘企业项目专班，与政府专班协同配合、形成合力。加强出险企业违法行为查处，截至2022年9月底，全省公安机关侦办涉问题楼盘刑事案件69起，查封房产1100余套、土地1500余亩，盘活建设资金6.9亿元。二是压实属地政府责任，党政同责有力推动化解。实行城市主责、党政同责，党政一把手亲自分包项目，对辖区问题楼盘兜底包保。三是压实金融机构责任，加大金融支持力度。河南银保监局、人民银行郑州中心支行指导各地金融机构建立"一楼一策一专班一银行"机制，逐项目明确牵头银行，协调统一政策口径，做好沟通释疑和相关事项处置工作，牵头做好金融服务支持。四是压实专班责任，理顺工作协同机制。按照"专人、专职、专业、专责、专事"的要求，配齐各级专班力量，压实各方责任，有序开展"保交楼"工作五大专项行动。

（三）统筹发展安全，防范化解风险

"保交楼"专项行动推进以来，全省坚持一手抓问题楼盘处置化解，一手抓风险防范。一是坚持底线思维，紧盯问题楼盘潜在风险隐患，建立网络舆情管控引导和信访维稳工作机制，及时处置并防范化解。二是妥善解决停贷事件。河南金融监管部门指导各地落实落细国家相关处置政策，对每个停贷项目明确1家牵头银行，做好沟通解释和后续事项处理工作，及时通报项目处置化解最新进展，让群众看到复工、交房的希望，把风险牢牢控制在项目点上。三是强化项目风险稳控。落实项目专班每周与业主对话机制，畅通信息沟通渠道，及时回应业主诉求，稳定群众情绪，防止项目风险发酵、扩散、蔓延。四是切实做好社会稳定工作。省住建厅督促各地认真开展"保交楼"项目风险隐患排查，列出清单，建立台账，明确

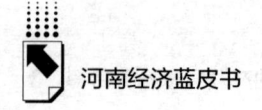

任务要求，严防风险隐患升级、外溢、上行，坚决防止出现"假复工"、"表演式"复工。从全省信访线索看，2022年8月份涉全省房地产领域信访线索、项目数量较7月份分别环比下降16.2%、21.0%，问题楼盘处置化解和信访稳控成效明显。

（四）全省多数项目复工，"保交楼"成效初显

从省统计局2022年11月份开展的建筑企业"保交楼"项目建设情况快速调查结果看，接受调查的326个"保交楼"项目中，325个项目已复工，占比99.7%；已复工项目中，超过一半的项目完工进度在70%以上，八成以上项目预计在近一年内完工。住建部门数据显示，截至9月底，全省已推动694个停工烂尾项目复工建设，实现50个停工烂尾项目竣工交付，河南"保交楼"工作取得阶段性成效。

二 尽管"保交楼"有一定效果，但难改当前全省房地产市场低迷、供销两端持续观望的态势

（一）房地产开发企业投资进度放缓，施工规模下降

2022年，全省房地产开发投资同比下降13.7%，降幅较第一季度、上半年和前三季度分别扩大18.8个、13.3个和8.2个百分点。2022年以来，受多重因素影响，全省房地产开发投资逐步回落，自年初的增长6.1%回落至当前的下降13.7%，为2020年第一季度以来的最低点。

全省房屋新开工面积持续下行，施工面积下降至历年来最低点。2022年，全省房屋新开工面积同比下降34.5%，降幅较第一季度、上半年和前三季度分别扩大33.9个、11.4个和3.9个百分点；施工面积自第一季度出现负增长后，全年降幅扩大至8.0%，降至历年来最低点。

建设进度缓慢，平均建设周期较长。截至2022年底，全省房地产开发项目剩余工作量（项目计划总投资减自开始建设累计完成投资）合计

20995.20亿元，按2022年全省房地产续建项目完成投资5354.84亿元计算，当前未竣工项目还需3.9年左右才能建完，超出正常水平（2年左右）。

（二）先行指标下行，投资意愿不强

2022年以来，房地产企业面临销售回款难和融资难等问题，资金链偏紧，拿地谨慎，土拍意愿不强。以郑州市为例，郑州市2022年共三轮集中土拍，绝大多数地块均以底价成交，房地产企业拿地积极性仍然不高。2022年，全省房地产开发企业土地购置面积244.57万平方米，同比下降61.3%。与此同时，新入库项目"少弱小"，全省新入库项目规模下降。2022年，全省新入库房地产项目仅1047个，同比下降29.9%；新入库项目平均规模为5.88亿元，同比下降10.9%。土地和新入库项目等先行指标的下降，表明开发商对房地产市场预期变差，投资信心不足，投资行为更加谨慎。

（三）市场景气指数持续下行，房价环比总体走低，市场预期较弱，商品房销售仍处于下行筑底阶段

国家统计局数据显示，2022年以来，全国房地产开发景气指数持续走低，12月下降至94.35点，环比回落0.07点，市场信心持续低迷。国家统计局发布的70个大中城市住宅销售价格指数显示，2022年，郑州和洛阳地区新建商品住宅价格环比指数除7月略有上涨外，其他月份均呈下降趋势。与此同时，中国人民银行第四季度城镇储户问卷调查结果显示，53.7%的居民预测下季度房价"基本不变"，18.5%的居民预测"下降"，仅14.0%的居民预测"上涨"，13.8%的居民预测"看不准"；城镇储户收入感受指数、收入信心指数分别为43.8%、44.4%，分别比第三季度回落3.2个、2.1个百分点，降至2020年第二季度以来的最低水平。买涨不买跌的心理叠加收入预期的下降使得购房者对房地产市场预期较弱，购房观望情绪仍然较强。

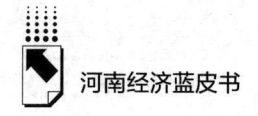

统计数据显示，2022年，全省商品房销售面积11141.00万平方米，同比下降16.1%，较第一季度、上半年和前三季度分别回落18.3个、7.2个和6.7个百分点，降幅持续扩大，低迷状态尽显。

（四）"保交楼"工作后续仍存在不少问题

当前在"保交楼"后续推进过程中还存在项目资金少难以保障后续建设、部分项目不易销售难以实现资金正循环等问题。

1. 项目资金保障不到位，后续建设较难维持

一是申请纾困基金难度高、额度小。根据《郑州市房地产纾困基金设立运作方案》，郑州市发行100亿元房地产纾困基金作为母基金，与市、县（区）两级国企、社会资本等组建子基金作为实施主体，通过纾困"母子基金"的运作方式，吸引更多社会资本参与，带动社会资本来解决项目的完工问题。但在实际过程中，多数机构参与的动力有限。同时，纾困资金重点解决资产大于负债的项目，对问题楼盘的救助门槛偏高，实际落到每个项目的资金偏少，无法支撑后续项目建设。

二是近三成项目复工后预付资金未到位，七成以上项目复工后存在建筑企业资金垫付情况。在对326个"保交楼"项目的调查问卷中，325个项目复工后，预付资金不到位的有93个，占28.6%；项目复工后，"无资金垫付"的项目有80个，仅占已复工项目的24.6%，剩余七成以上的项目均存在不同程度的建筑企业资金垫付。

2. 一些资产大于负债但不易销售的项目，后续难以实现资金正循环

一些资产大于负债的项目，目前由政府组织国企和金融机构对接，为房企收并购提供融资支持，解决企业当前现金流问题。但这类企业多以未售存量房为主要资产，而未售存量房一般周边配套或地理位置较差、销售较为困难，后续如果无法完成销售达到资金正循环，资产难以转化为资金，纾困资金或将面临实际效益较差的情况。

三 2023年房地产市场发展趋势与展望

（一）资金压力有望得到缓解，投资有望止跌趋稳

房地产行业是资金密集型的行业，资金需求量大，持续投入时间较长，没有大量的资金投入，房地产开发投资难以平稳发展。2022年第三季度以来，人民银行、银保监会、财政部等部门频繁释放资金利好政策，有助于房地产行业缓解巨大的资金需求压力。11月份，信贷、债券和股权融资政策"三箭齐发"助力房地产企业融资，并出台政策优化调整预售资金监管机制。11月8日，交易商协会宣布继续推进并扩大民营企业债券融资支持工具，支持包括房地产企业在内的民营企业发债融资；11月11日，人民银行、银保监会联合发布《关于做好当前金融支持房地产市场平稳健康发展工作的通知》（简称"金融支持16条"），指出稳定房地产开发贷款投放，鼓励金融机构重点支持优质房地产企业稳健发展；11月14日，银保监会、住建部、人民银行三部门联合印发《关于商业银行出具保函置换预售监管资金有关工作的通知》，对商业银行出具保函置换预售监管资金做出相关要求，明确指出要支持优质房地产企业合理使用预售监管资金，防范化解房地产企业流动性风险，促进房地产市场平稳健康发展；11月23日，中债增进公司在民企债券融资支持工具政策框架下，出具对龙湖集团、美的置业、金辉集团三家民营房企发债信用增进函；11月28日，证监会决定在股权融资方面调整优化5项措施，恢复涉房上市公司并购重组及配套融资，恢复上市房企和涉房上市公司再融资，调整完善房地产企业境外市场上市政策，进一步发挥REITs（不动产投资信托基金）作用和私募股权投资基金作用。

"三箭齐发"意味着金融支持房地产力度持续加码，有利于房地产企业的融资，改善房地产企业的流动性，加快化解房地产风险，稳定房地产行业的预期，发挥房地产行业对国民经济的支撑作用，促进房地产行业的平稳健

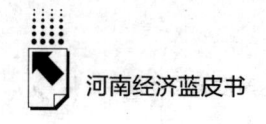

康发展。随着政策效果的逐步显现和防疫政策的调整，展望2023年，河南房地产开发投资或将止跌趋稳。

（二）商品房销售或将好转

2023年金融利好政策将进一步落地见效，郑州首套房利率降至3.8%，有利于减轻购房者负担，激发人们的购房需求；"保交楼"政策持续发力，各项政策基本落地，政策间相互协同配合较好；疫情防控措施进一步优化，恢复正常生产生活秩序，有利于增加城乡居民收入；2023年商品房销售的历史基数较低，也有利于实现增长。综合以上情况初步预判，2023年房地产销售市场或将有所好转。

四 积极推进"保交楼"，促进房地产市场平稳健康发展

房地产业的良性循环和平稳健康发展关乎经济发展、社会稳定，当前全省一系列"保交楼"措施，从根本上讲是要进一步完善房地产业持续健康发展的总体格局。要积极有效化解和防范风险，防止普遍停工现象再次发生；要总结过去的经验教训，把当前各项政策落到实处，真正切实解决现实问题，确保"保交楼"工作顺利推进，尽快交付；要根据房地产市场发展的形势动态调整政策，及时纠偏和校正，使政策更加有利于楼市的平稳健康发展；要在落实"因城施策、一城一策"，稳定房地产城市主体责任上多研究办法，多措并举，多方合力，尽快实现房地产市场平稳健康发展。

（一）在资金保障、疫情防控、污染管控、涉法涉诉问题处置等方面为"保交楼"及房地产业发展提供进一步的支持

在对326个"保交楼"项目的调查问卷中，关于如何推进"保交楼"项目建设，有259家企业建议"政府进一步加大资金支持力度"，占调查项目的79.4%；242家建议"科学疫情防控，统筹防控工作'保交楼'项目

建设",占 74.2%；235 家建议"提升监管资金审批效率，缩短资金支付时间"，占 72.1%；167 家建议"确保专款专用"，占 51.2%。其他建议还包括应保证工程款及时支付；在落实"八个百分百"前提下，能在冬季扬尘管控时正常施工；加快项目涉法涉诉问题处置等。针对这些建议，各地要完善"保交楼"政策措施，切实落实已出台的项目复工政策，全力以赴推动项目施工建设。

（二）继续压实预售资金监管方面的责任

房地产开发是资金密集型行业，项目能否如期交付，资金保障是关键。在问题楼盘中，商品房预售资金被挪用，导致施工无法继续的现象非常普遍。因此，保障预售资金安全、专款专用是保障项目工程持续建设和顺利竣工交付、保护购房者合法权益的重要手段，也是有效防范房地产市场风险的必要措施。各级房地产管理部门、人民银行、银保监会及商业银行应通力协作，加强对预售资金的监管核查，严格执行监管政策，落实监管责任，依法依规追究相关责任，确保预售资金安全与正确使用。

（三）继续压实房地产企业的责任

在房地产的产业链条中，企业处在最重要的位置。受新冠疫情等客观原因影响，一些房地产企业经营困难，但更为主要的原因是，企业长期依赖高负债、高杠杆、高周转的发展模式，盲目扩张，高价拿地，不控制风险，甚至搞多元化经营，一旦资金腾挪"转不动"，就会带来严重后果。因此，在"保交楼、稳民生"工作推进当中，房地产企业必须摆进去，不能置身事外，要担负起应有的法律和社会责任，想方设法推进项目建设和交付，不能"躺平"；有关部门要依法依规严肃查处逾期难交付背后存在的违法违规问题，要追究有关企业和人员的责任。

（四）建立房地产调控长效机制

在坚持"房住不炒"、保持房地产市场平稳健康发展的总要求下，总结

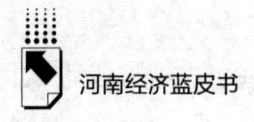

借鉴"保交楼"工作前后的经验教训,建立房地产调控的长效机制。一是根据城市规划、人口发展、产业规划,土地利用规划,合理确定房地产市场发展规模和发展节奏。二是既要避免政策过急过严造成房地产急刹车,又要防止过度宽松的政策导致房地产市场过热的现象出现,调控政策要中性稳健,防止政策大起大落。总结多年来房地产市场调控政策经验,制定稳健、中性、高效的多部门协同房地产调控政策,稳地价、稳房价、稳预期,必要时可通过立法来明确政策界限。三是加快多主体供给、多渠道保障、租购并举的住房制度建设,完善住房保障基础性制度和支持政策,拓宽保障性住房融资渠道,鼓励社会资本参与保障性租赁住房建设,与政府投资形成同频共振,扩大保障性租赁住房供给,发展共有产权住房,完善长租房政策,尽快使租购住房在享受公共服务上具有同等权利,降低流入人口创业成本,更好满足新市民、新青年住房需求,吸引更多人才来到河南、留在河南,为河南高质量发展提供坚实基础。

B.23
河南综合施策做好保供稳价工作保障民生福祉研究

拓福星 尹若星*

摘　要： 党的十八大以来，河南坚持稳中求进工作总基调，推动经济社会高质量发展，克服疫情和极端天气等不利影响，扎实做好"六稳""六保"工作，全省居民消费价格总体温和上升，涨幅与全国平均水平基本一致，居全国中游。城乡价格走势协调，涨幅接近。消费价格运行呈现结构性特点，食品、医疗、教育类涨幅居前。近年来价格总体平稳运行，主要得益于经济稳定发展、农业生产形势良好、保供稳价措施有力，但疫情、国际价格波动、上游成本增加对消费价格造成明显影响，需加强调节调控和监测预警，做好保供稳价工作，持续保障和增进民生福祉。

关键词： 居民消费价格　保供稳价　河南省

党的十八大以来，河南坚持以习近平新时代中国特色社会主义思想为指导，深入贯彻习近平总书记调研指导河南工作时的重要讲话精神，坚持稳中求进工作总基调，统筹疫情防控和经济社会发展，克服国际国内多重压力，扎实做好"六稳""六保"工作，物价总水平保持了长期温和上涨的态势。同时积极应对疫情冲击和农产品生产周期性波动，稳住农业生产基本盘，加

---

* 拓福星，河南调查总队消费价格调查处副处长；尹若星，许昌调查队价格调查科科长。

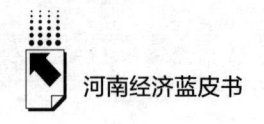

强调控管理，落实保供稳价各项措施，牢牢兜住民生底线，切实保障和改善民生，为经济社会平稳发展提供了良好条件。

一 河南居民消费价格总水平运行基本特点

（一）价格总水平温和上升，与全国走势趋同

1. 价格总水平温和上升

2012~2022年，河南居民消费价格总水平涨幅均在年度调控目标之内波动，累计上涨24.8%，年均上涨2.0%。扣除食品和能源价格后的核心价格累计上涨20.0%，年均上涨1.7%（见图1）。

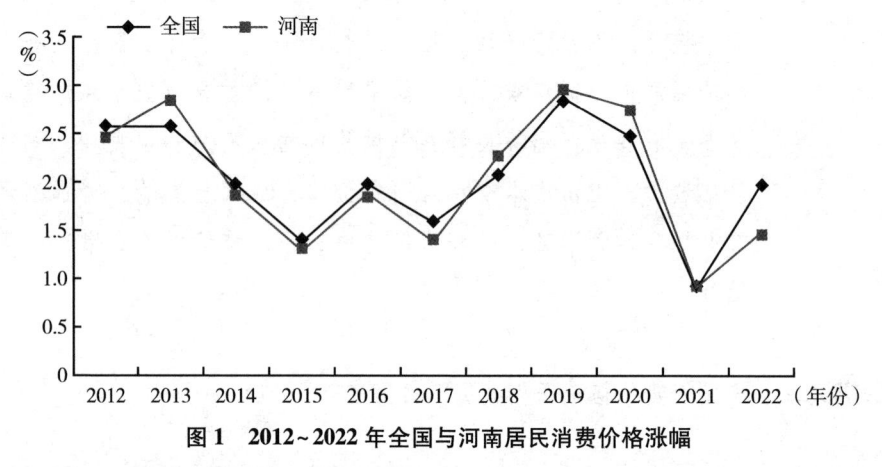

图1 2012~2022年全国与河南居民消费价格涨幅

资料来源：河南调查总队。

2. 物价涨幅居全国中游

2012~2022年，河南居民消费价格总水平累计上涨24.8%，高于全国同期水平0.3个百分点，居全国31个省（区、市）的第14位，中部六省第3位，高于安徽（23.0%）、湖南（22.6%）、山西（22.6%），低于江西（26.1%）、湖北（25.5%）。

（二）价格波动的结构性特征明显

1. 八大类价格"七涨一降"

2012~2022年，全省八大类商品及服务项目价格整体呈现"七涨一降"格局。其中，食品烟酒涨幅最高，累计上涨38.9%，年均上涨3.0%；医疗保健价格累计上涨32.5%，年均上涨2.6%；教育文化娱乐累计上涨30.7%，年均上涨2.5%；其他用品及服务累计上涨29.4%，年均上涨2.4%；衣着、居住、生活用品及服务基本稳定，累计涨幅分别为13.6%、18.1%和10.9%，年均涨幅分别为1.2%、1.5%和0.9%；交通和通信价格累计上涨1.1%，年均上涨0.1%。

2. 食品价格周期性、结构性波动明显

2012~2022年，河南食品价格累计上涨48.7%，年均上涨3.3%，除2019年、2020年受非洲猪瘟和新冠疫情影响分别上涨10.0%和11.2%外，其余年份涨幅较稳定（见表1）。

表1　2012~2022年河南主要食品价格涨跌幅

单位：%

年份	食品	其中：粮食	食用植物油	鲜菜	猪肉	淡水鱼	鸡蛋	鲜果
2012	2.8	4.1	5.0	15.1	-8.8	10.4	-6.7	-6.2
2013	5.3	6.6	-0.2	10.3	0.2	-0.7	4.3	6.3
2014	2.2	5.2	-5.2	-5.1	-6.1	2.8	15.2	18.4
2015	1.4	2.9	-4.8	7.3	8.4	2.1	-16.4	-5.3
2016	4.1	0.1	0.6	11.3	18.3	-1.0	-4.5	-5.0
2017	-3.2	2.0	1.2	-10.0	-11.1	6.3	-6.9	2.0
2018	1.2	0.4	-1.0	4.9	-11.1	-1.0	17.0	6.7
2019	10.0	0	-1.3	3.4	45.9	-5.7	6.0	9.1
2020	11.2	0.3	0.9	8.5	53.1	4.5	-14.4	-11.6
2021	-0.3	1.7	7.2	10.8	-31.2	28.4	16.9	3.4
2022	2.3	6.0	7.3	-2.5	-6.5	11.4	7.3	12.6
累计上涨	48.7	33.1	9.2	64.6	24.8	34.4	11.0	29.8
年均上涨	3.3	2.6	0.8	4.6	2.0	2.7	0.9	2.4

资料来源：河南调查总队。

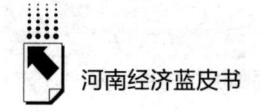

粮食价格稳中有涨。2012~2022年累计上涨33.1%，年均上涨2.6%。其中，大米价格较为稳定，累计上涨11.5%，年均上涨1.0%；面粉价格累计上涨39.2%，年均上涨3.0%；小米等其他粮食价格累计上涨59.6%，年均上涨4.3%；面条、馒头等粮食制品价格累计上涨34.2%，年均上涨2.7%。2012~2022年，食用油价格累计上涨10.4%，年均涨幅0.9%。其中，2012年、2021年和2022年受南美大豆减产、新冠疫情、国际地缘政治等因素影响，涨幅均在5%以上。

鲜菜价格涨幅较大。2012~2022年，鲜菜价格累计上涨64.6%，年均涨幅4.6%。2012~2017年，鲜菜价格基本呈现"两年涨一年降"的走势，周期性波动明显。2018年以来，鲜菜价格持续性上涨，尤其是2020年、2021年受疫情和短期性自然灾害影响，蔬菜生产供应受限，鲜菜价格涨幅明显加大。

猪肉价格波动较大。2012~2022年，河南畜肉价格累计上涨53.8%，年均上涨4.0%。其中，猪肉价格受养殖规模、猪周期波动、养殖政策以及非洲猪瘟疫情影响，波动幅度较大，累计上涨24.8%，年均上涨2.0%。特别是2016年以来，波动幅度明显加大，最高涨幅53.1%，最大降幅31.2%（见图2）。牛、羊肉价格受供需影响呈现稳中上涨态势，累计分别上涨127.7%和64.2%，年均涨幅分别为7.8%和4.6%。禽肉中鸡肉价格较为稳定，累计上涨14.1%，年均涨幅1.2%。

淡水鱼、鸡蛋、水果等鲜活食品价格基本稳定。2012~2022年，淡水鱼价格总体平稳，累计上涨34.4%，年平均上涨2.7%，其中2021年因疫情及洪灾影响，大幅上涨28.4%。鸡蛋价格呈现周期性波动，累计上涨11.0%，年均上涨0.9%。鲜果价格累计上涨29.8%，年均上涨2.4%。

3. 医疗服务与药品价格上涨明显

2012~2022年，河南医疗保健价格累计上涨32.5%，年均上涨2.6%，中药、西药、医疗服务价格分别上涨64.2%、43.5%和23.6%。其中，2012~2014年价格相对平稳，累计上涨4%，年均上涨1.3%。2015年6月《关于印发推进药品价格改革意见的通知》（发改价格〔2015〕904号）实施后，取消

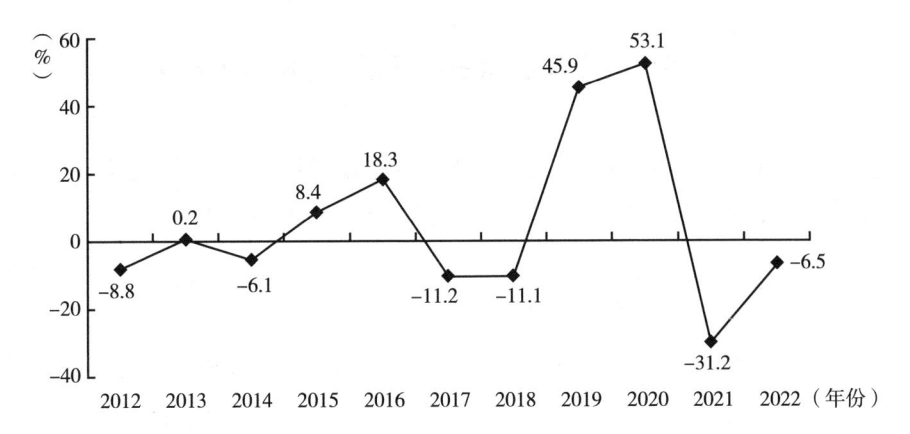

图2 2012~2022年河南猪肉价格涨跌幅

资料来源：河南调查总队。

政府制定价格，改为由市场竞争形成。2015~2018年河南医疗保健价格逐年上涨，累计上涨19.5%，年均上涨4.6%。2019年以来，受药品集中采购政策影响，价格涨幅减缓，2019~2022年累计上涨6.5%，年平均上涨1.6%。

4. 工业消费品价格较稳定

2012~2022年，河南工业品消费价格保持稳定态势，累计上涨12.2%，年均上涨1.0%。其中，服装价格上涨13.2%，住房装潢材料价格上涨14.6%，通信工具价格下降25.1%，燃油小汽车价格下降23.6%，大型家用器具价格平稳，累计上涨1.6%。能源价格总体稳定，水电燃料价格累计上涨11.6%，汽、柴油价格5年上涨6年下降，分别累计下降15.3%和11.5%。

5. 服务项目价格持续上涨

2012~2022年，居民精神文化生活和个人全面发展也进入快车道，用于家庭服务、教育文化娱乐、旅游、医疗保健、个人美容美发等方面的消费支出不断增加，服务项目价格累计上涨26.1%，年均上涨2.1%。其中，教育、家庭服务、美容美发洗浴价格累计分别上涨46.2%、83.0%和63.2%。租赁房租、交通费、医疗、旅游价格累计上涨21.2%、22.0%、23.6%和26.3%。通信服务类价格下降11.9%。

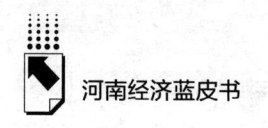

二 河南居民消费价格平稳运行的影响因素

2012~2022年，河南居民消费价格总体平稳运行，主要得益于经济稳定发展和宏观调控、保供稳价、保障民生等一系列措施的实施。

（一）经济平稳发展

经济稳定发展是确保物价稳定的基础。党的十八大以来，在以习近平同志为核心的党中央坚强领导下，河南贯彻新发展理念，转变发展方式，坚持稳中求进工作总基调，奋力推动河南经济社会高质量发展，如期打赢脱贫攻坚战，全面建成小康社会，实现了经济平稳发展。2012~2022年，全省地区生产总值从29810.14亿元增长到突破6万亿元，投资、消费、进出口保持较高增速，经济保持了协调快速发展。我国完整的工业生产体系和强大的生产能力，为社会提供了充足的产品，也为国内消费价格的稳定提供了坚实的经济基础。

（二）农业生产基本盘稳定

习近平总书记强调，"中国人的饭碗任何时候都要牢牢端在自己手中"，"我们的饭碗应该主要装中国粮"，粮食生产事关国家安全和百姓安居乐业。食品在居民消费中所占比重接近三成，食品价格波动对消费价格水平影响显著，保证粮食稳定增长是稳定市场物价的关键。近年来河南以粮食为基础的农产品产量稳步增长，为国家粮食安全作出了重要贡献，也为物价稳定发挥了重要基础作用。

河南扛起粮食安全责任，认真履行省长"米袋子"责任，加强高标准农田建设和良种推广应用，不断提高农业机械化、现代化水平，农业综合生产能力持续提升，粮食产量稳步增长。拉伸产业链条，实现由粮食生产到食品制造、由国民粮仓向国民厨房的提升，有力保证了城乡居民"米袋子"价格稳定。2012~2022年，全省粮食总产量由5838.6万吨提高到6789.4万吨，增长16.3%，其中，2018年以来连续5年超过6500万吨，2020年创历史新高，达6825.8万吨。油料生产持续稳定增长，产量由2012年的569.51万吨提高到2021年的657.28万吨，增长15.4%。

河南认真落实市长"菜篮子"责任制，抓好畜牧业和蔬菜生产，提高畜禽规模化养殖水平，增加蔬菜及食用菌产量，不断丰富居民"菜篮子"。2012~2021年，河南禽蛋年产量由404.2万吨提高到446.42万吨，增长10.4%。蔬菜及食用菌年产量由7173.76万吨提高到7607.15万吨，增长6.0%。猪牛羊禽肉产量总体保持稳定，除2019~2021年外，年产量均保持在650万吨以上。

（三）调控政策完善

稳预期保供应。河南完善重要商品价格调控手段，建立健全重要商品政府储备、商业储备制度，适时开展粮食、食用油、猪肉等重要商品的各级收储和储备投放，保障市场供应，稳定市场预期，抑制价格过度波动。完善和落实鲜活农产品"绿色通道"政策，保障重要民生商品供应链畅通。这些措施在保障节日市场供应、降低非洲猪瘟疫情影响、确保新冠疫情时期物资供应、重要民生物资保供稳价等方面，发挥了积极作用。

加强市场管理。进一步加强市场的动态监测与监管，在主要节假日、重要时期、重大突发公共事件等方面，加强对市场重要民生商品供应及价格的监测与监督管理，公开主要食品等商品物资价格，开展职能监管与社会监督，依法查处囤积居奇、哄抬物价、串通涨价、价格欺诈等违法行为，维护正常的市场秩序，确保市场物价稳定。

（四）兜住民生底线

一是居民收入水平不断提高，2012~2021年，河南城乡居民储蓄存款不断增长，储蓄存款余额从17462.16亿元提高到51757.01亿元，年平均增幅为13.1%；农村居民人均纯收入年均增长9.4%，城市居民人均纯收入年均增长7.4%，增长幅度高于物价涨幅。二是按照社会救助和保障标准与物价

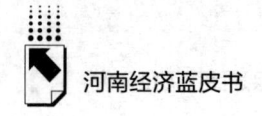

上涨挂钩的联动机制,及时对困难群体发放价格补贴,有效缓解物价上涨对困难群体的生活影响。三是加强民生领域价格管理。河南深入推进民生领域价格改革,规范收费政策,为保障和改善民生发挥了重要作用。

三 物价波动中几个值得关注的问题

近年来,河南着力加强中原经济区和国家粮食生产核心区建设,深化各领域改革,积极实施宏观调控管理,面对新冠疫情不利影响,扎实做好保供稳价工作,价格涨幅控制在合理区间,为推动河南经济高质量发展,保障和改善民生发挥了积极作用。在价格总体稳定的情况下,也存在着阶段性局部性的不稳定因素,值得重视。

(一)疫情对物价波动影响显著

一是新冠疫情对世界经济造成较大影响,特别对餐饮住宿、文化娱乐旅游、交通运输等产生严重影响,造成相关商品和服务价格的波动。因疫情防控、物流受阻,部分鲜活食品价格出现短期上涨。同时消费收缩,导致建材装潢、房租、家具等价格下降,抑制了价格上涨。从宏观来看,新冠疫情对经济运行的制约,进而对物价总水平的抑制是不可忽视的。二是"非洲猪瘟"疫情致使生猪存栏和出栏大幅下降。2019~2020年,全省生猪出栏量与上年相比分别下降29.7%和4.2%,猪肉产量分别下降28.1%和5.7%,猪肉价格连续上涨45.9%和53.1%。生猪生产和猪肉价格大起大落成为影响价格总水平波动的重要因素。

(二)上游产品成本压力对终端消费品价格的传导增强

国际通胀压力增大。长期以来,国内对原油等大宗商品进口依赖度较高,输入型通胀压力一直是价格总水平上升的重要推动力量。2020年第四季度以来,受新冠疫情、国际地缘政治冲突等因素影响,能源、国际粮价出现大幅波动,全球范围通胀压力增大。

上游生产成本压力较大，对下游关联商品价格传导已现端倪。虽然扣除能源的直接影响，上游价格对消费终端的传导有限，但PPI对CPI的传导存在滞后性，受终端消费品市场需求不足影响，消费品价格较稳定。但在上游制造环节和中下游流通环节承压的情况下，后期成本压力将随着产业链向终端消费品市场进一步传导，加工副食品、工业消费品等价格仍有上涨压力。

（三）突发事件以及极端天气等不确定因素给保供稳价带来挑战

近年来，非洲猪瘟、新冠疫情、洪涝灾害等疫情和灾害在短期内对商品生产、运输环节造成了巨大影响，使居民消费价格受到阶段性冲击。如农产品的生产、运输受天气因素影响较大，一旦遭遇极端天气，极易造成短时供应不足、价格大幅上涨。又如新冠疫情突发期间居民对鲜活食品和药品、口罩、消毒酒精等防疫用品的需求在短期内大幅增加，导致市场价格出现上涨。这些民生商品价格阶段性大幅波动，在保供稳价方面给政府应急能力提出了新的挑战。

（四）物价上涨给低收入群体造成的影响需持续关注

居民消费价格与居民的生活息息相关，物价水平高低直接影响着居民收支水平和生活质量。特别是城市以及农村的社会低收入群体，其抗风险能力更弱，物价上涨特别是粮、油、肉、蛋、菜等生活基本必需品的价格上涨，对低收入群体的家庭生活影响更大、更直接。进一步提高重要民生商品的生产保供能力、推进价格改革、完善社会保障，是政府未来稳物价、保民生、促发展的一项重点任务。

四 保供稳价政策建议

（一）强化重要民生商品保供稳价

加强经济内循环，弱化国际因素影响，优化农业生产结构和区域布局，稳定优势产区农业综合生产能力，提高农产品自给率。一是继续稳定粮食生产。粮食为百价之基，河南作为全国重要的粮食生产核心区和小麦生产第一大省，承担保障国家粮食安全责任，严格落实粮食安全党政同责，持续加大对粮食生产的支持力度，巩固提升粮食生产能力，实现稳产增产，扛牢"米袋子"，为保障粮食安全作出河南贡献。二是提高肉蛋菜等副食品产品的生产能力。特别是推动肉蛋菜等重要民生商品产业行业健康发展，落实好"菜篮子"责任制，抓好鲜菜、生猪生产和市场供应，有力保障鲜菜、猪肉等重要民生商品生产稳定、有效供给。三是加大统筹协调力度。发挥好政府管控和组织协调能力，确保重要民生商品的产业链供应链稳定，防止价格大起大落，促进市场供应和价格稳定。

（二）完善重要民生商品保供稳价长效机制

面对居民消费价格持续上涨的压力，应坚持"保""稳"结合。一是进一步完善重要民生商品储备机制。建立权责清晰、反应灵敏、协同高效的重要民生商品价格调控机制，加大各级重要民生商品储备机制建设，做好收储与投放，平抑市场物价。二是建立健全防灾减灾应急体系。提高对气象、病虫害防治及动物疫病防控等的综合防范和抵御能力。三是加强应急物资储备工作，实现高效便捷的应急指挥和日常监管，提高救灾反应能力。

（三）加强调节调控，兜住民生底线

充分发挥宏观调控作用，统筹推进价格改革工作，不断深化水、电、油气价格改革工作，统筹推动教育、交通、养老等领域价格政策体系完善。健全保障机制，落实好社会救助和保障标准与物价上涨挂钩联动机制，着力保障群众基本生活，加大纾困帮扶力度，加强低收入群体政策支持，减轻价格波动对低收入群体基本生活的影响。

（四）调整市场结构释放消费潜力

不断推进供给侧结构性改革，增加市场有效供给，提升产品服务品质，

推动居民消费结构升级,促进消费结构不断优化、消费环境不断提升。进一步推动线上线下深度融合,通过发放消费券、开展"消费促进月""城市购物节"等促进消费活动,刺激消费需求;打造舒适安全的消费环境,培育新的消费场景,提升商品和服务供给质量,提高居民消费意愿,满足居民消费需求,释放消费潜力,加快畅通国内大循环,促进国内国际双循环。

(五)加强价格监测,强化舆论引导

根据经济社会发展情况和政府宏观调控政策及价格监管工作的需要,建立多部门数据共享机制,健全价格监测预警网络,做好价格信息的采集、处理和传报工作,为相关部门及时调整政策、实施调控干预提供参考依据。着力增强风险意识,强化价格趋势和问题分析研判,密切关注价格异常波动、通胀通缩风险等苗头性、潜在性、倾向性问题。密切关注"菜篮子""米袋子"以及大宗原材料价格波动,监测上下游及关联产品价格变化,及时提示预警市场变化和价格波动风险,增强宏观调控的预见性,早发现、早预警。继续围绕社会民生、重点领域改革加强宣传解读,及时回应社会关切,密切关注市场价格舆情,及时稳定社会预期。

B.24
河南扛稳粮食安全重任保障国家粮食安全研究

郑凯 石磊 娄明*

摘　要： 河南作为全国的重要粮食主产区，小麦产量占全国1/4强，位居第1，影响举足轻重。扛稳粮食安全的重任是国家对河南的重托，也是河南对国家的承诺。近年来，河南坚决扛稳粮食安全重任，持续提高粮食综合生产能力，粮食产量稳步提升。国家统计局河南调查总队调查监测显示，党的十八大以来，河南农业机械化水平不断提高，耕地质量明显提升，种业振兴成效初显，规模化生产发展迅速，农技推广科学有效，河南夏粮生产实现连年丰收，为国家粮食安全作出了突出贡献。

关键词： 夏粮　增收举措　农业调查　粮食安全

民以食为天，粮食是人类生存之本，粮食安全关系着国计民生。党的十八大以来，习近平总书记高度重视粮食生产，多次赴河南考察调研，每次必讲"三农"、必讲粮食。习近平总书记指出，粮食生产是河南的一大优势、一张王牌，这个优势、这张王牌任何时候都不能丢。河南省委省政府明确要求，要认真落实国家粮食安全战略，筑牢产粮大省根基，扛稳粮食安全重任，在保障国家粮食安全上展现新担当新作为。

---

* 郑凯，河南调查总队农业处处长；石磊，河南调查总队农业处四级主任科员；娄明，驻马店调查队农业科科长。

一 夏粮产量和质量双提升

（一）夏粮总产量不断攀升

河南夏粮种植以小麦为主，占比99.99%。党的十八大以来，河南认真贯彻执行国家粮食安全战略，严格落实粮食安全生产责任制，深入实施"藏粮于地、藏粮于技"战略，粮食生产迈上新台阶，2012~2021年十年间河南小麦总产量累计达到3.56亿吨，总产量从2012年的3223.07万吨增长至2021年的3802.86万吨，增长17.99%。2022年小麦产量更是达到3812.71万吨，创历史新高（见图1）。

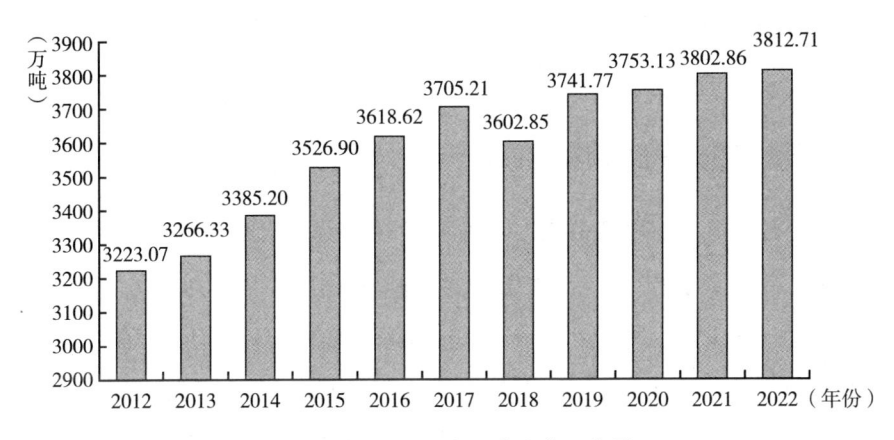

图1　2012~2022年河南小麦总产量

资料来源：《河南调查年鉴》。

（二）播种面积稳中有增

播种面积是粮食丰产的基础。河南把稳定粮食播种面积作为保障粮食安全的重要举措，实行严格的耕地保护政策，粮食播种面积平稳增长。2012~2021年十年间河南小麦种植面积累计达到56421.62千公顷，种植面积从

2012 年的 5468.80 千公顷增长至 2021 的 5690.74 千公顷，增长 4.1%。2022 年小麦播种面积达到 5682.45 千公顷，继续位居全国第 1（见图 2）。

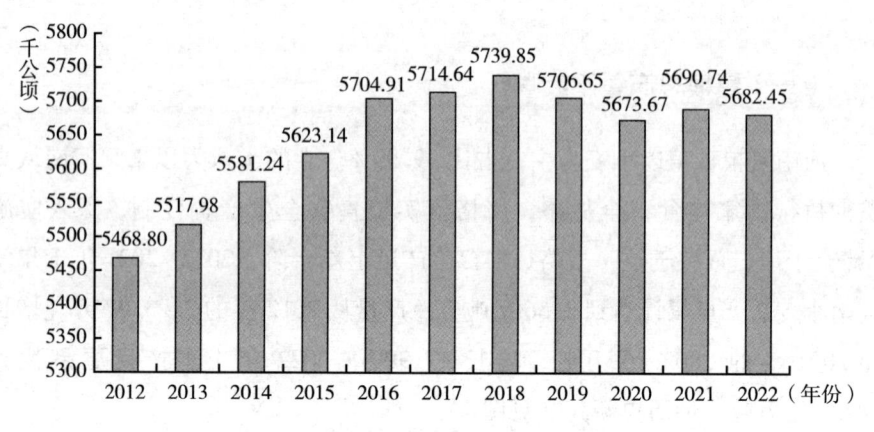

图 2　2012~2022 年河南小麦播种面积

资料来源：《河南调查年鉴》。

（三）单位面积产量持续提升

在小麦种植面积增加的同时，河南各级党委政府加大对农业生产特别是粮食生产的资金投入，加大先进农业科技应用力度，粮食单产持续提高。2012~2021 年十年间小麦平均每公顷产量为 6314 公斤，单位面积产量从 2012 年的 5894 公斤/公顷增长至 2021 年的 6683 公斤/公顷，增长 13.4%。2022 年小麦单位面积产量更是达到 6710 公斤/公顷，创历史新高（见图 3）。

（四）优质小麦比重大幅提升

河南作为国家首批优质粮食工程重点支持省份，提出以"四优四化"为主线大力推进农业供给侧结构性改革，从单纯地追求数量转变为着力提升粮食生产数量、质量和效益并重的高质量发展方式，一批品质优、产量高的小麦品种受到农民青睐。2017 年省政府制定《河南推进优质小麦发展工作

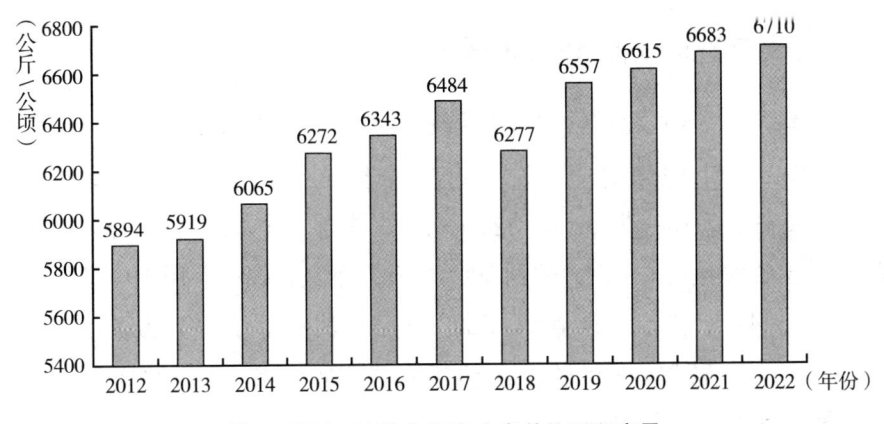

图3　2012~2022年河南小麦单位面积产量

资料来源：《河南调查年鉴》。

方案》，截至2021年，河南优质专用小麦面积达到1000千公顷，其中95%以上都是单品种千亩连片种植。

（五）占全国夏粮的比重和贡献率进一步提高

2012~2021年十年间，河南累计夏粮播种面积56625.95千公顷，占同期全国夏粮播种面积的21.2%，累计生产夏粮3.57亿吨，占同期全国夏粮总产量的25.7%。河南小麦产量占全国的比重由2012年的26.4%提高到2021的28.4%，提高2.0个百分点。小麦产量的持续增加不仅保障了河南近1亿人口的口粮消费，而且有力支撑了国家粮食安全。河南粮食收购量近年来每年超过3500万吨，每年向省外调出原粮及其制成品达3000万吨，切实当好维护国家粮食安全"压舱石"，为保障国家粮食安全和初级产品供给展现河南担当。

二　农业现代化水平不断提升

河南大力实施"藏粮于地、藏粮于技"战略，坚持向科技要产量、要质量、要效益，不断挖掘粮食增产潜力，提升粮食综合生产能力。

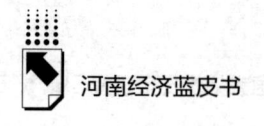

（一）农业机械化水平不断提高

河南以加快农机化供给侧结构性改革为重点，以转变农机化发展方式为主线，以全程机械化推进行动为重要抓手，抓好农机扶持政策落实，推进国家农机装备创新中心建设，推动农机装备向全程、全面、高质、高效升级。2021年全省农业机械总动力达到10650.20万千瓦，拥有农用大中型拖拉机（混合台）41.83万台，是2012年的1.2倍，其中拥有80马力及以上拖拉机21.4万台、联合收获机械超过30万台，均居全国前列。2021年河南小麦机播、机收水平均稳定在98.0%。

（二）耕地质量明显提升

河南把粮食生产功能区作为建设国家粮食安全产业带的重点，优先布局高标准农田建设，配套完善农田水、电、路、渠等工程设施。截至2022年8月，河南已建成高标准农田7580万亩，占耕地面积的56.6%。高标准农田中，良种覆盖率、测土配方施肥率、病虫害专业化统防统治率、节水灌溉率均达到100%。河南大中型灌区耕地有效灌溉面积达到3225万亩，"望天收"变成高产田。农业部门对比数据显示，河南高标准农田建成区粮食生产能力亩均增加75公斤，为河南粮食稳产高产提供了重要支撑。

（三）种业振兴成效初显

种子是农业的"芯片"，是促进农业长期稳定发展、保障粮食安全的基础性、战略性产业。河南大力推进种业振兴行动，深入实施种质资源保护利用、创新攻关、企业扶优、基地提升、市场净化，以"种业科技自立自强、种源自主可控"为目标，成立神农种业实验室，政府部门、科研单位、育种企业共同努力，集中力量破难题、补短板、强优势、控风险，解决种子企业"小散弱"问题。充分发挥河南小麦抗性遗传育种院士工作站、河南博士后研发基地作用，培育了郑麦379、百农4199等一批优质小麦新品种。

（四）规模化生产发展迅速

全省上下高度重视新型农业经营主体和服务主体发展，把培育新型农业经营主体作为深化农村改革的重要内容，优化政策扶持，强化指导服务，在土地流转、金融贷款、技术培训、政府补贴等方面给予政策支持，通过规模经营节本增效，挖掘增产潜力。截至2021年底，全省共培育农民专业合作社19.6万家，是2012年的4.4倍；家庭农场26万家；农业专业化社会化服务组织12.5万家；托管服务覆盖1575.9万农户。

（五）农技推广科学有效

河南持续强化农业科技创新驱动作用，不断完善现代农业产业技术体系和农技推广体系，加快农业科技成果转化，加大农业科技成果推广力度，健全农业科技社会化服务体系，加强技术指导服务，促进新品种、新技术推广应用。2021年，全省农业主推技术到位率超过95%，主要农作物良种覆盖率超过97%，测土配方施肥技术覆盖率达到90.5%，农业科技进步贡献率达到64.1%，高于全国平均水平约2.6个百分点。

三 严格落实粮食安全党政同责

河南牢记习近平总书记的殷殷嘱托，把扛稳粮食安全重任作为增强"四个意识"、坚定"四个自信"、做到"两个维护"的具体体现，始终坚持把粮食生产摆在各项工作重中之重的位置，努力让国人的饭碗装上更多优质河南粮，为保障国家粮食安全作出了应有的贡献。

（一）压实粮食安全责任

河南始终牢记习近平总书记嘱托，自觉扛牢"国家粮食安全"这一政治责任，围绕打造全国重要粮食生产核心区这一目标，2015年省政府出台《河南粮食安全市长县长责任制考核办法》，就耕地保护、粮食生产能力建

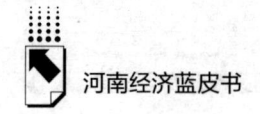

设等6个大方面14个重点项目，对各级政府实施监督考核，明确规定了市长、县长为本地粮食安全第一责任人。该办法实施以来，各地市重农抓粮的政治意识进一步增强，各有关责任部门把粮食安全摆在重要位置，主动承担推动粮食生产的相应职责。

（二）推进农业供给侧结构性改革

河南通过农业侧供给结构性改革，在保持粮食稳产的基础上，促进农民种粮收益不断提升。为打破"优麦不优"的瓶颈，2016年河南在三个优质麦产区筛选出8个县市开展单品种集中连片种植试点，动员新型经营主体，整村、整乡甚至整县开展单一品种规模化种植，河南规模连片种植的面积达到了153千公顷。2017年河南正式将推进"四优四化"作为农业供给侧结构性改革的突破口，突出优质小麦、优质花生、优质草畜、优质果蔬供给，通过布局区域化、经营规模化、生产标准化、发展产业化，使"四优四化"成为推动河南农业供给侧结构性改革的重要抓手、提高农业质量效益的破冰船。

（三）创新农业生产体制机制

为充分发挥河南农业创新优势，河南省政府印发《"中原农谷"建设方案》，成立"中原农谷"建设领导小组，省长担任组长。聚焦国家种业、粮食安全重大需求，实施创新驱动、优势再造战略，打造要素共享、协调创新、具有独特品牌优势的"中原农谷"。"中原农谷"以建设国家农业创新高地为引领，以郑新一体化发展为牵引，实施"一核三区"发展战略，打造种业创新核心增长极，建设现代农业科技创新中心，推动农业科技成果转化应用，大力发展农业高新技术产业，重塑要素集聚创新环境，打造千亿级种业和粮食产业集群。

（四）严守耕地红线

耕地是粮食生产的"命根子"。河南认真落实粮食安全责任制，按照"严控增量、盘活存量、用好流量"的总体思路，先后出台了加强耕地保护

的 系列意见办法,建立了"党委领导、政府负责、部门配合、公众参与、上下联动"的耕地保护工作机制,不断提升节约集约用地水平,努力做到新建项目不占或少占耕地,实现了耕地数量、质量和生态"三位一体"保护。采取"长牙齿"的硬措施,落实最严格的耕地保护制度,全面开展耕地保卫战专项行动,大力清理整治大棚房、乱占耕地建房等问题,坚决遏制耕地"非农化"、防止"非粮化"。

四 粮食生产亟须关注的问题

(一)农民种粮收益比较效益低

相比回报更高的经济作物及其他非农产业,粮食种植的经济效益较差,农民粮食种植积极性相对较低。在粮食主产区开展的小麦收益调研数据显示,小麦亩均纯收益只有种植蔬菜的1/4左右,效益整体偏低制约了农民种粮的积极性。

(二)农田水利基础设施较薄弱

农田水利是农业发展的重要保障,特别是在高温干旱的气候条件下,农田水利建设相对不够完善会对粮食作物的生产造成较大影响。当前,一些农村地区的农田水利以及相关的基础设施由于其使用年限较长,一定程度上都存在损坏、老化等不良的现象,在旱涝保收方面发挥的作用不够,严重制约了粮食产量的提升。

(三)农业技术推广体系不健全

由于缺少必要的资金扶持,以及"三权"下放机制的影响,镇村农技推广力量薄弱,严重制约了新品种、新技术的试验、示范、推广。目前,大部分地区农民基本上还是凭传统经验种粮,粮食生产新技术、新品种、新模式更新推广速度较慢,直接制约了粮食生产科技水平的提高。

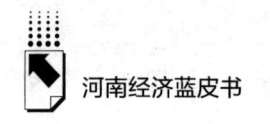

（四）耕地质量退化及肥力下降

受各种污染、水土流失、农民不合理施肥等因素的影响，目前部分农区耕地质量出现了不同程度的下降，有机质和氮、磷、钾养分减少，耕地土壤养分平衡受到破坏，加之不断增施化肥、农药，致使耕地板结程度加重，土壤肥力下降，在一定程度上影响了粮食综合生产能力的提高。

五 "十四五"时期河南粮食生产再踏新征程

保障国家粮食安全是一个永恒的课题，任何时候这根弦都不能松。"十四五"时期是在全面建成小康社会基础上开启全面建设社会主义现代化国家新征程的第一个五年，意义十分重大。河南将牢固树立"确保谷物基本自给、口粮绝对安全"的新粮食安全观，全力以赴抓好粮食生产，稳住"三农"基本盘。

一是加快构建更高层次、更高质量、更有效率、更可持续的粮食安全保障体系。严格落实粮食安全党政同责，各级党委全面加强对本地粮食安全工作的领导，把粮食生产作为重中之重来抓。坚持五级书记一起抓粮食安全，发挥党委农村工作领导小组牵头抓总、统筹协调作用。

二是紧紧抓住实施乡村振兴战略的重大机遇。坚持农业农村优先发展，夯实农业发展和粮食生产的基础，强化农业科技和装备支撑，深化农业供给侧结构性改革，着力解决农业发展中存在的深层次矛盾和问题，重点在优化农产品结构、增强抗风险能力、提高农业现代化水平上发力。

三是坚持农业现代化和农村现代化一体设计、一体推进。推进公共服务向乡村延伸，突出抓好家庭农场和农民合作社等农业经营主体发展，推进适度规模经营，深化农村集体产权制度改革，发展壮大新型集体经济。

"十四五"时期，河南将通过"培优、做强、升级、提质"四大举措，深化农业供给侧结构性改革，力争到2035年，基本建成现代农业强省、现代种业强省、绿色食品业强省。

B.25 新发展理念下提升河南综合竞争力路径研究

曹雷 童叶萍 李莹莹*

摘　要： 综合竞争力是一个地区经济社会发展综合实力的表现,测度地区综合竞争力可以对地区发展水平、可持续发展潜力等进行全面衡量。本文基于新发展理念,从创新、协调、绿色、开放、共享五个维度阐述了党的十八大以来河南的综合竞争力演化情况,并立足新发展阶段,与全国其他经济大省和先进省份进行了对比分析,找出河南综合竞争力存在的短板不足,最后提出提升河南综合竞争力的对策建议:以创新驱动之"强"激发现代化建设之"动能",以协调发展之"优"护航现代化建设之"通畅",以绿色发展之"效"厚植现代化建设之"底色",以对外开放之"力"强化现代化建设之"势能",以民生福祉之"实"筑牢现代化建设之"根基"。

关键词： 新发展理念　综合竞争力　现代化建设

"竞争力"一词,早期主要用于军事领域,后来拓展到经济社会领域,其内涵也在不断拓展和丰富。随着全球化的不断发展,综合竞争力日益成为衡量一个国家或地区当前发展状况和未来发展趋势的重要标准。党的十八大

---

* 曹雷,河南省社会科学院高级统计师;童叶萍,河南省统计局资料管理应用中心副主任,高级统计师;李莹莹,河南省社会科学院助理统计师。

以来，河南坚持把高质量发展作为解决一切问题的基础和关键，经济总量相继跨越3万亿元、4万亿元、5万亿元、6万亿元大台阶，跻身全国经济大省。随着新发展格局的加快构建和前所未有的世界之变、时代之变、历史之变，河南的现代化建设面临来自国内外多重因素的挑战，如何确保在全国大局中的竞争优势，最根本的还是提升自身的综合竞争力，这既是应对当前经济形势的必然选择，又是实现"两个确保"的必由之路。

通过对比分析党的十八大以来河南在全国发展中的综合竞争力比较优势和不足，对明确新发展阶段下河南突出重围的着力点具有重要的指导意义。

一 党的十八大以来河南省综合竞争力显著提升

党的十八大以来，河南牢记习近平总书记"奋勇争先、更加出彩"的殷切期盼，勇挑经济大省大梁，在增进民生福祉上笃行实干，在贯彻新发展理念中奋勇争先，办成了一件件想办的大事要事，交出了一份份真金白银的出彩答卷，综合竞争力显著提升，在全国发展大局中的地位和作用更加凸显。

（一）创新引领作用明显增强

河南牢记习近平总书记"把创新摆在发展全局的突出位置"的殷殷嘱托，深入实施创新驱动、科教兴省、人才强省战略，坚定走好创新驱动发展"华山一条路"，创新之势越来越强。创新综合实力迈上新台阶。2021年全省技术合同交易额达608.9亿元，是2012年的15.1倍；全社会研发投入（R&D）经费突破1000亿元大关，达到1018.84亿元，是2012年的3.3倍；研发投入强度由2012年的1.07%上升到2021年的1.73%。创新平台加速集聚。河南坚持把集聚高端创新要素作为重要路径，提高链接效能，加快科技平台和高端人才一体化布局，累计培育科技型中小企业15145家、高新技术企业8387家、"瞪羚"企业104家、创新龙头企业116家。郑洛新国家自主创新示范区成为引领全省创新发展的核心增长极。实施"一号工程"，河南省科学院"新航母"扬帆起航。重构重塑省实验室体系，嵩山、神农种业、黄河、龙门、中原关键金属、龙湖现代免疫等省实验室陆续揭牌运行，国家农机装备创新中心、国家生物育种产业创新中心等"国字号"创新平台相继落户河南。神舟飞船、复兴号高铁、C919大飞机、蛟龙号、航母等大国重器上有了更多河南元素，阿兹夫定片为中国疫情防控贡献了"河南方案"，盾构、光通信芯片、流感疫苗等成为"河南智造"的"新名片"。

（二）协调发展能力显著提升

河南牢记习近平总书记"发展优势产业、强化基础能力建设、推进新型城镇化"的殷殷嘱托，推动经济大省迈向高质量发展。产业结构实现重大突破，服务业成为经济增长新引擎。全省三次产业结构由2012年的12.4∶51.9∶35.7升级为2021年的9.5∶41.3∶49.1，实现了由"二三一"产业结构向"三二一"产业结构的历史性转变。2021年，河南服务业对经济增长的贡献率达63.1%，超过第二产业36.2个百分点，比2012年提高29.0个百分点，成为经济增长的第一动力。基础支撑能力显著提升。在全国率先建成以郑州为中心的"米"字形高铁网络，高铁通车里程提升至2022年的2176公里，成为继福建、安徽、江苏、江西、河北、广东之后全国第7个"市市通高铁"的省份；形成以郑州为中心1小时覆盖所有省辖市，2小时连通周边省会城市及京津冀，4~6小时通达长三角、粤港澳、成渝等全国主要经济区的高铁出行圈。2022年河南高速公路通车里程达7216公里，居全国前列，实现所有县（市）20分钟上高速。以人为核心推进新型城镇化。2021年末河南常住人口城镇化率为56.45%，比2012年提高14.46个百分点，与全国的差距由2012年的11.11个百分点缩小到8.27个百分点。

（三）绿色低碳绘就鲜亮底色

河南牢记习近平总书记"绿水青山就是金山银山"的殷殷嘱托，持之以恒抓好污染防治，努力建设人与自然和谐共生的现代化。节能降耗成效显著，党的十八大以来，全省单位GDP能耗累计下降37.2%，年均下降5.0%，超额完成节能降耗目标。以黄河流域生态保护和高质量发展为引领，

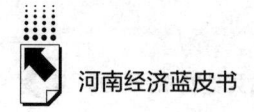

完善"一带三屏三廊多点"生态保护格局,着力打造沿黄生态保护示范区,黄河两岸501公里标准化堤防和下游防洪工程(河南段)主体工程完工,黄河河南段两岸廊道累计绿化超过10万亩。建立由省委书记、省长任"双组长"的污染防治攻坚领导机制,扎实推进蓝天、碧水、净土三大保卫战。2021年全省PM_{10}、$PM_{2.5}$平均浓度分别降至77微克/米^3、45微克/米^3,城市空气质量优良天数达256天,优良天数比率超过70%。

(四)对外开放成为靓丽名片

河南牢记习近平总书记"加快打造内陆开放高地"的殷殷嘱托,坚定不移实施制度型开放战略,深度融入"一带一路"建设,实现由传统内陆省份向内陆开放高地的历史性转变。外贸规模高速扩张。河南货物进出口总额从2012年的3266亿元增加到2021年的8208亿元,年均增长10.8%,高于全国平均水平5.4个百分点;占全国比重由2012年的1.3%提高到2021年的2.1%;外贸规模居全国位次由2012年的第12位前移至2021年的第10位。2021年末在豫世界500强达到198家,中国500强达到175家。贸易结构持续优化,以手机产业链为主的机电产品进出口占全省外贸进出口比重超六成,2021年达66.3%。"四条丝路"筑起对外开放新高地。以国际化机场货运航线为依托,打造郑州—卢森堡"空中丝绸之路",2021年,郑州机场货邮吞吐量70.5万吨,旅客吞吐量1895.49万人次,分别居全国第6位、第14位;"陆上丝绸之路"中欧班列(郑州)实现每周"去程16班、回程18班"的高频次往返状态,综合运营能力居全国第一方阵;自贸区、跨境电商建设如火如荼,全省跨境电商交易总额由2016年的768.6亿元上升至2021年的2018.3亿元,跨境电商业务辐射全球196个国家和地区,构建起"买全球、卖全球"的"网上丝绸之路";发展铁海联运建设"无水港",推进内河水运与沿海港口无缝对接,"海上丝绸之路"越行越远。

(五)民生福祉事业扎实推进

河南牢记习近平总书记"让人民过上好日子"的殷殷嘱托,深入践行以人民为中心的发展思想,着力解决人民群众的操心事、烦心事、揪心事,人民生活更为富足、更有品质、更加美好。脱贫攻坚成效显著。尽锐出战打好脱贫攻坚战,全省53个贫困县全部脱贫摘帽,718.6万建档立卡贫困人口全部脱贫,9536个贫困村全部退出贫困序列。践行"就业是最大的民生",高质量推进"人人持证、技能河南"建设,河南就业形势稳定向好,2013~2021年全省城镇新增就业1389万人,占全国的1/10。居民收入不断增长。全省居民人均可支配收入由2012年的12772元增加到2021年的26811元,年均名义增长8.6%,扣除价格因素,实际年均增长6.4%。城乡收入差距逐步缩小。2012~2021年,河南城镇居民人均可支配收入由19843元增加到37095元,年均名义增长7.2%;农村居民人均可支配收入由7963元增加到17533元,年均名义增长9.2%,高于城镇人均可支配收入增速2.0个百分点。城乡居民收入倍差从2012年的2.49缩小到2021年的2.12。教育卫生服务水平不断提升。郑州大学、河南大学入选国家"双一流"建设规划,高等教育毛入学率达到53.13%,比2012年提高25.91个百分点,职业教育规模保持全国领先。义务教育超大班额基本消除,学前教育毛入园率达90.8%,比2012年提高26.0个百分点,入园难、入园贵问题得到有效缓解。人口素质得到全面提升,全省常住人口中15岁及以上人口的平均受教育年限由第六次全国人口普查时的8.95年上升至第七次全国人口普查时的9.79年。公共卫生体系补短板全面提速,国家区域医疗中心加快建设,县县均有综合医院、中医院和妇幼保健院,乡镇卫生院、行政村卫生室实现全覆盖。

二 新发展阶段河南综合竞争力存在的短板不足

党的二十大开启了全面建设社会主义现代化国家的新征程,为现代化河南建设指明了根本方向。以往和中部地区其他省份做对比,河南综合竞争力优势较为显著,如今跻身全国经济大省,格局和视野更加广阔,标杆和参照系也更加清晰,存在的差距和短板也更加明显。

281

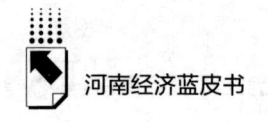

（一）科技创新能力仍需加强

习近平总书记指出："创新是引领发展的第一动力，是建设现代化经济体系的战略支撑。"党的十八大以来，河南创新投入不断加大，科技创新实力和创新发展竞争力明显提升，但是与全国其他省份相比，河南创新实力偏弱，仍然是制约现代化河南建设的最大短板。

一是研发投入与经济大省地位不匹配。2021年，河南研发经费投入首次突破1000亿元大关（1018.84亿元），但规模不及华为（1317亿元）一家公司，也低于GDP排名靠后的四川、湖北等省；研发投入强度为1.73%，仅相当于全国平均水平的70.9%，分别低于北京、上海、天津、广东4.80个、2.48个、1.93个、1.49个百分点，居全国第17位。

二是创新活力不强。目前，河南仅有国家级科技企业孵化器和备案众创空间103家，不仅远低于广东（440家）、江苏（437家）、山东（320家）、浙江（248家）等经济大省，也低于湖北（144家）、陕西（121家）、四川（113家）等中西部省份。

三是创新成果偏少，技术市场交易发展滞后。2021年，河南发明专利授权量为13636项，但不足广东、北京、浙江、江苏的1/5，居全国第12位；技术市场成交合同金额608.89亿元，仅相当于北京的8.7%、广东的14.2%、江苏的20.2%，居全国第16位。

四是创新人才短缺、高层次创新领军人才严重不足。在豫全职"两院院士"仅24名，远低于江苏（102名）、湖北（80名）、陕西（66名）、浙江（55名）、安徽（38名）、湖南（35名）；国家杰出青年科学基金获得者数量仅占全国的0.03%。

（二）协调发展绝对差距仍然较大

习近平总书记指出："协调是发展两点论和重点论的统一，但协调发展不是搞平均主义，而是更注重发展机会公平、更注重资源配置均衡。"党的十八大以来，河南加快产业结构优化升级，三次产业结构更趋合理，城镇化幅大幅提升，城乡居民收入差距不断缩小，但与全国其他省份相比，河南在协调发展方面差距较为明显。

一是产业结构不优，尤其是服务业仍有很大提升空间。2021年河南第三产业占比49.1%，较2012年上升13.4个百分点，但仍低于全国平均水平4.2个百分点，分别低于北京、上海、海南、天津32.6个、24.2个、12.4个、12.2个百分点，居全国第24位。现代服务业以及与现代制造业紧密相关的生产性服务业发展滞后。

二是城镇化发展相对滞后。2021年河南省常住人口城镇化率仅相当于全国平均水平的87.2%，分别低于上海、北京、天津、广东32.86个、31.03个、28.40个、18.18个百分点，居全国第26位。

三是居民收支水平偏低。2021年河南居民人均可支配收入仅相当于全国平均水平的76.3%，仅相当于上海、北京的1/3左右，居全国第24位；职工平均工资仅为北京、上海的40%左右，长期居全国末位；居民人均消费支出仅相当于全国平均水平的76.3%，仅相当于上海、北京的40%左右，居全国第26位。

（三）美丽河南建设任重道远

习近平总书记指出："必须牢固树立和践行绿水青山就是金山银山的理念，站在人与自然和谐共生的高度谋划发展。"党的十八大以来，河南持之以恒抓好污染防治，切实推进重点领域节能减排，污染防治攻坚战取得重大成效，但与全国其他省份相比，河南的绿色发展竞争力水平严重滞后，实现碳达峰碳中和任重道远。

一是产业和工业结构偏重。尽管近年来河南大力推动产业结构优化，战略性新兴产业、高技术产业发展较快，但产业结构偏重的总体格局尚未改变。疫情冲击和俄乌冲突导致原材料价格上涨，进一步强化了河南产业结构偏重问题。2021年全省高耗能行业增加值占规模以上工业的比重达38.1%，能耗占比却接近九成。

二是能源消费高碳高耗能特征明显。近年来河南通过采取电代煤、气代煤、扩大引入省外清洁能源等措施，2021年煤炭消费占比较2012年下降16.7个百分点，但仍高达63.3%，高于全国7.3个百分点，非化石能源占比却低于全国4.5个百分点，以煤为主的能源消费结构短期内难以根本改变。

三是绿色生活理念和环境治理能力脆弱。绿色发展理念尚未深入人心，绿色生产和绿色消费尚未形成自觉，环境治理能力还有待提升，加上河南地势西高东低、三面环山，污染物扩散条件差，易引发中重度污染天气。2021年，河南城市空气质量优良天数比率低于全国平均水平17.4个百分点，全国城市空气质量排名后20个城市中河南占据5席，环境治理压力较大。

（四）内陆开放高地建设仍需强化

习近平总书记指出："开放是人类文明进步的重要动力，是世界繁荣发展的必由之路。"党的十八大以来，河南不断拓展"四路协同"开放通道，开放型经济量质齐升，开放发展竞争力进入全国第一梯队，但是与全国其他省份相比，河南外贸实力依然偏弱，全方位对外开放格局仍需进一步强化。

一是外贸实力偏弱，经济外向度偏低。2021年河南货物进出口总额仅相当于广东的9.9%，不足江苏、浙江的20%，居全国第10位；外贸依存度为13.9%，低于全国20.3个百分点，分别低于上海、北京、广东、浙江、江苏80.1个、61.7个、52.6个、42.5个、30.9个百分点，居全国第17位。

二是外贸结构有待优化。河南进出口贸易中，加工贸易占比较高，一般贸易不足。2021年一般贸易仅占进出口总额的33.5%，低于加工贸易28.4个百分点，且进出口商品主要集中于手机及其零部件，对手机的依赖度高，结构平衡度相对较差。

三是外商及港澳台投资企业偏少。2021年，河南外商投资企业投资总额仅103.07亿美元，仅相当于广东的5.6%、上海的10.6%、江苏的15.9%，居全国第13位；外商及港澳台投资工业企业484家，仅相当于广东、江苏的5%左右，居全国第15位。

（五）共享发展根基较为薄弱

习近平总书记指出："广大人民群众共享改革发展成果，是社会主义的本质要求，是中国特色社会主义的本质要求。"党的十八大以来，河南深入践行以人民为中心的发展思想，推动人口大省民生持续改善，但是与全国其他省份相比，河南共享发展根基不牢，实现共同富裕仍需付出巨大努力。

一是人均GDP长期偏低。2021年河南人均GDP仅相当于北京和上海的30%左右、江苏的40%左右、福建和浙江的50%左右，居全国第22位。

二是医疗卫生资源短缺。2021年河南每万常住人口执业（助理）医师数、注册护士数、药师（士）数分别为30.1人、33.2人、3.3人，均低于全国平均水平；每万人口医疗机构床位数为71.7张，分别低于黑龙江、湖南、四川11.7张、8.7张、7.4张，居全国第12位；每万人拥有卫生技术人员数76.5人，仅相当于北京的58.0%，陕西、吉林、上海的80%左右，居全国第24位。

三是教育资源严重不足。2021年末，河南共有本科高校56所，少于广东的67所、山东的70所、江苏的78所；本科高校占全省高校比重仅为33.7%，低于全国7.4个百分点。优质高等教育资源更为短缺，河南仅有2所双一流大学、4个双一流学科，居全国第17位，河南学生考大学难问题一直没有得到很好的解决。

四是公共文化发展滞后。虽然河南的历史文化资源丰富，但在文化资源转化、文化科技融合、文化品牌培育、文化人才培养等方面滞后，如2021年河南人均拥有公共图书馆藏量为0.42册，仅为上海的1/10左右，天津、浙江、北京的1/4左右，居全国末位。

三　新征程上提升河南综合竞争力的路径选择

当前，河南发展站在了新的历史起点，处于可以大有作为的重要战略机遇期，必须躬身入局，主动对标对表全国先进省份，以抢先一步"吃螃蟹"

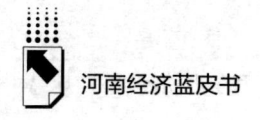

的勇气和魄力，锚定"两个确保"、全面实施"十大战略"，努力向好的学、向强的比、向高的攀，切实提高综合竞争力，奋力谱写新时代中原更加出彩的绚丽篇章。

（一）以创新驱动之"强"激发现代化建设之"动能"

创新是提升综合竞争力的不竭源泉，是现代化河南建设的主旋律、最强音。

一是深化制度创新。抓住新一轮科技革命和产业变革的重大机遇，面向世界科技前沿、面向经济主战场、面向国家重大需求，布局建设一批重大科技基础设施，加快构建一流创新生态，着力形成"基础研究+技术攻关+成果转化+科技金融+人才支撑"的全过程创新生态链。

二是深化创新高地建设。抢抓国家优化区域创新布局机遇，积极争取国家级重大科技平台落地河南。学习借鉴浙江之江实验室、江苏紫金山实验室等先进经验，大力推进嵩山、神农、黄河、龙门等省实验室建设。加大财政资金对创新的支持力度，加快建设国家区域科技创新中心。

三是深化人才队伍建设。要立足河南、面向国内外，紧盯建设世界重要人才和创新高地目标，打造战略科学家领航、科技领军人才引航、青年科技人才和卓越工程师护航的战略人才"航母舰队"，形成人才国际竞争比较优势。

四是深化创新主体培育。强化企业科技创新主体地位，完善"企业出题、政府立题、科研院所做题"科研攻关模式，持续实施重大产学研合作项目，推动"大众创业、万众创新"，优化创新布局和创新生态，提升创新对高质量发展的支撑力和引领力。

（二）以协调发展之"优"护航现代化建设之"通畅"

协调是贯彻新发展理念的内在要求，是建设现代化河南经济体系的必由之路。

一是扎实推进以人为核心的新型城镇化。全力提升郑州国家中心城市能级,打造现代化郑州都市圈,推进"一县一省级开发区"建设,加快推动县域经济"成高原"。持续深化户籍制度改革,全面放开落户限制,让有意愿、有能力的农业转移人口在城镇落户。完善城镇基本公共服务提供机制,提高居住证的"含金量",让农业转移人口既能"留得下"、更能"过得好"。

二是加快经济结构优化升级。持续实施高标准粮田"百千万"建设工程,深化农业供给侧结构性改革,大力发展优势特色产业集群。着眼高端化、智能化、绿色化、融合化发展目标,加快传统产业提质增效,实施战略性新兴产业跨越发展工程,加快布局未来产业。以现代金融、现代物流、健康养老、家政服务等重点行业为抓手,推动河南现代服务业提档升级。

三是加快构建现代产业体系。深入实施优势再造战略,加快锻造新兴产业优势长板,多措并举补足基础领域短板,构建更具竞争力的现代产业体系。优化产业配套半径,支持产业链上的企业向上游设计研发和下游终端产品等高附加值环节延伸,以"延链"助力产业体系实现更大价值。维护关键技术、设备、零部件、原材料等产业链安全,推动制造业产业模式和企业形态发生根本性转变,以"强链"助力产业体系实现更高价值创造。

(三)以绿色发展之"效"厚植现代化建设之"底色"

绿色发展是实现高质量发展的应有之义,是现代化河南建设的必然要求。

一是加快产业转型调整。正确处理经济发展和生态环境保护的关系,改变过多依赖增加物质资源消耗、过多依赖规模粗放扩张、过多依赖高能耗高排放产业的发展模式,加快淘汰高耗能高污染、产能过剩、效益低下落后产能,从源头上减少污染和碳排放;调整优化河南能源消费偏煤结构,大力发展清洁能源在能源生产和消费中的比重。

二是健全制度体系。完善绿色发展考核机制,把"生态红线"纳入干部政绩考核机制,探索构建GEP(生态系统生产总值)考评指标体系。调整优化排污权、碳汇交易、建设用地等指标分配机制,推进资源和要素价格体系改革，减少"市场寻租"行为。支持技术创新，破解绿色发展技术难题。

三是做好文明理念宣传。树牢共同建设美丽河南的全民行动观，坚定"人不负青山、青山定不负人"信念，自觉去除陋习、抵制污染、简约适度、绿色生活、低碳生活，坚定不移走绿色发展、绿色消费与绿色生活之路，构筑高质量发展"绿色谱系"，让河南现代化成为人与自然和谐共生的现代化。

（四）以对外开放之"力"强化现代化建设之"势能"

河南过去的快速发展靠的是开放，未来现代化河南建设也必须在更加开放的条件下进行。

一是高水平推进制度型开放。抓住用好国际经贸规则调整、重塑契机，深度对接高标准国际经贸规则，主动构建于河南有利的多边和双边规则体系。加快复制推广全国自贸区创新成果，让更多的创新红利惠及全省各地，形成"1+N"的自贸创新发展格局。持续深化"放管服效"改革，大力营造高水平开放环境，加快塑造参与国际合作和竞争新优势。

二是高水平融入国家重大战略。立足河南区位优势，深度融入"一带一路"建设，重塑双循环新发展格局重要区域。发挥河南比较优势，大力拓展产业和企业发展新空间，全方位、立体化融入中部地区崛起、黄河流域生态保护和高质量发展等国家重大战略，深化与长江经济带、京津冀、粤港澳大湾区通关合作，推动产业基础优势向现代产业体系优势转化，推动交通区位优势向枢纽经济优势转化，推动内需规模优势向产业链供应链协同优势转化。

三是高水平建设对外开放平台。以打造河南自贸区2.0版、争创郑州航空港自贸新片区、整合优化郑欧班列、郑州跨境贸易电子商务综合试验区为核心抓手，推动各级各类开放平台提档升级、协同发力，推动开放平台能级提升。以"空中丝绸之路"为引领，深化拓展"四路协同"，持续推进与京浙苏沪、粤港澳等地战略合作，做大做强枢纽经济、航空经济、口岸经济、临港经济,推动内外贸一体化发展,推动更多河南企业和产品"走出去",建设开放强省。

(五)以民生福祉之"实"筑牢现代化建设之"根基"

习近平总书记指出:"江山就是人民,人民就是江山。中国共产党领导人民打江山、守江山,守的是人民的心。"

一是稳步提高城乡居民收入水平。持续完善就业政策,高质量推进"人人持证、技能河南"建设,提高劳动者就业能力和适配性。健全就业公共服务体系,继续做好重点群体就业工作,支持引导各种灵活就业形式。完善收入分配制度,提高居民收入在国民收入分配中的比重,增加低收入者收入,扩大中等收入群体,使人人都有通过勤奋劳动实现自身发展的机会。

二是健全多层次社会保障体系。加大医疗、就业、养老等保障力度,扩大社会保险覆盖面。巩固脱贫攻坚成果同乡村振兴战略有效衔接,提高农村社会保障水平,不断缩小城乡社会保障发展差距。积极应对人口老龄化现状,大力发展"银发"事业和"银发"产业。促进优质医疗资源扩容和区域均衡布局,提升基层防病治病和健康管理能力。

三是全面提升人力资本素质。发展更为优质均衡的基础教育,缩小城乡教育资源差距。把高等教育均衡化发展上升到国家治理高度,探索建立全国优质高校与河南高校结对帮扶机制,开展院校共建共享、学科建设、师资培养等活动,提升河南高等教育现代化水平。以郑州大学、河南大学一流学科建设为引领,启动河南"双一流"创建工程,早日建成一批高水平大学,实现广大河南学子在家门口上好大学的夙愿。

B.26 河南省风光电发展问题研究

常冬梅　秦红涛　郭俊锋*

摘　要： 本研究通过分析总结河南省风光电发展现状、面临的困境等各方面情况，研究发现河南省风光电发展特点和主要问题，梳理支持风光电发展政策落地过程中遇到的堵点难点，提出推动风光电发展的针对性建议：建立补贴及时兑付机制，加强电力灵活调节能力建设，多措并举不断加快风光电发展，积极推进先进储能技术规模化应用，坚持能源安全为前提，为河南省加快风光电发展提供决策咨询。

关键词： 风光电　能源安全　低碳转型　新能源消纳

实现碳达峰碳中和，是贯彻新发展理念、构建新发展格局、推动高质量发展的内在要求，是党中央统筹国内国际两个大局作出的重大战略决策。党的二十大报告指出："积极稳妥推进碳达峰碳中和，立足中国能源资源禀赋，坚持先立后破，有计划分步骤实施碳达峰行动，深入推进能源革命，加强煤炭清洁高效利用，加快规划建设新型能源体系，积极参与应对气候变化全球治理。"我国碳排放的最大来源是能源系统，而电力行业又是能源系统中最大的碳排放部门。因此，通过实施能源绿色低碳转型行动，加快清洁能源开发利用，大力发展清洁可再生电力来替代传统火电，已成为实现碳达峰碳中和的必由之路。在此背景下，风电、太阳能发电正迎来新的发展机遇。

---

* 常冬梅，河南省统计局能源和生态统计处处长，二级巡视员；秦红涛，河南省统计局能源和生态统计处四级调研员；郭俊锋，河南省统计局能源和生态统计处。

然而，近期开展的风光电发展调研显示，虽然河南省风光电发展态势总体良好，但实现快速发展目标仍面临较多政策、技术等方面的问题，可从提升电力系统灵活性、完善储能产业发展模式、引入央企建设风电光伏基地等方面着手，加快构建以新能源为主体的新型电力系统，为实现碳达峰碳中和目标提供坚强保障。

一 河南省风光电发展机遇

（一）河南省具有加快风光电发展的现实需要

作为能源消费大省，河南省产业结构偏重、能源结构偏煤的问题较为突出。2021年煤炭占能源消费总量的比重为63.3%，高出全国水平约7个百分点，国家要求河南省在"十四五"时期煤炭消费减量10%左右，压减煤炭消费已成为全省必须完成的一项长期任务。另外，河南省能源对外依存度较高，"十三五"时期超半数能源需从省外引入，预计"十四五"期间占比达60%左右。因此，河南省必须加快风光电发展，以替代煤电增量、压减煤电存量，提高能源自主供给能力，为建设现代化河南提供基础支撑。

（二）河南省具备较好的风光电发展基础和条件

风光电利用技术的进步、国家政策的引导、河南省电网的坚实基础和新能源消纳空间的不断扩大，共同构成了河南省风光电快速发展的基础。一方面，技术革新破解了资源限制。随着风机技术、光伏板技术的进步，风光电可开发的区域有了更大的拓展，资源量的限制显著下降；同时，风机、光伏板成本大幅下降，投资成本、度电成本随之降低，即使"平价上网"后收益率依然可观，市场投资积极性较高。另一方面，消纳能力保障了持续发展。"十三五"期间，河南省在电网建设上保持高强度投资，取得了显著的建设成效，电网发展达到中部地区领先水平，为风光电全额并网消纳奠定了基础。

最重要的是，政策支持激发了发展活力。2021年，国家能源局提出"千乡万村驭风计划""整县屋顶分布式光伏开发试点工作"，就此打开了河南省分散式风电市场，开拓了分布式光伏市场空间。2021年河南省新增分散式风电装机容量达238万千瓦，占全国分散式风电新增装机容量的29.6%，全国排名第1；新增户用光伏343万千瓦，全国排名第3。2021年底，国家能源局等三部门联合发布《加快农村能源转型发展助力乡村振兴的实施意见》，进一步推动建设分布式风电和光伏发电，提出要实现千村万户电力自发自用。政策实施后，2022年前三季度河南省户用光伏加快发展，新增装机容量445万千瓦，全国排名第1。2022年5月国家发改委、国家能源局制定的《关于促进新时代新能源高质量发展的实施方案》，提出风电项目由核准制调整为备案制，必将推动分散式风电进入成长快车道。

二 河南省风光电发展现状

（一）河南省风光电发展规模

"十三五"以来，河南省抓住用好国家推动可再生能源发展政策机遇，大力推进风电、太阳能发电项目建设，风光电实现了跨越式发展，电力结构明显改善，清洁电力供给能力持续提升。

装机容量快速扩大，风光电新增装机占据主导地位。截至2022年末，全省并网风电装机容量1903万千瓦，比2015年末扩大近20倍，年均增长54.4%；并网太阳能发电2333万千瓦，比2015年末扩大近56倍，年均增长78.1%；风光电年均增速远高于8.5%的总装机容量年均增速（见表1）。从增长量来看，2016~2022年，全省风光电新增装机容量4104万千瓦，占全部新增装机容量的78.9%，成为拉动发电装机增长的主要力量。

表 1 2015~2022 年河南省风光电装机容量及总装机容量

单位：万千瓦

项　目	2015 年	2016 年	2017 年	2018 年	2019 年	2020 年	2021 年	2022 年
风电装机	91	104	233	468	794	1518	1850	1903
太阳能发电装机	41	284	703	991	1054	1175	1556	2333
总装机	6744	7218	7993	8680	9306	10169	11114	11947

资料来源：河南省电力公司。

装机占比持续提高，发展速度快于全国。2022 年末，全省风电、太阳能发电装机容量占全省发电总装机容量比重达到 35.5%，较 2015 年末提高 33.5 个百分点，较全国风电、太阳能发电装机比重高 5.9 个百分点。2022 年末，全省风电、太阳能发电装机容量占全国风电、太阳能发电装机容量比重 5.6%，比 2015 年末提高了 4.8 个百分点。

发电量稳步增长，清洁电力占比持续提升。随着风能、太阳能利用技术的进步，风电、太阳能发电机组年平均利用小时数不断增加。2022 年，全省风电平均利用小时数为 2050 小时，较 2015 年增加 257 小时；太阳能发电平均利用小时数为 1084 小时，较 2015 年增加 255 小时。装机容量扩大、利用小时数增加带动发电量高速增长，2022 年并网风电、太阳能发电量 587 亿千瓦时，较 2015 年增加 572 亿千瓦时，年均增长 68.9%；并网风电、太阳能发电量占全部发电量的比重为 17.6%，较 2015 年提高 17.0 个百分点（见表 2）。

表 2 2015~2022 年河南省风光电发电量及总发电量

单位：亿千瓦时

项　目	2015 年	2016 年	2017 年	2018 年	2019 年	2020 年	2021 年	2022 年
风力发电量	12	18	30	57	88	139	328	382
太阳能发电量	3	12	44	84	102	112	136	206
总发电量	2559	2596	2703	2974	2816	2791	2931	3329

资料来源：河南省电力公司。

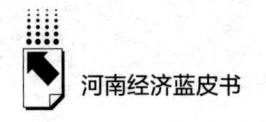

（二）河南省风光电发展的特点

政策是影响风光电发展的最大因素。受政策影响，风电、太阳能发电装机爆发式增长现象明显。河南省风电装机规模增长最快的年份是2020年，全年新增装机容量724万千瓦，原因是当年是陆上风电享受中央财政补贴的最后一年，陆上风电出现"抢装潮"，创下新增装机容量历史最高纪录。太阳能发电装机规模扩大最快的年份是2022年，较快的年份是2021年和2017年。其中，2022年新增装机777万千瓦，2021年新增装机381万千瓦，主要是在政策激励下，分布式光伏市场快速拓展，2021年新增分布式光伏装机359万千瓦，2022年前三季度新增分布式光伏装机538万千瓦。2017年河南省光伏发电新增装机容量419万千瓦，一是当年上网电价调整等利好因素叠加，全国光伏市场火热，带动河南省光伏市场规模快速扩大；二是河南省光伏脱贫政策落地推进，全年建成光伏扶贫项目总规模92万千瓦。

（三）河南省风光电结构及分布

河南省风电、太阳能发电企业以国有企业投资为主，"十三五"前中期建设风光电项目以集中式为主，"十三五"后期集中式、分布式并重，未来则是以风电光伏基地为支撑、以分布式开发为补充的发展方向。在用地上，前期建设风电场、光伏电站多使用荒山荒坡和未利用土地，后期由于用地政策以及高塔筒大叶片低风速风机、高容量光伏板技术更新等因素影响，平原风电和屋顶光伏成为新的发展方向。在地区分布上，风电受制于风能资源分布，主要围绕豫西北黄河两岸台塬地区、南阳盆地与平顶山隘口区、豫北太行山与平原过渡地带、豫南大别山区、豫西南伏牛山区建设，集中于安阳、三门峡、濮阳、平顶山、南阳等地市；太阳能发电则由于各地发展政策不同，主要集中于平顶山、南阳、驻马店、安阳、洛阳等地市。

（四）清洁能源基地、输送通道建设情况

河南省电力对外依存度较高。2021年全省近1/5的电量需从省外调入，

且省内煤电占比高，能源结构转型需求迫切。近年来，河南省抓住可再生能源发展机遇，积极推动风光电快速发展，取得了显著成效。

一是加快开发风能资源。积极推进建设风电基地，打造了豫西沿黄山地、豫北沿太行山区域、豫西南伏牛山、豫南桐柏山大别山区域等4个百万千瓦级风电基地。稳妥推进中东部平原风电发展，建设了濮阳市濮阳县华能50万千瓦风电项目和安阳市内黄县润风40万千瓦风电项目两个平原风电示范项目，全国首个轮毂高度超过140米风机率先并网发电，推动平原风电发展进入新阶段。"十四五"期间，河南省将围绕沿黄区域打造豫北黄河北岸、豫东黄河故道、豫中南引黄受水区、黄河两岸浅山丘陵区等百万千瓦级风电基地，预计到2025年风电新增并网容量将达到1000万千瓦以上。

二是有序开发太阳能资源。结合省内各地市产业特点、太阳能资源及利用条件，积极探索光伏产业与生态治理、农业等融合发展，建设了安阳市内黄县12.5万千瓦生态农业大棚光伏发电项目，濮阳市台前县华电、大亚、协鑫三个农光互补光伏发电项目。充分发挥光伏扶贫脱贫带动作用，在全省110个县区内建设光伏扶贫电站267.6万千瓦，惠及贫困群众40余万户，带贫人口总数和扶贫电站规模均居全国第1位。"十四五"时期，河南省将以整县屋顶光伏开发为重点，选取66个县区作为试点，探索开展光伏建筑一体化示范，建设高质量"光伏+"基地，力争实现太阳能发电新增并网容量达到1000万千瓦以上。

三是加快建设电力输送通道。先后建成的青电、疆电入豫工程成为保障河南省电力供应的"双引擎"。省内则是随着驻马店东、洛阳东等一批500千伏工程建成投产，形成覆盖全省的"鼎"字形骨干网架，并通过实施农网升级等工程，实现城乡配电网供电能力倍增，电网发展达到中部地区领先水平。目前正在加快推进陕电入豫工程，并开展第四条外电入豫通道研究论证工作。

（五）上网电价和消纳、调控能力

河南省风电、太阳能发电企业在项目建设时均能同步建设外送线路工

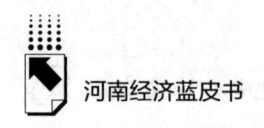

程，送出能力和规划容量相匹配，基本实现及时并网、就近消纳。

在上网电价上，河南省严格执行国家发改委历年关于新能源上网电价的政策。省内风电、太阳能发电上网电价按建设时期政策获得不同程度、不同类型的补贴，如Ⅳ类资源补贴电价、扶贫补贴等，补贴后最高电价达到1.0元/度，2021年以来新建项目则以0.3779元/度（燃煤发电基准价）平价上网。

在新能源电力消纳方面，河南省可再生能源电力消纳能力较强。2021年河南省消纳可再生能源电量超过1000亿千瓦时，其中消纳省外可再生能源电量近400亿千瓦时，可再生能源电力消纳责任权重完成激励值。但由于风电、太阳能发电过于集中，受制于相对有限的外送线路能力，装机容量较大的安阳、濮阳、三门峡等地市仍存在少量弃风、弃光现象，已被列入新能源电力消纳指引Ⅲ类地区。[①] 2021年全省累计弃光量0.2亿千瓦时，弃光率为0.1%；累计弃风量5.6亿千瓦时，弃风率为1.7%。

河南省为进一步强化电网调控能力，一是继续大力提升电网运行调度水平，提出强化省级500千伏主网架、升级市域220千伏支撑电网的目标，如三门峡市正在推进建设三门峡东部电网加强工程和500千伏陕州变扩建工程，谋划论证三门峡东500千伏输变电工程。

二是加快抽水蓄能电站项目建设，充分发挥项目在优化电源结构、缓解系统调峰压力、促进新能源消纳以及提高系统运行适应性、灵活性和安全可靠性等多方面的独特作用。不断加快在建的南阳天池、洛宁大鱼沟、光山五岳、鲁山花园沟等项目施工进度。推动辉县九峰山等7个纳入国家规划的站点抓紧开展前期工作，截至2022年底，已完成核准1个，进入可研阶段2个，签约2个。同时谋划一批中小型抽水蓄能电站。

三是推动新规划建设的风电、太阳能发电项目配置储能设施，提出消纳指引Ⅰ类地区基础储能"10%，2小时"、Ⅱ类地区"15%，2小时"、Ⅲ类

---

① 河南省新能源电力消纳指引，由电网部门测算提出，共分三类区域：Ⅰ类区域为具备消纳空间的区域，Ⅱ类区域为消纳局部受限区域，Ⅲ类区域为消纳困难区域。

地区"20%，2小时以上"的配置要求。

四是推动源网荷储和多能互补试点项目建设。以增量配电网为重点，推动增量配电网接入分布式风光电，实施周口西华、郑州登封等一批"源网荷储一体化"试点项目。鼓励各地统一规划，会同能源企业和电网企业布局建设集中式储能电站，支撑提升电网稳定运行。鼓励各地根据实际条件，开展压缩空气储能、利用废弃矿井建设无水坝抽水储能试点。

（六）支持政策及实施情况

河南省积极落实中央及国家部委制定的支持风光电发展政策，符合条件的风光电企业均享受到了"三免三减半""增值税抵留"等税收政策和电价补贴政策，增加了企业利润空间。同时扎实开展"万人助万企"活动，持续深化"放管服"改革，出台了《关于进一步优化可再生能源项目建设环境切实减轻企业负担的通知》《关于进一步推动风电光伏发电项目高质量发展的指导意见》等政策，明确要求不得强行将风电、太阳能发电开发项目与其他产业投资捆绑，减轻了企业投资负担，激发了企业发展活力。

三 河南省风光电发展面临的主要问题

（一）电价补贴拖欠问题

"十三五"期间，在国补政策的加持下，风光电产业规模迅速扩大，并产生了巨量的补贴数额。虽然国家一直在分批次发放补贴，但整个新能源行业补贴拖欠已是常态，补贴资金到位周期短则一至两年，长则三年。补贴资金的拖欠，势必会影响企业的现金流，影响企业的再投资，甚至会使一些资金实力较弱的民营企业不堪重负。

（二）消纳及限电问题

由于风光电具有随机性、波动性和间歇性的先天短板，且有着"极热

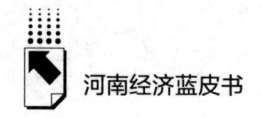

无风""晚峰无光"的特点,为保障电力质量及电网安全,省内部分地区仍存在限电现象,尤其是消纳紧张地区风电场在大风时段无法满发现象较多。2022年前三季度全省弃风率为1.6%,与2021年全年相比基本持平,比2020年全年高出1.4个百分点;弃光率为0.4%,比2021年全年高出0.3个百分点。其中,受2021年第四季度新能源大规模集中并网影响,2022年第一季度弃风弃光现象尤其突出,2022年第一季度河南省弃风率为3.9%,弃光率为1.3%。此外,在供热期为保证热电联产企业生产,受电网容量限制,弃风限电现象仍然存在。

(三)新项目用地问题

与传统能源相比,除户用光伏之外的风光电项目占地面积较大。随着新能源发电装机规模的快速扩大,土地资源已成为制约新能源发电发展的重要因素,项目用地政策持续收紧,审批也更加严格。2022年5月,河南省自然资源厅等四部门联合下发《关于严格耕地用途管制落实耕地"进出平衡"的实施意见》,要求使用农用地的风光电项目严格履行建设用地审批相关手续,实行占补平衡,并鼓励引导利用荒坡荒山等未使用地建设风光电项目。风光电项目用地批复流程长、程序复杂、牵涉部门多、环节要求严、政策变化快,批复困难,存在一些风光电项目已投产并网,但土地手续尚未办结,甚至更为严重的违法占用耕地问题。

(四)太阳能发电行业竞争激烈

太阳能发电是更新迭代最快的可再生能源技术,生产太阳能光伏电池板的成本在近10年快速下降,已形成价格竞争力。随着整县光伏项目铺开,上游光伏组件生产厂商也参与到光伏发电尤其是户用光伏建设运营中,行业投资火热,竞争逐渐激烈。据某省辖市本地光伏企业介绍,近年来外地企业在业务拓展过程中,已出现县、乡、村多级代理和项目收益权再抵押融资等方面情况。调研中某县屋顶光伏的屋顶面积年租金已从5元/米^{2}上涨至10元/米^{2}左右,并对前期已签订屋顶租赁合同的企业经营造成影响。对于过热投资所造成的无序竞争和潜在金融风险应预先加以规范和化解。目前国家相关部门已注意到光伏行业存在的问题。2022年8月，工信部办公厅等三部门联合印发了《关于促进光伏产业链供应链协同发展的通知》，提出要避免产业趋同、恶性竞争和市场垄断，不得囤积倒卖电站开发等资源。但在落实上，仍需要各地区结合本地实际科学规划和管理光伏产业发展，加强监督管理，严厉打击光伏行业领域哄抬价格、垄断等违法违规行为，支持各类市场主体平等参与市场竞争，引导各类资本合理参与光伏产业。

（五）储能产业缺乏盈利模式

随着风光电大规模高比例并网，通过储能补齐风光电随机性、波动性等短板更显迫切。但目前，除用户侧通过峰谷电价套利、电源侧参与火电调频获得电价补偿外，储能产业尚无清晰的盈利模式。在电源侧，企业配建储能更多的是为了拿风光电项目指标，储能实际的经济性贡献几乎为零；在电网侧，电网储能电站的成本也不得纳入电网输配电价进行摊销。未来储能的发展目标必然是商业化。按照2022年6月国家发改委和国家能源局印发的《关于进一步推动新型储能参与电力市场和调度运用的通知》，独立储能电站向电网送电的，其相应充电电量不承担输配电价和政府性基金及附加，河南省独立储能电站每充1度电最高可多获利略超0.2元，利好电网侧储能发展。但就整个储能产业，尤其是新型储能产业规模化发展还面临技术标准不完善、成本疏导机制不畅通、安全标准不健全等问题，需政策制定者与从业者共同谋划破局。

四 主要建议

（一）建立补贴及时兑付机制

按照国家承诺，对享受补贴的风光电企业补贴强度维持20年不变。因此，应建立补贴及时兑付机制，解决补贴资金缺口，缓解企业的资金压力，

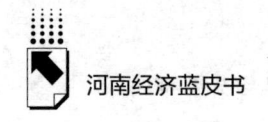

使企业有能力进行长线投入，保障产业高质量可持续发展，同时也维护政府信誉，提振可再生能源领域投资信心。

（二）加强电力灵活调节能力建设

应将风光电项目与配套电网统一规划建设，统筹考虑输电线路、电网结构及电力消纳等问题，充分考虑风光电间歇性和等效满负荷运行小时低的特点，统筹考虑风光电与其他电源的协调发展，针对性推进配电网改造升级。加快推进抽水蓄能电站项目建设，充分发挥其在构建新型电力系统、保障能源电力安全中的重要作用。推动局域网、微电网、直流配电网建设，与大电网互补兼容，提升电网广泛接入分布式电源适应能力，不断提升电网运行调度水平，增强新能源消纳能力。

（三）多措并举不断加快风光电发展

风光电属于低密度能源，在平价上网后项目开发必须规模化、多元化发展才能体现其经济性。一方面以建设风电光伏基地为支撑。大基地、大投资+多能互补将成为投资趋势，河南省土地资源紧张，更适合通过建设高质量风电光伏基地，以集约高效利用土地。建议重点引入大型央企发电集团投资建设，跨区域统一规划、协同开发，高效利用风光资源，发挥风光电"廉价能源"的属性。并鼓励民营企业转型，为央企提供项目开发、装备和技术服务等支持。另一方面以分布式风光电为补充。河南省应以广大城镇、农村为基础，结合乡村振兴战略，把屋顶光伏发电开发作为可再生能源新增长点，利用田间地头等零散土地适度开发分散式风电，并以储能、虚拟电厂等综合能源系统为支撑，实现就近消纳。

（四）积极推进先进储能技术规模化应用

储能产业的蓬勃发展需要从规划统筹、政策机制、安全管理、技术模式等方面共同推进，建立市场化、规模化发展模式。电源侧可通过配备储能减少弃风、弃光现象，提高效益。电网侧利用储能削峰填谷、平衡供需，改进电力调度方式。用户侧则通过"储能+峰谷电价"减少电费。三方协同发力促进大规模储能的高速发展,支撑电力结构加速调整。

(五)坚持以能源安全为前提

推动风光电发展,实现能源低碳转型,要充分考虑河南省能源资源禀赋、能源需求及能耗结构,坚持通盘谋划、先立后破。可通过实施煤电机组标杆引领行动,推动煤电机组节能降耗改造、供热改造、灵活性改造"三改联动",推进煤电从主要电源向基础电源转型,逐步实现风光电等新能源成为主体性电源,由煤电提供可靠容量、应急备用、调峰调频等服务,确保电力可靠供应。

B.27
河南省城镇老年人养老现状与需求研究

季红梅 郝兵 王一嫔 魏巍*

摘 要： 随着经济社会的不断发展，河南人口老龄化程度持续加快，老年人的养老需求日益多元。2022年河南城镇老年人养老现状与需求专题调研显示，传统居家养老仍是目前主流养老模式，多数城镇老年人对养老现状较为满意，对养老机构医养结合、精神服务等需求较多，但目前社区居家养老服务覆盖面有限、养老服务供需矛盾突出等问题凸显。本文在剖析问题的基础上，有针对性地提出对策建议：明确政府主导，构建保障体系；整合社会资源，鼓励多元发展；提升服务水平，深化医养结合；优化人才培养，提升专业能力；加强行业监管，压实主体责任。

关键词： 城镇老年人 老龄化 养老 河南省

习近平总书记强调，有效应对中国人口老龄化，事关国家发展全局，事关亿万百姓福祉。让老年人老有所养、老有所依、老有所乐、老有所安，关系社会和谐稳定。河南是人口大省，从2000年进入老龄化社会以来，全省老年人口数量和比重都不断增长，老龄化程度持续加快。人口抽样调查结果显示，2021年末河南65岁及以上人口为1383万人，占常住人口的比重为14.0%，较2020年上升0.5个百分点。"十四五"时期，随着人口老龄化程

---

* 季红梅，河南省统计局副局长；郝兵，河南省地方经济社会调查队调查单位名录库室主任；王一嫔，河南省地方经济社会调查队快速调查室主任；魏巍，河南省地方经济社会调查队快速调查室。

度的不断加深，全省老年人对养老服务的多元化需求日益增长，供需不平衡矛盾逐步显现。截至2021年底，河南60岁以上老人拥有养老床位仅为19.1张/千人，社会养老供给相对不足，叠加养老基础设施相对薄弱、医养结合体系尚未成熟、子女忙于工作无暇照顾等因素，城镇老年人养老面临的问题日益突出。构建多层次的城镇养老服务体系，制定更加贴合现状的养老服务清单，让老年人能有一个幸福美满的晚年，是各级党委和政府的重要责任，也是当前需要深入研究的重点课题。

一 城镇老年人养老情况

为了解当前河南省城镇老年人养老现状及期盼诉求，河南省地方经济社会调查队在全省61个县（市、区）中，随机抽选1501名具有本地户籍、长期居住在本地且家中有60岁以上的城镇老年人开展了专题调研。为保证样本代表性，调研对象覆盖了失能、低收入、高龄等特殊老龄群体及独生子女家庭。

（一）城镇老年人养老现状

超九成老年人对目前养老状况较为满意。被调研的1501位城镇老年人中，有770人对目前养老状况表示满意，占比51.3%；有662人对目前养老状况表示基本满意，占比44.1%；有69人对目前养老状况表示不满意，占比4.6%。

传统居家养老是现阶段城镇老年人最主要的养老方式。被调研的1501位城镇老年人中，有1423人主要养老方式为传统居家养老（子女赡养、生活自理、雇佣保姆等），占比94.8%；与配偶或子女同住是主要居住方式，有86.5%的受访老年人与配偶或子女共同居住。调研发现，子女数量越多，老年人就更倾向于依靠子女居家养老。有37人主要养老方式为社区居家养老，占比2.5%；有36人主要养老方式为养老机构集中养老（包括不居住在养老院），占比2.4%；另有5人主要养老方式为旅居式养老、抱团式养

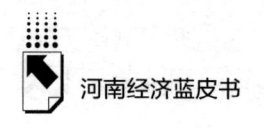

老等，占比0.3%。

生活开销及医疗保健是老年人主要支出项目。被调研的1501位城镇老年人中，有1362人的日常支出主要用于衣食住行等开销，占比90.7%；有1062人的日常支出主要用于医疗保健，占比70.8%；有238人主要用于贴补子女，占比15.9%；有192人主要用于护理费用，占比12.8%；有127人主要用于休闲娱乐及旅游等，占比8.5%。

超八成老年人的子女能够根据老年人需求提供经济支持。被调研的1501位城镇老年人中，有1214位老年人的子女能够按照老年人需求提供经济支持，占比80.9%；有252位老年人的子女无法提供经济支持，占比16.8%；有15位老年人因没有子女但有其他亲属提供经济支持，占比1.0%；另有20位老年人既没有子女也没有其他亲属提供经济支持，占比1.3%。

（二）城镇老年人养老意愿

传统居家养老仍是老年群体更理想的养老模式。在人口老龄化持续加深的背景下，居家养老仍是河南省城镇老年人的首要选择。被调研的1501位城镇老年人中，有1267人认为最适合自己的养老模式为传统居家养老，占比84.4%；有135人认为最适合自己的养老模式是社区居家养老，占比9.0%；有53人认为最适合自己的养老模式是在养老机构集中养老，占比3.5%；另有46位老年人认为最适合自己的为抱团式养老、旅居式养老等其他养老模式，占比3.1%。

愿意购买有偿养老服务的老年人有限。被调研的1501位城镇老年人中，仅有469人愿意购买有偿养老服务（包括上门服务或机构养老），占比31.2%。愿意购买有偿服务的老年人更多的是从子女角度来考虑，有407人是为了减轻子女照料压力，占比86.8%；有151人是为了实现医养结合，占比32.2%；有116人是为了实现结伴养老消除寂寞，占比24.7%；有112人是因为子女有相关意愿，为更好地融洽与子女的关系，占比23.9%；另有其他老年人为了享受高质量晚年生活、接受专业化养老服务、生活自理能力有限等原因选择有偿养老服务。68.8%的受访老年人不愿意购买有偿服务，经济条件有限、自身身体状况良好以及子女能够适时陪伴是老年人不愿意购买有偿服务的主要原因。

医养结合和性价比是老年人购买有偿服务的重要参考。被调研的1501位城镇老年人中,有945人在购买有偿养老服务时优先考虑医养结合条件,占比63.0%;有816人优先考虑费用及性价比,占比54.4%;有629人优先考虑护理水平,占比41.9%;有475人优先考虑起居饮食条件,占比31.6%;有424人优先考虑服务态度及素质,占比28.2%。另有其他老年人优先考虑娱乐活动、结交朋友等因素。

老年人精神生活需求高于生活照料服务需求。调研显示,受访老年人对精神生活的需求更加迫切,从需求程度来看,子女的陪伴关心、参加娱乐活动、聊天解闷等精神需求程度较高,分别占比80.1%、60.8%、56.9%。老年人对生活照料服务的需求主要集中在康复理疗和按摩保健等医疗方面,占比均为40.4%。

二 城镇老年人养老服务工作存在的问题

(一)社区居家养老覆盖面有限

《国家积极应对人口老龄化中长期规划》提出,要健全以居家为基础、社区为依托、机构充分发展、医养有机结合的多层次养老服务体系。为构建多层次养老服务体系,兼具社会机构养老和居家养老优点的社区居家养老模式的普及推广就极为重要。社区居家养老是指老年人按照传统生活习惯,选择居住在家庭中安度晚年生活的养老方式,它以社区为平台,整合社区内各种服务资源,以社区的养老机构或相关组织为依托,为老年人提供助餐、助洁、助浴、助医等养老服务,是契合城镇老年人需求的未来主流发展模式。但调研显示,社区居家养老服务供应不足,仅有28.5%的受访老年人所在社区提供居家养老服务,覆盖面较窄,有社区居家养老需求的老年人诉求无法得到满足,多层次养老服务体系的建立仍需持续发力。

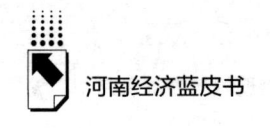

（二）养老服务供需矛盾突出

养老机构不能根据老年人的需求提供高质量多元化的养老服务，供给和需求不匹配矛盾显现。

一是医养结合服务供给有待增强。调研显示，71.8%的受访老年人认为科学推进社区养老医养结合是政府下一步推动养老服务工作的重点。29.5%的受访老年人认为医养结合专业条件是影响养老模式选择的重要因素。老年人受制于年龄、身体机能等因素，对养老机构的医疗条件、医护服务较为看重，特别对失能老人而言，医养结合更是刚性需求。但目前各地重视程度不够，医养结合发展相对不均衡，预防、保健、治疗、康复、护理等深层次的医疗服务相对短缺，服务项目和专业化程度亟待增强。

二是服务项目单一，管理水平有待提升。调研显示，社区居家养老服务项目多集中于日间照料、助餐送餐等基本生活需求方面，高质量的文化娱乐项目、聊天陪伴等精神层次需求服务较少，项目较为单一，难以满足老年人多元化的养老需求。17.6%的受访老年人认为养老服务项目太少是养老面临的主要困难，47.9%的受访老年人认为应提升养老机构的管理服务水平。

（三）经济条件是制约养老需求的首要因素

费用高、经济能力有限是养老面临的主要困难。调研显示，78.1%的受访老年人认为经济承受能力是选择养老模式的主要影响因素，77.8%的受访老年人每月可承受的养老费用在2000元以内，其中，50.3%的受访老年人每月可承受养老费用在1000元以内。受制于经济因素影响，64.6%的受访老年人认为费用高、经济能力有限是养老面临的主要困难。从养老面临的其他困难来看，24.0%的受访老年人认为看病难、看病贵是主要困难，20.9%的受访老年人认为与子女生活习惯不同是主要困难，16.7%的受访老年人认为需要帮助子女照看孩子是主要困难。另有其他老年人认为身体条件有限、基础设施缺失、生活环境差等其他原因是主要困难。

（四）特定老年群体的部分养老需求凸显

调研中，独生子女家庭、高龄及低收入等特定老年群体在自身诉求方面有所差异，需重点关注。

独生子女家庭缺少子女陪伴问题最为突出。被调研的1501位城镇老年人中有350位老年人家庭为独生子女，其中有202人认为独生子女日常无法给予老人足够的陪伴，占比57.7%；有184人认为在生病住院时子女没有时间护理照料，占比52.6%。

高龄老人享受到的社区居家养老红利有限。被调研的1501位城镇老年人中，有269人年龄为80岁及以上，其中仅有32位高龄老年人申请并享受到了社区居家养老相关项目的服务，占比仅为11.9%，其中多以日间照理及助餐送餐为主，而在特定的医疗、康复等方面则较为薄弱。

低收入老年群体医疗支出较大。被调研的1501位城镇老年人中，有210人主要收入来源为最低生活保障金，从这部分收入有限的老年人日常支出来看，除正常衣食住行开销外，有163人的收入主要用于医疗保健及护理费用，占比77.6%。因医疗支出较大造成收支相抵或入不敷出，生活质量相对不高。

三 推动城镇老年人养老服务发展的思考建议

河南是人口大省，老年人口基数大、老龄化问题较为突出，解决好养老问题，既是传承中华优秀传统文化、提高百姓福祉的要求，也是经济社会高质量发展中的重大事项。"十四五"时期，全省各级党委政府应坚持以习近平新时代中国特色社会主义思想为指导，坚持党委领导、政府主导、社会参与，把握"大城养老"趋势，不断强化"亲老适老"思维，积极整合更为贴合社会发展实际需求的养老服务资源，主动对接并分类了解养老服务需求，积极推动养老体制机制改革，高质量构建养老服务设施体系，不断助力从"养老"到"享老"的进步，加速社会养老事业的稳步发展。

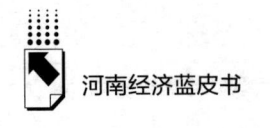

（一）明确政府主导，构建保障体系

推动养老服务的全面发展，需实现政府主导、家庭尽责、市场和社会参与等方面的有机统一，在政策规划、资源保障、组织实施和监督规范等方面更好发挥政府主导作用，放宽市场准入标准，支持相关养老机构规模化、连锁化发展，并对相关企业给予政策补贴。充分加强分散供养特困人员探访照料服务，有效满足特困人员照料护理需求，加强社会救助、社会福利和社会保险等政策衔接，尽可能发挥政策集成效用，让特殊困难老年人多得实惠。充分发挥大数据优势，建立数据动态管理机制，制定基本养老服务对象服务清单、保障标准，研究出台更加精准的分类养老保障政策，针对老年人多层次需求的差异，实施对多样化养老需求的动态管理。

（二）整合社会资源，鼓励多元发展

老年人的养老服务需求是多样化、分层次、不断变化的，但国家和社会的养老服务资源有限，必须科学定位、精准施策、可持续实施。在推进养老服务工作发展中，需更加充分地发挥市场主体优势，运用市场机制调动各类资源参与养老服务发展的积极性，不断完善以社会筹集为主、以政府资助为辅的多层次、多途径、多渠道投资发展体制，强化政府监管职能，明确规范市场运行的责任和义务。积极探索社区居家养老线上服务模式，通过推行线上线下的深度融合，不断提升社区居家养老服务机构效能。注重通过引进市场提供的更多样化的养老服务，在保障老龄群众享有基本养老服务权益的基础上，满足不同老年人个性化养老服务需求，切实提高老年人的获得感、幸福感、安全感。

（三）提升服务水平，深化医养结合

进一步健全社区养老服务机构建设，借鉴北京、江苏、浙江等省份的经验，着力打造"一刻钟养老服务圈"，科学合理布局社区养老服务设施，持续完善社区养老服务网络。立足河南基本省情，统筹考虑养老服务设施的必要性和可能性，做到尽力而为、量力而行，有序加强社区养老服务基础设施建设，持续推进老旧小区提升改造工作，做好社区养老服务发展空间规划，组织实施居家和社区基本养老服务提升行动项目，发展专业化社区居家养老服务。积极构建老年人助餐助医、精神慰藉体系，完善居家留守老年人关爱制度，提供必要的人文关怀。进一步加大医养结合、康养结合、智慧养老的探索力度，充分发挥"互联网+养老"的服务理念，推进面向医养结合机构的远程协同服务平台的建设。支持具有一定规模的养老机构设置医疗卫生机构，鼓励医疗资源雄厚的医疗卫生机构开展医养结合服务，推动与养老机构、城镇社区的医养合作，从而不断提升养老服务机构及社区居家养老服务的医养结合水平。

（四）优化人才培养，提升专业能力

一方面，积极探索在职业教育中增设相关养老服务专业，加强专业化人才队伍的建设，鼓励大中专医学院校毕业生从事养老服务工作，不断提高养老服务水平；另一方面，重视志愿者队伍建设，引导建立各类志愿服务组织积极参与养老服务，为老年人提供助医助行、康复保健、法律援助等各类服务。搭建好养老机构与志愿服务组织的对接平台，加强沟通交流，定期开展专业培训，提升专业化服务能力，营造全社会爱老敬老养老人人参与的良好氛围。此外，可以通过政府购买服务、设置专业技术岗位等方式，不断提高养老护理人员薪酬待遇，稳定专业人才队伍。

（五）加强行业监管，压实主体责任

适时建立社会养老服务体系，建设联席会议制度，及时研究解决养老服务监管中发现的重大问题和存在的突出困难，有针对性地研究解决办法，形成工作合力。不断建立健全养老服务综合监管机制，健全养老服务准入、退出、监管制度，完善养老机构服务质量监测，做好相关机构综合考评工作。建立健全多部门协同机制，强化综合监管机制，压实相关部门及养老机构的主体责任，加大养老服务政策宣传力度，营造促进养老服务高质量发展的良好氛围。

B.28
河南省脱贫人口就业研究

季红梅 赵祖亮 王一嫔 李玉 武明光 魏巍*

摘　要： 河南省脱贫人口数量多、覆盖广，做好脱贫人口劳动力的稳岗就业工作，对落实"六稳""六保"、巩固拓展脱贫攻坚成果、稳定经济社会发展具有重要意义。为全面了解全省脱贫人口就业情况，河南省地方经济社会调查队在全省17个省辖市和济源示范区开展了脱贫人口就业情况专题调研。本文阐述了脱贫人口稳岗就业的重要意义，总结部分地区好的经验做法，深入分析了脱贫人口在稳岗就业方面存在的突出问题，就进一步做好脱贫人口稳岗就业工作提出针对性建议：鼓励企业吸纳用工，切实保障务工人员的合法权益；加大对脱贫人口的稳岗就业帮扶力度；注重劳动技能培训提能增效；持续推动以工代赈吸纳脱贫人口就业。

关键词： 脱贫人口　脱贫攻坚　乡村振兴　稳岗就业　河南省

脱贫人口稳岗就业是巩固拓展脱贫攻坚成果、全面推进乡村振兴的关键环节。河南省高度重视脱贫人口稳岗就业，2022年5月发布了《河南省人民政府关于印发稳就业若干政策措施的通知》，着力推动全省脱贫人口稳岗就业，确保有劳动能力和就业意愿的脱贫人口"应就业尽就业"。河南省脱

---

* 季红梅，河南省统计局副局长；赵祖亮，河南省地方经济社会调查队副队长；王一嫔，河南省地方经济社会调查队快速调查室主任；李玉，河南省地方经济社会调查队快速调查室副主任；武明光，河南省地方经济社会调查队快速调查室；魏巍，河南省地方经济社会调查队快速调查室。

贫人口数量多、覆盖广、劳动力资源丰富、就业潜力大。在脱贫攻坚战取得全面胜利后，全面了解当前全省脱贫人口就业现状，深入分析脱贫人口务工就业存在的问题，探索进一步提升脱贫人口稳岗就业的路径方法，对全省巩固拓展脱贫攻坚成果、全面推进乡村振兴具有重要意义。

一 脱贫人口稳岗就业的意义

（一）脱贫人口稳岗就业是巩固脱贫攻坚成果的坚实支撑

习近平总书记指出"就业是巩固脱贫攻坚成果的基本措施"。稳住了脱贫人口的务工就业，就稳住了巩固脱贫攻坚成果的基本盘。2020年河南省脱贫攻坚战取得决定性胜利，651万建档立卡贫困人口全部脱贫。随着大量贫困人口的脱贫退出，河南省巩固脱贫成果、防止返贫的压力越来越大，截至2021年12月，河南省识别认定监测对象21.6万户68.2万人，仍需持续帮扶。特别是近年来，受新冠疫情等多重因素影响，经济下行压力逐渐加大，给脱贫人口稳岗就业带来了较大冲击。"胜非其难也，持之者其难也"，在此背景下促进脱贫人口实现更高质量、更加稳定的就业，是守牢返贫致贫底线、持续巩固拓展脱贫攻坚成果的有力支撑。

（二）脱贫人口稳岗就业是全面推进乡村振兴的重要抓手

民族要复兴，乡村必振兴。乡村振兴战略是关系全面建设社会主义现代化国家的全局性、历史性任务，是新时代"三农"工作总抓手。通过稳岗就业增加脱贫人口收入来源、扩大增收渠道，有利于夯实发展乡村建设的物质基础，对于全面推进乡村振兴、实现农业农村现代化具有重要的现实意义。截至2022年11月底，河南省脱贫人口、监测对象务工就业232.2万人，脱贫人口、监测对象人均年收入分别达到16139.0元、12108.6元，较2021年分别增长12.4%、17.0%。务工收入占人均收入近七成且持续增长，成为脱贫人口家庭收入稳定增长的"主引擎"。大力稳就业保就业、增加工

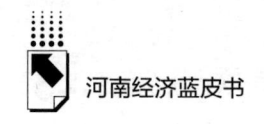

资性收入，既有利于增加脱贫群众获得感、幸福感、满足感，又有利于为农业强、农村美、农民富的社会主义新农村建设夯实物质基础，全面促进乡村振兴。

（三）脱贫人口稳岗就业是实现共同富裕的有力举措

中央出台的《关于实现巩固拓展脱贫攻坚成果同乡村振兴有效衔接的意见》指出，要让包括脱贫群众在内的广大人民过上更加美好的生活，朝着逐步实现全体人民共同富裕的目标继续前进。对脱贫人口实施稳岗就业帮扶，帮助低收入人群创造更好的生活环境，既体现了社会公平，又促进了社会稳定，是进一步缩小贫富差距、贯彻发展成果由人民共享的新发展理念的有力举措。近年来，通过脱贫人口稳岗就业，农村低收入群体整体收入逐渐增加，城乡收入差距鸿沟逐渐缩小。党的十八大以来，河南省城乡居民收入比由2012年的2.49缩小至2021年的2.12，充分体现出河南省在共同富裕的道路上迈出了新的步伐。

二 脱贫人口就业现状

（一）就业区域以省内为主

受新冠疫情、生活习惯、生活成本等多重因素影响，受访的脱贫人口主要在省内务工，就地就近就业氛围浓厚。调研显示，70.7%的受访者以省内务工为主，其中59.3%的受访者以本县务工为主，11.4%的受访者以省内县外务工为主，29.3%的受访者以省外务工为主。在省外务工人员中，有返乡务工意愿的占比20.3%。

（二）稳岗就业政策获益面大

河南省出台的稳岗就业相关政策覆盖面广，落实到位，对脱贫人口就业帮扶效果良好。调研显示，77.3%的受访者享受了稳岗就业相关政策的帮扶。其中，参加政府相关部门提供劳动技能培训的占比56.7%，获得公益性岗位的占比44.3%，收到政府相关部门发布的就业信息的占比39.3%，获得政府相关部门提供就业指导服务的占比23.7%，获得创业金融贷款（含小额信贷）服务的占比17.1%。从帮扶成效看，认为稳岗就业政策效果明显的占比86.2%。

（三）就业方式多样化

随着脱贫人口劳动力受教育程度的不断提高，脱贫人口就业方式更加丰富，除了以零工为主的传统务工就业方式，在企业务工正逐渐成为新趋势。调研显示，37.2%的受访者以打零工为主，37.0%的受访者在企业务工，24.3%的受访者从事公益性岗位。调研发现，灵活就业也正成为脱贫人口的就业方式，扩大了脱贫人口的就业选择范围。1.5%的受访者通过资金支持、政策扶持等方式，实现了自主创业或灵活就业（如开网店、送快递、从事网约车工作等），促进家庭增收。

（四）就业信息获取渠道广泛

随着帮扶政策的精准化和信息技术的发展，脱贫人口获取就业信息的渠道更加广泛，除了传统的亲朋好友介绍外，政府部门以基层干部联系介绍、用工信息平台等多种方式，全力打通务工信息获取渠道"最后一公里"。调研显示，55.5%的受访者通过驻村干部或村干部介绍务工，48.2%的受访者通过亲戚朋友介绍等传统渠道获取务工信息，42.4%的受访者通过帮扶责任人推荐务工，22.1%的受访者通过政府部门的用工信息平台获取务工信息，10.3%的受访者是去零工市场获得用工信息，2.8%的受访者是通过中介公司介绍务工。

在河南省稳岗就业政策的大力推动下，全省脱贫人口就业比例较高，务工时长、务工收入稳中有升，就业呈现总体稳定趋势。调研显示，除16岁以上在校生外，脱贫户中劳动力以全职或兼职外出务工为增收主渠道的占比85.4%，就业意识较强。2022年1~8月累计务工时长达到6个月以上的占

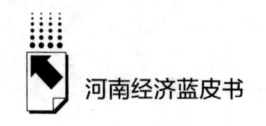

比77.2%，务工时长与2021年同期相比基本持平的占比61.7%，有所增加的占比29.1%。务工时间相对较长，保障了收入相对稳定。从务工收入看，与2021年同期相比基本持平的占比53.6%，有所增加的占比37.6%。

三 全省脱贫人口稳定就业的经验做法

（一）优化服务，建立用工对接信息库

各级政府积极牵线搭桥，优化服务，促进企业"需求端"和脱贫人口"供给端"精准高效对接，确保脱贫劳动力应就业尽就业。一方面，多渠道收集企业用工信息，建立企业用工需求信息库；另一方面，对脱贫劳动力状况底数进行全面摸排，持续完善脱贫劳动力务工就业数据库，通过供需匹配，为脱贫劳动力务工就业提供"点对点"的精准服务。调研中，某地组织专门人员对辖区内在建项目、产业园区、旅游景区和本地企业等各类用工需求进行定期收集整理，精准建立脱贫户和监测户就业岗位信息库，累计推送省内外用工信息上千条。帮扶责任人、驻村干部及村干部充分发挥基层党员先锋模范作用，积极将需求信息与脱贫劳动力情况进行匹配，促进脱贫劳动力获取更便捷更有针对性的务工信息，务工就业更为便利。

（二）提升技能，加强企业定向培训

技能培训是脱贫攻坚智志双扶的有力体现，是提高脱贫人口就业质量、提升劳动者素质的重要载体。2022年，河南省各地以"人人持证、技能河南"建设为抓手，实施职业技能提升行动，培养脱贫劳动力掌握一技之长，促进脱贫人口从体力劳动到有文化、懂技术、善经营、会管理的新型就业岗位的转变，确保务工就业更为稳定。调研中，某地扎实推进"人人持证、技能河南"建设，组织脱贫劳动力开展"订单式""定向式"培训，结合农村劳动力年龄、学历、性别等综合条件，以脱贫人口和监测户劳动力为重点，优选了一些易上手、好就业、待遇好的行业开展技能培训，着力培养技

能型劳动大军。2021年以来,结合用工单位急缺岗位需求特点,集中组织开展电焊等多项技能培训,培训300余名脱贫人口劳动力,为80余人发放相关证书,并组织协调用工单位通过"云招聘"进行网上直播招聘,现场接待求职者,既有效促进了务工需求人员就地就近就业,解除了用工企业技能人员少、稳定性不足的后顾之忧,又提高了困难群众的就业稳定性,增加了务工收入。

(三)巩固成效,用好公益性岗位

公益性岗位是助力脱贫人口提升务工收入的重要来源。多地在管好、用好公益性岗位上多措并举,坚持"按需开发、统一管理"的原则,针对年龄偏大、劳动力弱、无法外出的脱贫人口研究提供合适的公益性岗位,对符合条件的脱贫人口劳动力做到应纳尽纳。调研中,某地根据各村不同的情况以及季节性、阶段性、应急性、实用性特点,分别设置道路维护员、河道协管员、森林防火员、疫情防控员等乡村公益性岗位,并组织安置人员全部参加了岗前集中培训,定期对工作成效进行考核,切实提升了就业人员的履职尽职能力。

四 脱贫人口稳岗就业存在的问题

(一)重点监测户增收难度大

脱贫不稳定户、边缘易致贫户、突发严重困难户三类重点监测户大多为家里有患病伤残者、独居老人等弱劳动力家庭,或遇灾病等突发困难家庭,收入水平相对较低,增收难度大。调研显示,2022年1~8月受访农户人均总收入(未扣除刚性支出)为10770.6元,其中建档立卡脱贫户人均总收入11655.0元;三类监测户中,脱贫不稳定户为9261.2元,突发严重困难户为8807.5元,边缘易致贫户为7938.1元,比受访农户平均水平分别低了1509.4元、1963.1元、2832.5元,比建档立卡脱贫户平均水平分别低了

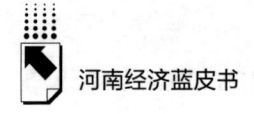

2393.8元、2847.5元、3716.9元。三类监测户收入来源多依赖政策性补助，扣除必要的刚性支出后，总收入相对较少，特别是突发病灾的家庭，收入可能出现断崖式下降，稳定增收难度大。

（二）就业权益保障不足

近年来，随着各级政府强化劳动保障相关政策措施的推进，农民工权益保护意识不断增强，但农民工群体就业的合同签订率仍属于较低水平，是否签订劳动合同直接影响农民工是否可以依法维护自身合法权益。调研显示，32.4%的受访者在务工时未签订劳动合同，其中，以打零工为主的受访者未签订劳动合同的比例更高，达到53.4%，如果发生劳动纠纷将无法有效保障自身合法权益。

（三）劳动技能培训有短板

近年来，基层政府部门把加强农村劳动力职业技能培训、提升农村劳动者素质能力作为拓宽农村劳动力就业渠道、有效巩固脱贫攻坚成果的重要抓手，但部分培训针对性不强，与企业用工需求结合不紧密，农民工技能提升有限，用工企业"招工难"与脱贫人口"就业难"的结构性矛盾依然存在。调研显示，47.4%的省内务工受访者认为劳动技能培训对务工帮助效果一般或没有效果，认为培训时间短、技能掌握不足的占比46.3%，认为培训内容不实用、与自身需求的技能关联性不强的占比22.5%，认为培训内容与企业用工需求结合不紧密的占比22.5%。调研发现，部分地区参加技能培训人员为弱劳动力或"三无"人员（无法离乡、无业可扶、无力务工），受限于年龄、身体条件等因素，即使培训结束也无法就业。有培训需求的劳动力则因务工区域与培训地较远、培训时间不合适等无法参加，培训效果没有达到最优。

（四）存在就业"不稳定"风险

2021年以来，新冠疫情频繁多点散发，在给经济带来较大冲击的同时，也削弱了务工就业的稳定性。调研显示，12.4%的受访者所在企业2022年订单减少或因疫情停工停产，40.2%的受访者认为2022年务工就业受到疫情影响。在受到疫情影响务工的受访者中，务工时间减少的占比41.9%，用工单位停工停产的占比37.6%，务工出行不便的占比32.0%，务工机会减少、找工作难度加大的占比26.4%，务工收入下降的占比23.3%。调研中某劳务输出大县外出务工人员反映，他们常年在江浙地区从事建筑工程，2021年以来由于疫情工程减少，务工时间缩短，收入减少，家庭生活面临较大压力。

五 促进脱贫人口稳岗就业的相关建议

（一）鼓励企业吸纳用工，切实保障务工人员的合法权益

扎实推进落实失业保险稳岗返还、培训补贴等政策，引导支持用工单位优先招用脱贫人口。对符合条件并吸纳脱贫人口就业的企业，按规定落实社会保险补贴、创业担保贷款及贴息等政策。引导规范企业与脱贫人口劳动力依法签订劳动合同、参加社会保险、按时足额发放劳动报酬，积极改善劳动条件。

（二）加大对脱贫人口的稳岗就业帮扶力度

做好脱贫人口稳岗就业的顶层设计，坚持分类施策、精准发力，重点关注弱势困难群体，强化劳动权益保障，进一步完善帮扶引导措施。持续完善政府部门相关用工信息服务平台，常态化举办线上招聘活动，做好企业和劳动者之间的对接，提供高质量就业服务。围绕各地主导产业，开展重点企业用工专项服务，及时提供就业岗位信息、开展转岗技能培训、落实好返乡奖补政策。

（三）注重劳动技能培训提能增效

紧密结合企业用工需求和脱贫人口务工意愿，科学做好培训项目规划，

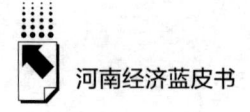

适当延长项目培训时间,进一步提升技能培训实用性和针对性,充分发挥培训对就业增收的促进作用。充分结合新形势新业态,开设灵活就业等新兴培训项目,不断提高脱贫人口的综合素质和技能水平,促进就业由"体力型"向"技能型"转变。

(四)持续推动以工代赈吸纳脱贫人口就业

推动以工代赈不仅是补齐各地基础设施短板的有效途径,更能达到助力解决地区基础设施发展不均衡不充分问题、为重点群体提供就业和促进增收等"一石多鸟"的功效。加强统筹谋划,重点围绕农业、交通、水利、文化旅游等领域,推动实施一批投资规模小、技术门槛低、前期工作简单、务工技能要求不高的建设项目,在确保工程质量安全和符合进度要求等的前提下,按照"应用尽用、能用尽用"的原则,最大限度吸纳脱贫人口参与。

B.29 河南省共同富裕的测度与提升路径研究

海向阳 郑霞 田钧*

摘 要： 针对共同富裕，党和国家提出了两大战略目标愿景：一是到2035年全民迈出共同富裕坚实步伐，有效改善人民生活、缩小差距；二是到2050年基本实现全体人民共同富裕。本文通过梳理反映富裕程度的几个核心指标和构建富裕强度指数来刻画分析河南省富裕程度在全国的位次、依据浙江省共同富裕示范区指标体系结合河南省省情构建了河南省共同富裕指标体系、构建河南省共同富裕发展指数模型，利用2016~2020年面板数据测算河南省"十三五"期间共同富裕发展指数。通过发展指数变化考量河南省共同富裕发展趋势，进而提出河南省共同富裕提升路径：底层逻辑与顶层设计深度融合，促共同富裕发展；学先进，促发展，以浙江省共同富裕示范区经验为引领促河南省共同富裕发展；利用全国推进共同富裕监测指标体系的空窗期，河南省抢抓先机，先行一步制定共同富裕监测指标体系，布局共同富裕建设；以经济建设为发力点助力河南省共同富裕发展进程；立足河南省情，在缩小城乡居民收入比的同时，实现城乡居民收入双提升；"栽下梧桐树，引来金凤凰"，吸引豫商豫才返乡创业、外地企业来豫布局产业；补短板，强弱项，构建三次分配协调配套的制度体系。

关键词： 共同富裕 富裕强度 返乡创业 分配制度

---

* 海向阳，河南省统计局能力中心主任；郑霞，河南省统计局能力中心高级统计师；田钧，河南省统计局能力中心高级统计师。

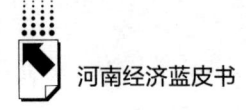

共同富裕是中国人民的一个基本理想和美好向往，是社会主义的本质要求，是全面建成小康社会的必然延伸，也是社会主义现代化发展的重要标志。改革开放以来，乘着改革开放东风，我国经济乘势飞速发展，聚势而强，取得了一个又一个的突破，打赢脱贫攻坚战，全面建成小康社会，逐步实现中华民族从站起来、富起来到强起来的转变，为共同富裕的实现创造了良好的条件。

一 河南省富裕强度在全国的基本情况

共同富裕取决于社会创造财富的能力，也就是社会的富裕程度。为描述河南省的富裕程度，选取人均GDP、人均可支配收入、城乡居民收入倍差几个核心指标来反映，同时参照李金昌、余卫2022年2月在《统计研究》上发表的《共同富裕统计监测评价探讨》中使用的富裕强度指数，引入这种方法测算河南省富裕强度指数。

（一）人均GDP

人均GDP是衡量一个地区人民生活水平的标准之一，也反映了一个地区宏观经济运行状况。2020年河南省人均GDP为55435元，比全国平均水平（72000元）低16565元，居全国第18位，属于中等水平，这也与河南农业大省、人口大省的现实相匹配。从湖北、湖南、江西、安徽、河南、山西中部六省来看，排名第5位，仅高于山西。

（二）人均可支配收入

人均可支配收入是消费水平和消费能力最重要的决定性因素，常被用来衡量一个地区生活水平状况。2020年河南省人均可支配收入为24810.1元，比全国平均水平（32188.8元）低7378.7元，居全国第24位，属于中下等水平。从湖北、湖南、江西、安徽、河南、山西中部六省来看，排名第6位。

（三）城乡居民收入倍差

近些年随着我国全面推进乡村振兴，加快农业农村现代化，农民收入持续较快增长，增速快于城镇居民。从城乡居民收入倍差就可看出，城乡之间的差距正在持续缩小。推进共同富裕，并不是消除城乡之间的收入差距，而是将这种差距缩小到一定的范围内。

2020年河南省城乡居民收入倍差居全国第5位，排名前5，说明河南省推进共同富裕在缩小城乡居民收入差距方面有较好的基础。但从河南省城乡居民人均可支配收入倍差在全国排名第5的原因来看，并不是河南省城乡居民收入在全国居于前位，而是因为河南省城镇居民人均可支配收入在全国排名居后，居全国第28位，而农村居民人均可支配收入居全国第19位，比城镇居民人均可支配收入排名靠前（见表1）。

表1　2020年全国及各省（区、市）城乡居民收入及倍差

单位：元

地区	城乡居民收入倍差	排名	城镇居民人均可支配收入	排名	农村居民人均可支配收入	排名
全国	2.56	—	43833.8	—	17131.5	—
天津	1.86	1	47658.5	6	25690.6	4
黑龙江	1.92	2	31114.7	31	16168.4	18
浙江	1.96	3	62699.3	3	31930.5	2
吉林	2.08	4	33395.7	30	16067.0	20
河南	2.16	5	34750.3	28	16107.9	19
上海	2.19	6	76437.3	1	34911.3	1
江苏	2.19	7	53101.7	4	24198.5	5
湖北	2.25	8	36705.7	21	16305.9	16
福建	2.26	9	47160.3	7	20880.3	6
河北	2.26	10	37285.7	19	16467.0	14
江西	2.27	11	38555.8	15	16980.8	10

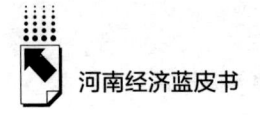

续表

地 区	城乡居民收入倍差	排名	城镇人均可支配收入	排名	农村人均可支配收入	排名
海 南	2.28	12	37097.0	20	16278.8	17
辽 宁	2.31	13	40375.9	12	17450.3	9
山 东	2.33	14	43726.3	8	18753.2	8
安 徽	2.37	15	39442.1	14	16620.2	11
四 川	2.40	16	38253.1	16	15929.1	21
广 西	2.42	17	35859.3	23	14814.9	22
重 庆	2.45	18	40006.2	13	16361.4	15
新 疆	2.48	19	34838.4	26	14056.1	24
广 东	2.49	20	50257.0	5	20143.4	7
内蒙古	2.50	21	41353.1	10	16566.9	13
山 西	2.51	22	34792.7	27	13878.0	26
北 京	2.51	23	75601.5	2	30125.7	3
湖 南	2.51	24	41697.5	9	16584.6	12
宁 夏	2.57	25	35719.6	24	13889.4	25
西 藏	2.82	26	41156.4	11	14598.4	23
陕 西	2.84	27	37868.2	17	13316.5	27
青 海	2.88	28	35505.8	25	12342.5	29
云 南	2.92	29	37499.5	18	12841.9	28
贵 州	3.10	30	36096.2	22	11642.3	30
甘 肃	3.27	31	33821.8	29	10344.3	31

（四）富裕强度指数

为反映河南省富裕强度在全国的位次，综合考虑个人富裕强度和地区富裕强度构建富裕强度指数。

富裕强度指数的测算公式为：

$$D_i = \frac{k_i}{e_i} \times \frac{f_i}{g_i}$$

其中，k_i 表示 i 地区人均可支配收入，e_i 表示 i 地区人均GDP，比值代表个人富裕程度，f_i表示i地区财政收入，g_i表示i地区GDP，比值代表地区富裕程度，即富裕强度指数为个人富裕程度和地区富裕程度的乘积。

经测算，2020年河南省富裕强度指数居全国第26位，个人富裕强度居全国第20位，地区富裕强度居全国第28位。李金昌、余卫在《共同富裕统计监测评价探讨》一文中参考世界水平和在考虑我国国情的基础上设定了到2035年个人富裕程度和地区富裕程度的目标值分别为55%和15%，计算出富裕强度指数2035年目标值为8.25%。与2035年目标值相比，河南省富裕强度指数差为4.86个百分点，个人富裕程度差为10.24个百分点，地区富裕程度差为7.42个百分点，河南省共同富裕道路任重道远（见表2）。

表2　2020年全国及各省（区、市）富裕强度指数

单位：%

地 区	富裕强度	排名	个人富裕程度	排名	地区富裕程度	排名
全 国	4.41	—	44.71	—	9.86	—
上 海	8.44	1	46.37	16	18.21	1
海 南	7.47	2	50.61	8	14.75	3
山 西	6.49	3	49.90	9	13.01	5
北 京	6.40	4	42.11	25	15.19	2
河 北	5.91	5	55.88	3	10.57	13
天 津	5.89	6	43.16	24	13.65	4
辽 宁	5.88	7	55.61	4	10.57	12
浙 江	5.84	8	52.07	6	11.22	9
甘 肃	5.48	9	56.49	2	9.70	17
广 东	5.43	10	46.51	15	11.67	7
内蒙古	5.16	11	43.71	23	11.82	6
宁 夏	5.05	12	47.20	12	10.70	11
黑龙江	4.91	13	58.41	1	8.41	24
西 藏	4.82	14	41.54	26	11.61	8
江 西	4.81	15	49.26	10	9.76	16
新 疆	4.76	16	44.49	21	10.71	10
贵 州	4.72	17	47.11	13	10.02	14
青 海	4.69	18	47.30	11	9.91	15

续表

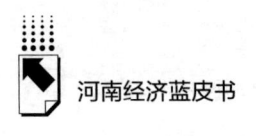

地　区	富裕强度	排名	个人富裕程度	排名	地区富裕程度	排名
吉　林	4.47	19	50.69	7	8.81	20
广　西	4.30	20	55.43	5	7.75	27
山　东	4.09	21	45.58	18	8.97	18
四　川	4.00	22	45.63	17	8.77	21
云　南	3.87	23	44.82	19	8.63	22
安　徽	3.68	24	44.31	22	8.31	26
陕　西	3.41	25	39.56	27	8.62	23
河　南	3.39	26	44.76	20	7.58	28
湖　南	3.36	27	46.71	14	7.20	29
重　庆	3.30	28	39.43	28	8.38	25
江　苏	3.16	29	35.79	30	8.82	19
福　建	2.47	30	35.16	31	7.01	30
湖　北	2.17	31	37.45	29	5.78	31

二　河南省共同富裕发展进程

（一）河南省共同富裕发展进程测算方法

《中共中央国务院关于支持浙江高质量发展建设共同富裕示范区的意见》提到，"共同富裕具有鲜明的时代特征和中国特色，是全体人民通过辛勤劳动和相互帮助，普遍达到生活富裕富足、精神自信自强、环境宜居宜业、社会和谐和睦、公共服务普及普惠，实现人的全面发展和社会全面进步，共享改革发展成果和幸福美好生活"。依据这一内涵，对标国内实践，特别是在浙江共同富裕测度指标体系的基础上，结合河南省情，建立经济发展、城乡协调、收入分配、公共服务、精神文化、人居环境6个维度的指标体系，包括6个二级指标、34个三级指标。

虽然《中华人民共和国国民经济和社会发展第十四个五年规划和2035

年远景目标纲要》和《浙江高质量发展建设共同富裕示范区实施方案（2021~2025年）》提出了共同富裕其中一些指标的目标值，但考虑到浙江经济发展走在全国前列，工业基础较好，结合河南省作为中部省份的现状，是人口大省、农业大省，与浙江省发展模式有所不同，发展相对滞后，而且共同富裕发展永无止境，不同的时期有不同的特点，也有不同的发展方向目标。因此，本文构建河南省共同富裕发展指数模型，通过发展指数变化考量河南省共同富裕发展趋势。本部分测算了"十三五"期间河南省共同富裕发展趋势，以"十三五"开局之年2016年为基期进行测算。

发展指数公式如下：

$$G = \sum_{i=1}^{n} w_i A_i$$

其中，G为共同富裕发展指数，w_i为第i个二级指标权重，A_i为第i个二级指标发展指数。

$$A_i = \sum_{i=1}^{n} w_i a_i$$

其中，w_i为第i个三级指标权重，a_i为第i个三级指标数值。

各指标权重利用熵权法计算所得。

（二）河南省共同富裕发展指数分析

利用上文公式计算得出河南省"十三五"期间共同富裕分指标发展指数和发展总指数，计算结果如表3所示。

表3 河南省共同富裕发展指数计算结果

指数	2016年	2017年	2018年	2019年	2020年
共同富裕发展总指数	100.00	103.63	111.56	117.61	121.24
经济发展分指数	100.00	106.71	127.37	136.76	143.08
城乡协调分指数	100.00	100.65	102.60	109.49	112.28

续表

指　　数	2016年	2017年	2018年	2019年	2020年
收入分配分指数	100.00	102.11	97.21	96.83	97.41
公共服务分指数	100.00	102.99	106.66	109.59	112.96
精神文化分指数	100.00	100.55	105.25	120.80	115.28
人居环境分指数	100.00	103.20	107.72	112.35	117.03

注：数值大于100为提升，小于100为下降。

1. 促发展，见成效，2016~2020年河南省共同富裕发展稳步推进，持续向好

"十三五"时期，河南省共同富裕发展指数稳步提升，持续推进，呈上升态势，平均每年提高4.93个百分点。其中，上升幅度最快的年份是2018年，其次是2019年，分别较前一年提升了7.93个和6.05个百分点，这与2020年是小康收官之年，2018年和2019年加大提高各方面惠民政策有关（见图1）。"十四五"时期，随着共同富裕国家战略举措的实施及浙江共同富裕示范区效应的引领作用逐步增强，共同富裕发展速度将更快。

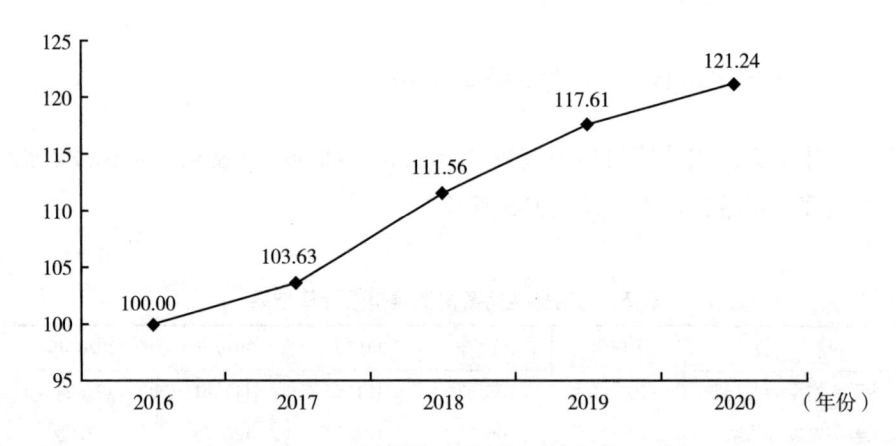

图1　2016~2020年河南省共同富裕发展总指数

2. 从共同富裕发展分指数来看，各方面发展不均衡，收入分配是需要着力提升的短板

近几年河南省认真对照党中央明确的各项发展任务聚焦聚力、加压奋进，涵盖经济发展、城乡协调、收入分配、公共服务、精神文化和人居环境建设等各领域各方面。从六大发展分指数来看，经济发展分指数上升最快，城乡协调、公共服务、精神文化、人居环境分指数均呈小幅增长态势，收入分配分指数不升反降，是河南省推进共同富裕着力提升的短板（见图2、图3）。

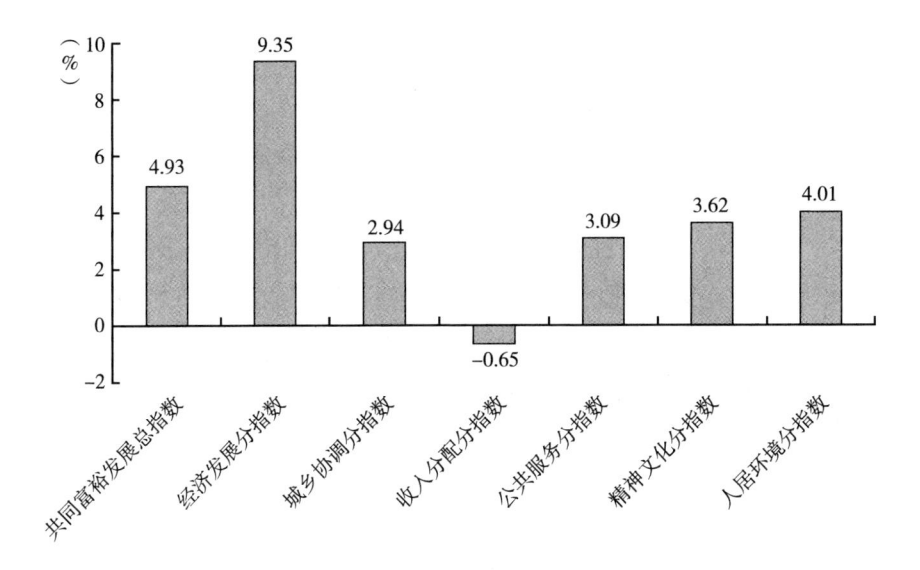

图2 2016~2020年河南省共同富裕发展分指数年均增长速度

3. 从34个具体发展指标看，各方面存在较大差距

从34个具体发展指标看，其中17个指标年均增长速度快于共同富裕发展总指数年均增长速度，拉动河南省共同富裕增长，特别是"科学研究和技术服务业增加值占GDP比重"年均增长速度将近20%，"战略性新兴产业增加值占规上工业比重"的年均增长速度也超过15%，是"十三五"时期河南省认真贯彻落实习近平总书记关于河南工作的重要讲话和指示批示精神，大力发展科技创新事业，综合科技创新水平居全国第17位的体现。

"城镇登记失业率""高等教育毛入学率""房价与居民人均可支配收入

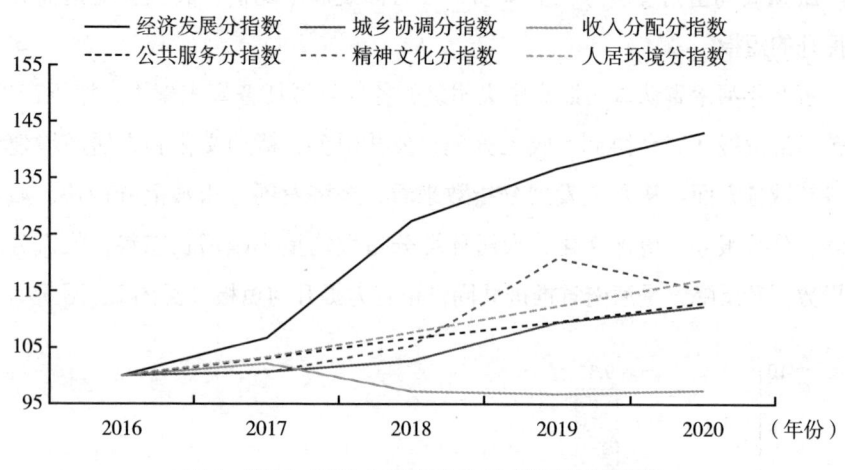

图 3　2016~2020 年河南省共同富裕发展分指数

之比""民生支出占一般公共预算支出之比""劳动报酬占 GDP 比重"5 项指标年均增长速度是负值,不增反降,这些指标可能是由于 2020 年新冠疫情引发的后果,对于民众来说,企业受疫情冲击,造成部分人失业,对于政府来说,要拨出大笔资金用于疫情防控需要。

三　河南省17个省辖市和济源示范区共同富裕发展相对程度

以河南省 17 个省辖市和济源示范区 2020 年截面数据测度各地共同富裕发展相对程度,即共同富裕指数,评价 17 个省辖市和济源示范区共同富裕水平在河南省所处的相对位置。

共同富裕指数计算公式如下:

$$CP_J = \sum_{n=18}^{l=1} X_{ij} \times \omega_i$$

其中,i 为各项指标,j 为 17 个省辖市和济源示范区,x_{ij} 为 i 指标 j 地的数据。

由上述测度方法计算出17个省辖市和济源示范区共同富裕指数，结果在53.42~86.04，最高的是郑州，为86.04，最低的是周口，为53.42。根据17个省辖市和济源示范区共同富裕指数结果可以将全省划分为四个梯队：第一梯队在80以上，共同富裕发展相对较好，只有郑州一个省辖市；第二梯队为70~79，有洛阳、鹤壁、焦作、三门峡4个省辖市和济源示范区，共5个；第三梯队为60~69，有漯河、许昌、新乡、平顶山、安阳、开封、南阳、濮阳和驻马店9个省辖市；第四梯队在60以下，有信阳、商丘、周口3个省辖市（见表4）。

表4 2020年河南省共同富裕指数及排名

梯队	地区	总指数	经济发展	城乡协调	收入分配	公共服务	精神文化	人居环境
第一梯队	郑州	86.04	95.57	97.91	77.87	86.10	58.85	85.87
第二梯队	洛阳	74.60	81.03	58.76	57.59	70.65	81.66	81.79
	鹤壁	73.41	60.58	84.17	76.18	71.04	63.99	85.12
	焦作	73.01	70.61	87.13	55.81	72.66	71.16	77.01
	济源	70.79	79.31	89.32	52.02	58.99	64.30	77.74
	三门峡	70.76	67.72	71.59	55.74	75.34	63.43	75.90
第三梯队	漯河	69.84	61.89	72.14	59.86	68.22	89.69	74.03
	许昌	68.56	71.34	75.52	54.83	53.85	81.06	79.04
	新乡	67.02	61.12	72.13	65.00	62.83	100.00	64.09
	平顶山	62.79	59.20	57.82	69.63	64.48	60.88	64.11
	安阳	62.71	54.31	63.51	88.28	63.68	69.09	57.83
	开封	61.95	56.14	62.72	78.59	59.12	62.21	63.75
	南阳	61.81	49.79	60.40	83.36	66.52	52.77	63.42
	濮阳	61.39	49.03	54.18	69.68	65.83	62.85	66.43
	驻马店	60.54	46.97	50.62	78.81	62.08	58.17	68.35
第四梯队	信阳	58.39	47.68	61.79	81.24	56.76	49.12	63.33
	商丘	57.73	45.38	45.13	68.99	54.56	57.67	71.68
	周口	53.42	40.38	49.11	70.07	57.18	57.71	55.01
	全省均值	66.14	60.73	65.58	72.02	65.61	64.96	69.83
	标准差	7.59	14.07	14.50	10.84	7.96	12.88	8.93

注：全省均值按照17个省辖市和济源示范区人口加权计算而得。

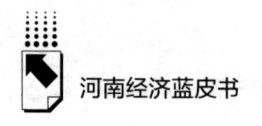

四 河南省共同富裕发展路径意见和建议

（一）底层逻辑与顶层设计深度融合，促共同富裕发展

共同富裕体系是由众多子系统构成的复杂系统，这个系统的核心包含了经济发展、城乡协调、收入分配、公共服务、精神文化、人居环境等方面。河南省推进共同富裕面临的主要问题有，河南省是农业大省、人口大省，农业劳动力、耕地、科技、农田水利和设施装备等农业基础还不稳固，城乡区域发展和收入分配差距较大，生态环保任重道远，民生保障存在短板等，从浙江高质量发展建设共同富裕示范区经验来管窥国家共同富裕战略的落地实施及未来发展要求，弄清事物的底层逻辑，找到制约共同富裕发展的根本原因，找到发展规律，探求解决问题的方法。顶层设计是指挥棒，做好顶层设计，统揽全局。将底层逻辑与顶层设计深度融合，坚持问题导向和目标导向，固根基、扬优势、补短板、强弱项，统筹推进河南省共同富裕各方面协调发展。河南省全面实施"十大战略"，明晰了现代化河南建设的战略方向、战略重点、战略路径，为推进共同富裕下好了"先手棋"。

（二）学先进，促发展，以浙江省共同富裕示范区经验为引领促河南省共同富裕发展

共同富裕是未来很长一段时间内发展的战略目标，是一场深刻的社会变革，是促进社会全面进步，不是一朝一夕就可以完成的，是一项长期发展任务。共同富裕也不是所有人都同时同等富裕，也不可能是河南省 17 个省辖市和济源示范区同时达到一个富裕水准，不同人群不同地区在富裕的水平和程度上会有高有低，存在一定差异，在时间上也会有先有后，不可能齐头并进。一是学先进，学习浙江省共同富裕示范区先进经验，科学谋划河南省共同富裕发展。二是浙江与河南省情不同、国家战略定位不同，在学习浙江省

共同富裕示范区经验的基础上，在河南省基础条件好的省辖市建设河南省共同富裕试验田、示范区，如郑州，郑州各个方面在全省均处于领先地位。三是强化典型，突出示范引领作用，郑州各方面做得都比较好，在河南省起到了领头雁作用，在共同富裕发展中也要当好标杆，做好示范。

（三）利用全国推进共同富裕监测指标体系的空窗期，河南省抢抓先机，先行一步制定共同富裕监测指标体系，布局共同富裕建设

2021年5月20日，党中央、国务院印发了《关于支持浙江高质量发展建设共同富裕示范区的意见》，国家统计局计划到2025年底，在总结浙江高质量发展建设共同富裕示范区实践经验的基础上，基本形成一系列推进共同富裕的统计实践、理论、制度标志性成果，充分显现共同富裕统计监测功能作用。河南省全面实施"十大战略"，明晰了现代化河南建设的战略方向、战略重点、战略路径。目前，我国共同富裕监测指标体系还没有出台，实现共同富裕是一个在动态中向前发展的过程，共同富裕的道路也不是一成不变的，处在探索摸索中。在国家共同富裕统计监测指标体系出台之前，河南省利用这个空窗期，抢抓先机，先行一步布局河南省共同富裕建设，制定出突出河南省特点的共同富裕监测指标体系，依据体系找准河南省的优劣势，扬优势、补短板、强弱项，提前谋划启动河南省共同富裕发展进程。

（四）以经济建设为发力点助力河南省共同富裕发展进程

河南省地处中原，是农业大省、人口大省，2020年人均GDP居全国第18位，比全国平均水平低16565元。富裕强度指数居全国第26位，经济发展在全国排名相对靠后。为建设现代化河南，结合新形势、新任务，持续落实习近平总书记提出的"四个着力""四张牌"等重大要求，河南省委省政府以前瞻30年的眼光全面实施"十大战略"，进一步明晰了战略方向、战略重点、战略路径。推动共同富裕，经济发展是命脉，是动力源泉，以河南省"十大战略"实施为契机，紧紧抓住经济建设这个中心，共同奋斗把河南"蛋糕"做大做好，推动经济持续健康发展。

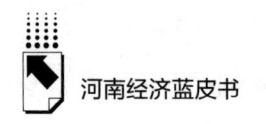

（五）立足河南省情，在缩小城乡居民收入比的同时，实现城乡居民收入双提升

2020年河南省城乡居民收入倍差为2.16，居全国第5位，而河南省城镇居民人均可支配收入居全国第28位，农村居民人均可支配收入居全国第19位。在推进河南省共同富裕的实践过程中，立足河南省情，在缩小城乡收入比的同时，稳步同时提升城乡居民收入。

河南是农业大省、农村人口大省，习近平总书记叮嘱河南农业特别是粮食生产是一大优势、一张王牌，这个优势、这张王牌任何时候都不能丢。近年来，省委省政府认真贯彻落实习近平总书记关于河南工作的重要讲话和重要指示精神，坚持"三农"工作重中之重地位不动摇，扎实实施乡村振兴战略，乡村振兴取得显著进展，农村生产生活生态条件不断改善，农民群众获得感幸福感安全感不断增强，但河南省农民人口多底子薄，农民收入与农业大省地位很不相称，与全国相比依然较低。主要原因有农业经营性收入增长较慢；农民就业渠道窄，工资性收入对收入增长支撑不够；农村集体经济弱，农民财产性收入较低等，下一步应着力提高农业产业化规模化和农业产业链条、加快农村一二三产业融合、搞活农村集体经济等，盘活农村资产，快速提高农民收入。

提高城镇居民收入，扩大就业是关键。习近平总书记指出："要在推动高质量发展中强化就业优先导向。""要提高经济增长的就业带动力，不断促进就业量的扩大和质的提升。"河南省要抓住国内国际双循环机遇，全面实施"十大战略"，抓住中原城市群建设这个经济增长极，壮大实体经济，发展高新技术制造业，发展战略性新兴产业，加大科技创新力度，支持中小微企业发展，鼓励创业等，创造更多高质量就业岗位。

（六）"栽下梧桐树，引来金凤凰"，吸引豫商豫才返乡创业、外地企业来豫产业布局

河南省是外出务工劳务大省，多年来，大量的青壮年劳动力到经济发达地区务工，外出人员是河南省发展的储备军，特别是青年群体。青年是整个社会力量中最积极、最有生气的力量，国家的希望在青年，民族的未来在青年，河南省的发展也要靠青年英才来发展推动。随着河南省经济持续向好，郑州国家中心城市地位的确立，大量外出人员回豫创业就业。河南省先后印发了《河南省"十四五"人才发展人力资源开发和就业促进规划》（豫政〔2021〕62号）、《河南省人民政府办公厅关于推动豫商豫才返乡创业的通知》（豫政办〔2022〕84号）等文件，支持豫商、农民工、科研人员、大学生、退役军人回乡创业。

"栽下梧桐树，引来金凤凰"，河南省除凭借优厚的待遇条件吸引人才外，也要利用好如部分产业要逐步向中西部转移等国家政策，凭借河南省自身优势吸引外地企业来河南省布局产业，如南阳新野和唐河外出务工人员大量进入玩具产业，培养了大批南阳籍技术工人，在河南省"返乡创业工程"驱动下，汕头市的玩具企业从澄海区向南阳新野和唐河转移。信阳固始县将纺织服装企业定位为工业发展主导产业，打造纺织服装产业集群，吸引江浙纺织服装企业转移到信阳的固始县。

（七）补短板，强弱项，构建三次分配协调配套的制度体系

共同富裕六大发展指标中收入分配指数不升反降，是唯一一个下降的指标，是河南省推进共同富裕着力补齐的短板。在河南省现代化发展进程中，做好做大"蛋糕"的同时，也要分好"蛋糕"。一是努力提高居民收入在国民收入分配中的比重，提高劳动报酬在初次分配中的比重。聚焦高校毕业生、技术工人、进城农民工等低收入群体精准施策，增加低收入群体收入。二是加大税收、社保、转移支付等调节力度并提高精准性，着力扩大中等收入群体规模，形成中间大、两头小的橄榄形分配结构。三是坚持多劳多得，鼓励勤劳致富，促进机会公平，防止落入"福利主义"养懒汉的陷阱。四是鼓励社会成功人士反哺社会，支持有意愿有能力的企业和社会群体积极参与公益慈善事业，发展募集、捐赠和资助等慈善事业，引领社会慈善事业发展。

B.30
河南构建数字化转型新格局研究

赵翠清 樊宁*

摘　要： 数字化转型已经成为全球经济发展的大趋势，世界各主要国家均将数字化作为优先发展的方向，积极推动数字经济发展。党的二十大报告指出，为了在全球经济竞争中取得优势地位，必须"加快发展数字经济，促进数字经济和实体经济深度融合"。近期，河南省委省政府为加快实施数字化转型战略，积极发展新业态新模式，加大推动河南数字经济与实体经济深度融合力度，全面构建数字化转型新格局。本研究就河南企业数字化转型专题调研结果，分析了企业数字化转型特点、问题，初步提出促进企业数字化转型的对策建议：加强扶持引导，推进形成数字化转型合力，引进和培养专业人才。

关键词： 数字化　数字经济　转型发展　河南省

数字化转型是抢抓新一轮科技革命和产业变革机遇的必然选择，是河南从"制造大省"向"制造强省"转变的核心路径。河南高度重视数字化转型，积极发展新业态新模式，推动数字经济与实体经济深度融合，取得了积极成效。为了解河南企业数字化转型发展现状，对全省1204家企业进行了专题调研。结果显示，河南企业数字化转型稳步发展，但存在企业对数字化转型认识不足、数字化转型能力薄弱、人才缺乏等问题。

---

* 赵翠清，河南省地方经济社会调查队第三产业调查室副主任；樊宁，河南省地方经济社会调查队第三产业调查室。

一 河南企业数字化转型稳步发展

（一）企业数字化投入稳步增长

企业数字化投入包括数字化转型过程中的资金投入和人工投入。调研显示，2022年1~6月1204家企业中82.3%的企业有数字化投入，投入资金共37.11亿元，同比增长27.9%。从资金投入规模看，5.3%的企业资金投入在1000万元以上，13.9%的企业投入在100万~1000万元，64.6%的企业投入在100万元以下。从资金最主要来源看，79.6%的企业是自有资金，4.1%的企业是银行贷款。从人工投入看，与数字化转型相关的用工人数为4.32万人，同比增长15.0%，平均每家企业用工人数为35.87人，比上年同期增加4.67人，薪酬支出14.78亿元，较上年同期增长13.2%，月人均薪酬为5700元。

（二）企业数字化建设步伐加快

数字化转型是必然趋势，是决定企业能否赶上大时代的关键因素，大部分企业积极参与数字化平台建设，搭建IT架构发展战略框架，数字化建设步伐明显加快。调研显示，62.2%的企业有数字化转型决策负责人；62.0%的企业建设有数字化平台和IT架构发展战略框架，其中，3.0%的企业处于行业领先水平，15.6%的企业正在实施，19.0%的企业数字化平台建设已取得与企业战略相符的成果。

（三）信息化应用场景和深度不断拓展

2021年企业信息化年报统计显示，92.0%的企业实现了信息化管理，信息化应用贯穿了企业内部生产经营活动的各个环节，其中，企业在财务管理和购销存管理中应用信息化较多，87.7%的规上企业实现了财务管理信息化，43.4%的企业实现了购销存管理信息化，在生产制造、物流配送、人力资源管

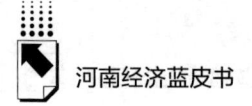

理、产品研发等生产经营环节都不同程度地应用了信息化管理。《河南省数字经济发展报告（2022）》指出河南数字化发展水平进一步提高，产业数字化转型进程提速。2021年，农业、工业、服务业数字经济渗透率分别为5.6%、17.9%、34.5%，较2020年分别提升0.3个、0.9个、1.2个百分点。

（四）企业上云用数赋智推进效果明显

数字化转型过程中，推进企业"上云用数赋智"取得积极成效。工业互联网是新一代信息技术与工业深度融合的产物，使用网络化协同、数字化管理、智能化制造等工业互联网模式是企业上云用数赋智的重要抓手，2021年企业信息化年报调查显示，61.3%的规上工业企业使用了工业互联网不同模式，比2020年同期提高近4个百分点。本次调研显示，85.0%的企业购买了数据库服务、文件云存储、安全软件、计算平台等云计算服务，80.3%的企业使用物联网技术，55.7%的企业使用图像识别、业务流程自动化、文本分析和挖掘等人工智能技术。

二 河南企业数字化转型面临的问题

（一）部分企业对数字化转型的长期性缺乏认识，转型意愿较低

数字化转型是中长期战略，短期内对企业效益的提升效果不明显，导致企业转型意愿不强。调研显示，从企业由数字化转型实现的营业收入和营业利润看，61.9%的企业与2020年基本持平，15.5%的企业同比提升不足5%，11.1%的企业低于2020年同期水平。39.6%的企业认为数字化转型前期资金投入太大，见效又慢，主动转型不积极。38.0%的企业对数字化转型缺乏认识和系统规划，意识不到企业数字化转型发展的必要性。25.7%的企业认为缺乏有效的政策支持。调研还发现，部分企业受国际国内大环境影响，普遍面临成本上涨、需求减弱、资金紧张等问题，有的企业维持生存都举步维艰，无暇关注数字化转型。

（二）云计算、物联网、人工智能等新一代信息技术对实体经济赋能作用不明显

调研显示，使用云计算、物联网、人工智能技术的企业大部分只停留在财务、办公、图像识别等业务范围，在实体经济生产制造等环节融合度不高，对企业的赋能作用有待提高。其中企业使用云计算服务在财务软件和办公软件中居多，分别占被调查企业的67.5%和49.4%；借助网络算力运行公司自有软件和提供软件开发、测试和部署的计算平台仅占6.0%和7.3%。物联网技术应用在营业场所的安全监控较多，占被调查企业的60.0%，应用在生产管理、能源消耗管理和设备运转维护中的企业仅占35.0%和25.0%。关于数字化转型模式，近40.0%的企业采用通过第三方网站或者App销售商品或服务模式，而采用云计算服务、物联网技术、工业互联网和人工智能技术转型等数字化转型模式的企业占比均在25.0%以下。

（三）企业数字化转型能力薄弱

企业数字化转型自身技术研发能力不高，能够提供专业信息化技术支持的外部力量不强。调研显示，仅有34.1%的企业具备自己开发或者修改使用相关软件系统的能力，企业软件来源多以外部购买为主，如51.4%的企业从外部采购相关人工智能软件和系统服务，66.0%的企业从外部购买相关商业软件或者系统。24.0%的企业认为在数字化转型过程中，新一代技术与现有的设备、软件或系统不兼容，19.7%的企业认为获取大数据存在困难且数据质量不高，技术改进又无法突破，重新投资成本过大，无力承担。27.8%的企业认为细分行业数字化技术尚未成熟，缺乏对行业的带动作用，行业内的中小企业普遍处于观望状态。

（四）数字化转型人才严重缺乏

企业普遍反映，现有的人力资源整体上缺乏数字化知识储备，内部人才培养时间长难度大。调研显示，71.7%的企业认为在数字化转型过程中缺少

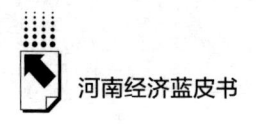

专业人才，尤其是中小企业对人才的吸引力不够，很难招聘到高素质的数字化人才。专精特新等高新技术企业地域分布不均衡，不能形成虹吸效应，更难吸引数字化人才。

三 促进数字化转型的几点建议

（一）加强扶持引导

调研显示，64.2%的企业希望得到税收优惠政策支持，46.2%的企业希望得到转型专项基金扶持，37.0%的企业希望得到政府技术培训，还有希望得到成果转化相关支持等。政府应对企业数字化转型进行宣传引导，出台扶持政策，形成积极的转型生态环境，对于开展数字化转型的企业要通过银行贷款、税收减免、社会资金扶持等措施缓解企业融资困境，改善企业"不会转""不愿转"的状况。

（二）推进形成数字化转型合力

调研显示，29.6%的企业希望政府搭建企业数字化转型的公共服务平台，27.1%的企业希望提供有关数字化应用方案的工序对接服务，27.2%的企业希望引进咨询和专家等服务。政府要用好数字化公共服务平台，打造一批数字化转型样本企业，强化标杆示范引领带动作用。积极推动数字技术与传统制造业的深度融合，鼓励优势企业发展自己的工业互联网平台。支持培育更多"专精特新"，加大企业数字化转型的力度、深度、广度。深入推进服务业数字化转型，培育智慧物流、新零售等新增长点。

（三）引进和培养专业人才

调研显示，53.7%的企业希望出台相关人才政策。政府应将数字经济人才需求统筹纳入"中原英才计划""招才引智"等重大人才工程，重点围绕半导体、软件服务、信息安全、大数据、人工智能、5G、云计算、区块链等信息技术及细分行业数字化领域，引进高端人才并留住人才；支持企业与高校建立人才输送合作机制，鼓励省内高校设置更新信息技术相关学科，带动提升本地信息技术教研水平，力争让本地高校成为数字化人才的"蓄水池"。

社会科学文献出版社

皮 书
智库成果出版与传播平台

✤ 皮书定义 ✤

皮书是对中国与世界发展状况和热点问题进行年度监测，以专业的角度、专家的视野和实证研究方法，针对某一领域或区域现状与发展态势展开分析和预测，具备前沿性、原创性、实证性、连续性、时效性等特点的公开出版物，由一系列权威研究报告组成。

✤ 皮书作者 ✤

皮书系列报告作者以国内外一流研究机构、知名高校等重点智库的研究人员为主，多为相关领域一流专家学者，他们的观点代表了当下学界对中国与世界的现实和未来最高水平的解读与分析。截至2022年底，皮书研创机构逾千家，报告作者累计超过10万人。

✤ 皮书荣誉 ✤

皮书作为中国社会科学院基础理论研究与应用对策研究融合发展的代表性成果，不仅是哲学社会科学工作者服务中国特色社会主义现代化建设的重要成果，更是助力中国特色新型智库建设、构建中国特色哲学社会科学"三大体系"的重要平台。皮书系列先后被列入"十二五""十三五""十四五"时期国家重点出版物出版专项规划项目；2013~2023年，重点皮书列入中国社会科学院国家哲学社会科学创新工程项目。

皮书网

（网址：www.pishu.cn）

发布皮书研创资讯，传播皮书精彩内容
引领皮书出版潮流，打造皮书服务平台

栏目设置

◆ 关于皮书
何谓皮书、皮书分类、皮书大事记、
皮书荣誉、皮书出版第一人、皮书编辑部

◆ 最新资讯
通知公告、新闻动态、媒体聚焦、
网站专题、视频直播、下载专区

◆ 皮书研创
皮书规范、皮书选题、皮书出版、
皮书研究、研创团队

◆ 皮书评奖评价
指标体系、皮书评价、皮书评奖

◆ 皮书研究院理事会
理事会章程、理事单位、个人理事、高级
研究员、理事会秘书处、入会指南

所获荣誉

◆ 2008年、2011年、2014年，皮书网均在全国新闻出版业网站荣誉评选中获得"最具商业价值网站"称号；
◆ 2012年，获得"出版业网站百强"称号。

网库合一

2014年，皮书网与皮书数据库端口合一，实现资源共享，搭建智库成果融合创新平台。

皮书网　　"皮书说"微信公众号　　皮书微博

权威报告·连续出版·独家资源

皮书数据库
ANNUAL REPORT(YEARBOOK) DATABASE

分析解读当下中国发展变迁的高端智库平台

所获荣誉

- 2020年，入选全国新闻出版深度融合发展创新案例
- 2019年，入选国家新闻出版署数字出版精品遴选推荐计划
- 2016年，入选"十三五"国家重点电子出版物出版规划骨干工程
- 2013年，荣获"中国出版政府奖·网络出版物奖"提名奖
- 连续多年荣获中国数字出版博览会"数字出版·优秀品牌"奖

皮书数据库　"社科数托邦"微信公众号

成为用户

登录网址www.pishu.com.cn访问皮书数据库网站或下载皮书数据库APP，通过手机号码验证或邮箱验证即可成为皮书数据库用户。

用户福利

- 已注册用户购书后可免费获赠100元皮书数据库充值卡。刮开充值卡涂层获取充值密码，登录并进入"会员中心"—"在线充值"—"充值卡充值"，充值成功即可购买和查看数据库内容。
- 用户福利最终解释权归社会科学文献出版社所有。

社会科学文献出版社　皮书系列
SOCIAL SCIENCES ACADEMIC PRESS (CHINA)
卡号：986427365494
密码：

数据库服务热线：400-008-6695
数据库服务QQ：2475522410
数据库服务邮箱：database@ssap.cn
图书销售热线：010-59367070/7028
图书服务QQ：1265056568
图书服务邮箱：duzhe@ssap.cn

S 基本子库
SUB DATABASE

中国社会发展数据库（下设12个专题子库）

紧扣人口、政治、外交、法律、教育、医疗卫生、资源环境等12个社会发展领域的前沿和热点，全面整合专业著作、智库报告、学术资讯、调研数据等类型资源，帮助用户追踪中国社会发展动态、研究社会发展战略与政策、了解社会热点问题、分析社会发展趋势。

中国经济发展数据库（下设12专题子库）

内容涵盖宏观经济、产业经济、工业经济、农业经济、财政金融、房地产经济、城市经济、商业贸易等12个重点经济领域，为把握经济运行态势、洞察经济发展规律、研判经济发展趋势、进行经济调控决策提供参考和依据。

中国行业发展数据库（下设17个专题子库）

以中国国民经济行业分类为依据，覆盖金融业、旅游业、交通运输业、能源矿产业、制造业等100多个行业，跟踪分析国民经济相关行业市场运行状况和政策导向，汇集行业发展前沿资讯，为投资、从业及各种经济决策提供理论支撑和实践指导。

中国区域发展数据库（下设4个专题子库）

对中国特定区域内的经济、社会、文化等领域现状与发展情况进行深度分析和预测，涉及省级行政区、城市群、城市、农村等不同维度，研究层级至县及县以下行政区，为学者研究地方经济社会宏观态势、经验模式、发展案例提供支撑，为地方政府决策提供参考。

中国文化传媒数据库（下设18个专题子库）

内容覆盖文化产业、新闻传播、电影娱乐、文学艺术、群众文化、图书情报等18个重点研究领域，聚焦文化传媒领域发展前沿、热点话题、行业实践，服务用户的教学科研、文化投资、企业规划等需要。

世界经济与国际关系数据库（下设6个专题子库）

整合世界经济、国际政治、世界文化与科技、全球性问题、国际组织与国际法、区域研究6大领域研究成果，对世界经济形势、国际形势进行连续性深度分析，对年度热点问题进行专题解读，为研判全球发展趋势提供事实和数据支持。

法律声明

"皮书系列"(含蓝皮书、绿皮书、黄皮书)之品牌由社会科学文献出版社最早使用并持续至今,现已被中国图书行业所熟知。"皮书系列"的相关商标已在国家商标管理部门商标局注册,包括但不限于LOGO( )、皮书、Pishu、经济蓝皮书、社会蓝皮书等。"皮书系列"图书的注册商标专用权及封面设计、版式设计的著作权均为社会科学文献出版社所有。未经社会科学文献出版社书面授权许可,任何使用与"皮书系列"图书注册商标、封面设计、版式设计相同或者近似的文字、图形或其组合的行为均系侵权行为。

经作者授权,本书的专有出版权及信息网络传播权等为社会科学文献出版社享有。未经社会科学文献出版社书面授权许可,任何就本书内容的复制、发行或以数字形式进行网络传播的行为均系侵权行为。

社会科学文献出版社将通过法律途径追究上述侵权行为的法律责任,维护自身合法权益。

欢迎社会各界人士对侵犯社会科学文献出版社上述权利的侵权行为进行举报。电话:010-59367121,电子邮箱:fawubu@ssap.cn。

社会科学文献出版社